清代蒙古汉籍史料汇编

古丰识略

（第一辑）

王静／主编

内蒙古人民出版社

图书在版编目(CIP)数据

清代蒙古汉籍史料汇编. 第一辑,古丰识略/(清)钟秀,(清)张曾编;王静主编. -呼和浩特:内蒙古人民出版社,2016.7

ISBN 978-7-204-14202-6

Ⅰ.①清… Ⅱ.①钟… ②张… ③王… Ⅲ.①蒙古族-民族历史-中国-清代②呼和浩特市-地方志-清代 Ⅳ.①K281.2②K292.61

中国版本图书馆 CIP 数据核字(2016)第 183894 号

清代蒙古汉籍史料汇编(第一辑)

古丰识略

主　　编　王　静
策划编辑　王　静
责任编辑　李向东　马燕茹
封面设计　宋双成
出版发行　内蒙古人民出版社
地　　址　呼和浩特市新城区中山东路 8 号波士名人国际 B 座
网　　址　http://www.nmgrmcbs.com
印　　刷　内蒙古爱信达教育印务有限责任公司
开　　本　640mm×960mm　1/16
印　　张　16.5
字　　数　220 千
版　　次　2017 年 1 月第 1 版
印　　次　2017 年 1 月第 1 次印刷
印　　数　1-3000 册
书　　号　ISBN 978-7-204-14202-6/K·726
定　　价　33.00 元

如发现印装质量问题,请与我社联系,联系电话:(0471)3946120　3946169

标点说明

丰富发展区域文化，是增强区域凝聚力、提高人民素质的重要方式。呼和浩特这样的边疆地区城市，虽然已建立三百多年，可是真正的文化传统并不丰富。因此，面对有限的文化遗产，应该更加珍视和挖掘。作为历史人，一方面，应该对现存古籍进行整理出版；另一方面，在尽可能保持原貌的情况下，对古籍进行一些技术加工，将繁体字改为简体字，竖排改为横排，添加句逗、标点，使之更适合今天读者的阅读习惯，从而让更多的文化人士，以及历史爱好者收藏和阅读，更好地传承呼和浩特的历史文化。

在与呼和浩特相关的历史古籍中，《古丰识略》是非常特别的一本，因为此书是呼和浩特的第一部地方志。《古丰识略》诞生于咸丰九年（1859 年），系统地介绍了呼和浩特地区的风土人情、历史传承、政治经济等方面的历史史实。该书有两位作者，第一作者是归绥道台钟秀。钟秀，字石帆，满洲正红旗人。咸丰五年八月至咸丰六年三月和咸丰六年九月到咸丰九年三月，钟秀由户部郎中简任，两次担任归绥道台，共计三年零三个月。[①] 钟

① （清）钟秀，张曾：《古丰识略》卷二六，人部，官制。

秀其人，在归化城众多官员中，政绩并不算出色，甚至此后的《绥远通志稿》给第二作者张曾立传，钟秀却淹没无闻。他在归绥道上的任职情况，只有《古丰识略》中有所记载：因为没能按时按量催征清水河厅的额定赋税，钟秀被清廷惩处罢官。后来经山西巡抚的斡旋，开缺归绥道，作为候补官员留在山西省备用。后来钟秀被补授冀宁道，官声不好，被人称为无钱不要。[①]幸运的是再次因为“讯无实迹”[②]，逃脱了惩罚。此后他仕途不错，先是升任山东盐运使、山西按察使、调任陕西按察使，又擢升至陕西布政使，后调任直隶布政使、江苏布政使，并于江苏布政使任上病故。[③] 钟秀是一个普通的清朝官员，能为今人所知，重要原因是在他归绥道任内，主持撰写了呼和浩特地区地方志的开山之作。

其实在《古丰识略》的写作过程中，钟秀更多是一个提供资金和资料支持的角色。该书主要的作者是张曾。张曾，字小袁，山西崞县人（今山西原平市）。道光十七年（1837 年），乡试中举人。此后十余年间，张曾到山西及呼和浩特地区，在各地方官处做幕僚。因为精明强干，很受各处官员欢迎。清末战乱频繁，张曾积极参与其中，终于因为有功，被授予布政使使司理问，后病逝。咸丰年间，钟秀高薪延聘张曾至归化城，撰修《古丰识略》。此外，张曾还著有文集，古近体诗若干卷。[④]

《古丰识略》共四十卷，未刊印，只有手抄本。现在有内蒙古图书馆、内蒙古大学图书馆、内蒙古师范大学等抄本。本书所用主要版本，是泰州古旧书店抄本，并参考其他版本而成。之所以选用该版本，因为它是钟秀自己所藏之原版书的一手抄本，中

① 《清穆宗实录》卷三七四，同治元年六月壬申。
② 《清穆宗实录》卷三七，同治元年八月己巳。
③ 《清穆宗实录》卷二二九，同治七年四月丁酉。
④ 《绥远通志稿》卷九四，人物（侨寓）。

转较少，更加接近原书。该书中也有一些错漏，参以其他抄本补充完整。

《古丰识略》中，清朝之前的内容多采二十一史、《资治通鉴》等书。清代内容，兼有魏源的《圣武记》《钦定蒙古回部王公表传》等书。这些内容史学价值一般，但以呼和浩特作为视角，裁剪史料，可以说是边疆视角的一种全新尝试。最为珍贵的是，该书利用了一些当时归绥地方政府的档案资料，比如公署、官学、义学、教场、税课等等内容，如果不是该书的收集整理，其中很多资料，现在已然散失。除了文字资料，张曾还注重实地调研，几个月间“复不惮劳费，亲历城市乡村，寻山问水，一车一仆，晨出暮归，谋野则获灯下，彼此考订。”① 从而获得了珍贵的一手资料。《古丰识略》的史学价值，在清代就获得认可，光绪年间撰修的《山西通志》《归化城厅志》《归绥道志》等书，大量引用此书。

这里有必要介绍一下《古丰识略》与《归绥识略》的关系。《古丰识略》成书于咸丰九年（1859 年），咸丰十一年（1861 年）初，张曾又增订重修了《古丰识略》，改名为《归绥识略》。《归绥识略》是在《古丰识略》的基础上写成，钟秀虽然没有参与太多的写作工作，可是张曾的写作条件都是钟秀提供的，他个人的薪金由钟秀私人承担，需要的书籍、档案等资料，由钟秀提供。在该书的撰写过程中，钟秀一直跟进，根据自己的实地经验，提出各种见解，甚至在《古丰识略》的序言中，张曾自己也说明把钟秀列为第一作者的原因：“君独不记柳柳州《梓人传》耶？昔京兆尹将饰官署，委群才，会众工，斧斤刀锯者，环立向之。梓人左持引，右执丈，量栋宇之任，视木之能。举曰斧，执斧者奔而右；曰锯，执锯者，趋而左斤者斵，刀者削，皆

① （清）钟秀，张曾：《古丰识略》钟秀，序。

视其色，俟其言，莫敢自断者。既成，书其上曰：末年月日某建，则梓人姓名也，识略之，作何以异？”① 两年后，钟秀罢官去职，张曾在《归绥识略》的作者中，彻底抹去了钟秀的名字，甚至连钟秀的序文也一并删去，不得不说是《归绥识略》的一大缺憾。

长期以来《古丰识略》与《归绥识略》经常混淆，有人认为两书其实为一书。其实《古丰识略》有其独特的价值，可以传递出更接近历史本真的信息。

第一，《古丰识略》比《归绥识略》多四卷，分别是卷二占候、卷三象警、卷三十五风俗、卷三十八书籍。其中，占候卷、象警卷可以作为古代呼和浩特地区思想史的重要内容。而风俗尤为珍贵，是张曾亲身考察写成，为呼和浩特地区的社会史提供了宝贵资料。而书籍卷可以做文献学的重要线索。

第二，《古丰识略》其他卷目中，也有一些独特的资料。比如：卷二十赛社，大量记载踏青时，呼和浩特地区男女不讲礼法，昼夜嬉闹的场景；卷三十九土产，张曾用相当篇幅记录了，当地大量种植罂粟的情况，这些记载都为他书所无。

第三，《古丰识略》一些文字方面的用法，同样引人深思。比如：卷三十一史鉴，有这样的纪年方式：“庄烈帝崇祯七年秋七月，我大清兵入上方堡，至宣府京师戒严。”读者如果对清史有一定了解，应该知道康熙初年振动全国的《明史》案，就是因为年号的使用错误，发生了著名的文字狱。明崇祯七年就是清天聪八年，本书只书明朝年号，不书清朝年号，清前期被列为造反无疑。可是在咸丰年间，此书还是呈递给清朝满洲官员审阅，甚至署名，竟然有这样的错误，后来谁也没被追究，这从一个侧面也反映了，清后期，清政府在文字方面的管控已经大大减弱。

---

① （清）钟秀，张曾：《古丰识略》钟秀，序。

此外，该书还有不少拥有独特价值的地方，因为篇幅的关系，笔者不再一一列举分析，有志了解该段历史的读者，可以细细品读。最后，由于本书从接到任务，到整理完成，时间短促。加之，笔者能力有限，错谬自然不少，还望各界学者批评指正。

标点者：李治国

此书为钟石帆将军辑，而未镌稿。本将军与先职方公，为驾部前辈。先职方公在宣南得原稿，为祖姑丈卞颂臣制军索去时，先通议公方，在济南节幕，因与舅父黄公静齐分手，趱抄数日而毕。时瑞方十三龄，得见原本，字作院体，缮写极工，阅今五十年，展卷静观，犹恍见退食篝灯，挥翰情景。谨识卷端，俾吾子孙知为。

——手泽而宝爱之，民国戊寅五月，裕瑞，敬志

序

己未春，小袁《古丰识略》初稿既成，属余为序。余受而读之，开卷即首列余名，余骇然。小袁曰："君独不记柳柳州《梓人传》耶？昔京兆尹将饰官署，委群才，会众工。斧斤刀锯者，环立向之。梓人左持引，右执杖，量栋宇之任，视木之能，举曰：'斧！'执斧者奔，而右曰：'锯！'执锯者，趋而左。斤者斲，刀者削，皆视其色，俟其言，莫敢自断者。既成，书其上曰：末年月日某建，则梓人姓名也，识略之，作何以异？"是余甲寅秋分，巡兹土，受篆之日。

即首以志乘，为询王雁汀制军，时抚晋亦檄取口外各厅志书。顾此间，自土默特向顺以来，我国家深仁厚泽，涵濡已久，声教所讫，民物繁庶，洵晋北亦大都会也。而志乘之作，至今缺如。《通志》附朔平府后，寥寥数言。《府志》修于雍正初年，每类附载数则，而简略过甚，其中不无舛错。江文通曰："作史莫难于志信。"然余尔时，即有创修之思，乃以乙卯春躬诣会，垣面陈地方事宜。蒙中丞委鞫西包头商人控案，留省八阅月，回任接办水灾账务暨查，算各属交代，本关历任奏销，并安设各小口。丙辰秋，奉绥远城将军，奏委赴萨拉齐，会同乌兰察布盟长四子部落王，审询乌喇特西公旗枪毙民命一案，并勘办喇嘛洞，清水河北务，轮蹄鞅掌，历碌无闲，不律隃麋，视同隔世，而志书之作，耿耿不能去怀。是岁杪，小袁来署，谈及此，则毅然任之，然亦以一人心力，为此数千百年创始之举，无采访诸人可助，无故辙可寻，难稽考前人书籍，有《塞北行纪》《出塞纪略》《北征录》及《北番风俗》记载，在四库书目，而萧条行箧无一编之储，塞外鲜藏书家，又复无从瓻借，每欲拈笔，则复中止，盖亦如难而退者，屡矣。去夏夏余，奉部议，瓜期将及，亟与小袁商谓：此时不草创成书，恐嗣后益难为力。因检自携书籍，及科房案卷，置小袁室中，俾得搜采而抄辑之。小袁复不惮劳费，亲历城市乡村，寻山问水，一车一仆，晨出暮归，谋野则获灯下，彼此考订，或余为搜其颠末，而小袁手录于纸，或小袁先为条列，而余复参酌于后，或稽古昔，或采近今，分天地人物，厘然为四十卷，卷末各附按语，不数月书成，仍不敢以志乘自居。唯遵《钦定新疆识略》之例，亦以识略目之。至《通志》、《府志》俱附志归化城，今既五厅，分列归化城三字，似未足以尽之。

恭读我圣祖仁皇帝《御制崇福寺碑文》："朕唯归化城为古丰州地。"煌煌天语，包赅古今，因名之曰：《古丰识略》，俟后更详考而增定焉。小袁既首书余名，余故不敢如柳州所云，以梓人自居。而绳墨之曲直，规矩之方圆，实与小袁同审，曲而面势焉，都料匠之作，其乌能免贻诮也，夫是为序。

——咸丰十年，花朝后三日，石帆钟书

目　录

天　部

卷一　星夜

赵地，昴、毕之分野。赵分晋得赵国，西有太原、定襄、云中、五原、上党、定襄。五原、云中，本戎狄地，雁门于天文别属燕，见《汉书·地理志》。按《山西通志》于归化城分野，但言无考志，慎也。《朔平府志》历引蔡邕《月令章句》，费直《周易说续》《汉书》注，晋、唐、宋天文志，《金史》，《文献通考》诸书，其说不一，而断以山西诸郡，太原、潞安、辽沁，俱参井，分野大同。昴毕分野朔平，介太原、大同之间，所分之野，应从昴、毕、井三星，而冀之。北土马牧之所出，天苑之象，存马胃得马牧之气，赵之分野应兼胃、昴、毕三星，因悉列图，以备参考。唯是胃星分野，《汉·地理志》未之及，历代天文志则谓，其在鲁分，如遽以娄胃之墟，东北负山，胃得马牧之气，与冀之北土，同占其说，不无臆断。至井、星分野，既在太原、潞安、辽沁中，隔雁门距此地颇远，而遽引唐书谓，边外丰、胜诸州，皆东井之分。归化城，古丰州地，兼昴、毕、井无疑。独不思李淳风之说，洪容齐已讥其谬，且其说，以云中、定襄、雁门、代郡，列于东井，与鬼秦雍州之下，而于昴、毕赵冀州下，返列信都、巨鹿等十一郡，与汉书大相刺谬，又乌可据以为证，天道远而难知，《汉书·地理志》既明言之今，仍以昴、毕为断。

卷二　占候

昴宿第七星，为毛头跳跃，则边兵大起，荧惑守其北，燕赵兵起太白，守之边兵动。毕宿有大星曰天，一曰边将，明大则远方来贡，失色边兵乱动，摇边兵起。昴毕间二星曰天街，主国界，金火守之，边兵起，附耳一星，在毕下，主听得失。星盛主中国，微有盗贼，边堠警动，移则谗佞行，兵大起。

五车五星，三柱九星，在毕北主天子五兵：西北曰“天库”，主秦；东北曰“天狱”，主燕赵；东南曰“天仓”，主鲁卫；中央曰“司空”，主楚；西南曰“卿”，主魏。五星有变，各以所主，占之又填星舍。五车燕代大旱，三柱一日，三泉一日，休一日，旗五星明柱皆见，则仓廪充实。天关一星，在五车南毕西北，亦曰“天门”，主边事，主关闭。

参旗九星，在天关西天旗也。明而稀则边警，不动流星入北地，兵起。毕西南九星曰“九斿”，天子之旗也，主边军进退，金火守之，兵乱起（以上占昴毕宿）。晋候辰星，占参伐秦。晋用兵，复占太白。边塞数侵，独占辰星。中台下星，主冀边国。警则下星，疏而横色白。招摇一星，近北斗，在杓端，主北边兵，芒角变动，兵大行，明则兵起。天锋一星，一名泫戈，在招摇北，主北边兵，芒角变动，则边兵起。

梗河三星，在帝座北，招摇在其中，主北边兵。为剑戟之星，不见或进退不定，锋镝乱起，大为边境之患。传舍九星，在华盖上，近河主外使入中国，宾客之馆也。客星守之，备奸使。长垣四星在少微，南主界域。太白入，边将叛。阳门二星在库楼东北，主边塞，险阻之地。客星出有边警。狗二星在南斗魁，前主吠，守客星入北边，饥守之守，御之臣作乱。狗国四星主三，韩、鲜卑、猃狁、乌桓之属，不明则吉，明则寇起。天垒十二星，在泫南，圆如大钱，主北边及丁零、鬼方之属，荧惑入守，边塞有警（以上占诸星）。

按古太史之职，观天文，察地理，掌占候司，记载世有专官。其余躔度象缉辩之也，详占之也。确丰州为赵极西北地考之。天文家言，昴、毕两宿，占边事者八星，而胃、井无一，焉信乎？班氏之说，显而可征。言胃、井者，不待辨，而知其失矣。虽边之一字，东西南朔，所暨者，广而分野，所在自应指北边而言，言北边者，虽不仅指丰州，而要不能谓，丰州之非北边也，因取昴、毕两宿，占边事者识之。而并与诸星占验关北边者，附识于后。《易》有云："观乎天文，以察时变。"幸无以其管窥也，而忽之。

卷三　象警

汉高帝七年，月晕，围参毕七重。文帝后七年秋七月，火东行毕阳环毕，东北出西，逆行至昴宿南，乃东行。顺帝永建六年春二月，彗星昏见西北，历昴毕。晋惠帝元康三年春，填星、岁星、太白三星，聚于昴毕。永丰二年秋八月，有星孛于昴毕。孝武帝太元十年夏四月，太白书见于昴毕。二十年冬十一月，大黄星出于昴毕之分五十日。宋文帝元嘉十六年夏五月，太白书见胃昴入，羽林军遂犯毕。十九年秋九月，有星孛于天牢入五车，经昴毕之间，百余日，入西方不见。齐废帝永元元年（魏太和二十三年）冬十一月，月在毕晕昴。北魏节闵帝普泰二年十一月，大流星出昴北东南，流历毕贯，参光明烛，地有声如雷。

梁武帝普通三年秋九月，月在毕晕、昴毕、觜参、两肩。五年秋八月，月在昴晕毕一肩。六年冬十月，月在昴晕毕两肩。中大通元年冬十月，月在昴晕毕。十二月，掩毕在毕又晕昴。五年冬十一月，月在毕晕昴。六年秋八月，月在毕晕昴四星。冬十二月，又在毕晕昴。大同四年冬十月，月在毕晕昴。七年春正月，月在毕西铄昴。八年冬十二月，月在昴晕毕。陈宣帝太建八年冬十月己未庚申，月连晕昴毕，王车及参。

唐太宗贞观十二年春三月，有星孛于毕昴。高宗乾丰二年夏四月，彗星见于东北，在五车毕昴间。中宗景龙四年春二月，荧惑犯天街。元宗开元十八年夏六月，有星孛于昴毕。天宝十四年春二月，荧惑太白斗于毕昴。四月，乃伏肃宗。乾元三年夏四月，彗星见于东方，历昴毕。代宗大历七年春二月，荧惑犯天街。十年秋九月，月晕昴毕，有黑气乍合乍散。懿宗咸通十年，火、土、金、水四星，晕于毕昴。

宋仁宗天圣四年冬十二月，荧惑犯天街。六年春正月日，官言荧惑行近天街，当犯而不犯，请宣付使馆，从之。嘉佑四年秋七月，荧惑犯毕距星九月，退犯天街。神宗熙宁六年春二月，荧惑犯天街。元丰四年秋九月，星出天街北急行，穿五车，没黑黄，有尾迹。哲宗元佑元年春闰二月，荧惑犯天街。三年春二月，荧惑犯天街。徽宗大观二年夏六月，荧惑犯天街。重和元年春二月，填星犯天街。高宗绍兴二十二年春二月，荧惑顺行，犯天街。孝宗乾道五年春正月，荧惑犯天街。淳熙元年冬十二月，月犯天街。理宗端平二年冬十月，填星退行犯毕。十二月，留守天街。

明太宗洪武二十六年春二月，太白犯天街。二十七年夏六月，荧惑犯天街。成祖永乐二十年冬十月，荧惑退犯天街上星。英宗正统元年春二月，荧惑犯天街。宪宗成化四年春二月，荧惑犯天街。孝宗弘治十四年冬十月，荧惑犯天街。世宗嘉靖八年春二月，太白犯天街。十二年夏六月，彗星出昴毕，扫大陵及天大将军，芒长丈余。

按天象示警，凡日月五星，掩蚀凌犯，诸史必书，用以推占人事，往往有验。自明末西法入中国，以五纬之退留，迟速为运行之常，史遂削而不载。兹于太阴五星，掩犯昴毕者，悉依前史备书，天街居昴毕之间，为中外分界，于此地恰和当并识之，而于在昴不在毕，或在毕不在昴者略焉，则以丰州分野，上应昴毕属昴属毕，古无明文，因独取其兼昴毕者识之耳。若谓昴、毕二宿，指赵国全境而言，丰州在赵仅弹丸一隅，则凡作郡县志者，于天文一门，可遂置而不论矣。

卷四　节气

春，立春节后，必有大风，天尚寒冷。春分节后，东风解冻，农事方动。清明节前，草木甲坼，甫种豆麦。谷雨节后，遍种油麦、胡麻。

夏，立夏节后，时方和暖，坚冰始消。小满节后，即种荞麦。夏至以后，虽三伏盛暑，早晚不离锦衣。

秋，立秋节后，天已深凉。处暑节后，夏田方熟。白露节前，三后四日，严霜即降，草木渐凋，油荞尽收，野无田禾。寒露节前，百草皆枯，人皆衣裘。霜降节后，天雨雪，土工不兴。

冬，立冬节后，地已实冻，冰结不解。冬至节后，冻厚数尺，积雪不消。大寒小寒，严风冷雪，堕指裂肤。

按五原、丰州，从古沙漠苦寒之地。《府志》所载：四时节气，语虽近俚，而质实可信。询之故老，数十年前，大概如斯。近则，冠盖云屯，市廛星列，极民物繁庶之盛。天时人事，默为转移，昔为杀气，凭陵今为和气感召，干戈扰攘既变，而井凿田耕，凝闭躬阴，亦化而雨旸。时若虽南北气候，终有不齐，而以山西一省，较之长城内外，渐亦无甚区别，天人相应，理或然与不知者，则以为，地气自南而北云。

地部

卷五 沿革

陶唐、朔方、幽都地，命和叔宅朔方，曰幽都（见《尚书》），有虞、并州地。舜肇十有二州，以冀地广大，析为幽、并、营三州，并州在冀西北，地当属并（并见《尚书注》）。夏，冀北地。涂山之会万国，复并天下为九州，地仍当属冀。商，代子国，西北地。因夏九州，分统天下，封同姓为代子国，地属冀。周，夷畿要服地。春秋时，北狄所居，战国属赵。周分天下为九畿，此当为夷畿要服地。春秋，晋之北鄙，狄人所居。韩、赵、魏，三分晋地。赵襄子灭代临北貉。赵武灵王破林胡、楼烦，攘地千里，北至燕、代，自代并阴山，下至高阙为塞（以上见《史记》并《文献通考》）。秦云中、九原地，为上郡北境。始皇置代、雁门、云中、九原等郡（见《史记》）。汉五原郡地，又定襄郡地，东汉为南单于庭，自后恒谓之漠南。

《文献通考》谓：此地战国属赵，秦九原，汉五原郡地。汉末魏晋，为诸部所扰，遂致荒弃。隋初，因周永丰镇改县置州，曰：丰州。炀帝废州，复置五原郡。是丰州在汉时为五原郡无疑。唯汉高帝，析云中，置定襄、雁门、代郡。武帝改九原为五原。东汉光武帝并省郡国，省定襄，徙其民于西河，省五原，徙其民于河东。居乌桓于塞内，匈奴南单于于云中地，遂为北部所居。后从太尉赵憙之请，复置五原、定襄。至北魏，始都定襄之盛乐县，背负阴山，前带黄河，似即今归化城地。则此地在汉时，又当属定襄郡。《府志》据《汉书》：北出石门，障得光禄城，西北得支就城，又西北得头曼城云云，谓：今归化城西北三十里，有吴公坝，通瓦剌等处，似即稒阳塞，因谓汉时为稒阳县地。是亦就一隅而言未足，以该全境也，俟考。三国魏为新兴郡。

汉建安中，云中、定襄、五原诸郡，为北部所扰。魏王操始集塞下荒地，置新兴郡。文帝黄初元年，复徙置并州。自陉岭以北，并弃之。晋为拓跋猗卢地，河以西为赫连勃勃所居，见晋书。北魏建都于此，号盛乐城。初，居匈奴故地，自拓跋猗卢，始南迁定襄，城盛乐，后自云中徙都平城，居越勒莫弗部于五原地。魏分东西地，属东魏（见《北魏书》）。北齐隶北道行台，置安远、威远等部（见《北齐书》）。北周为永丰镇（见《北周书》）。隋为丰州，后复为五原郡。文帝废郡，以州治民。北至五原，即周永丰镇，改为永丰县，后升为丰州，丰州之名始于此。炀帝废州，复改为五原郡（见《隋书》）。

唐复五原郡为九原郡，改丰安县，又尝为单于府，又为天德军。贞观中，置丰州都督府，居突厥降户。天宝中，改九原郡，领九原、永丰二县，又改丰安县。宪宗时，居突厥别部，沙陀朱邪尽忠于五原，后以五原近回鹘，徙定襄。俱在今边外地，以碛为界，余俱见唐书。五代唐为天德军。五代晋为契丹地。高祖敬瑭本出西夷，从朱邪氏归唐，居阴山，事后唐明宗总管大同，彰国、振武、威塞等军，至潞王从珂，废主夺嫡，乃求援于契丹，父事耶律德光，借兵灭后唐，割十六州地与之。历汉、周至宋，地弃于外，以上见五代史。（按：十六州内，虽无丰州之名，然云、应、寰、朔，俱在丰州以南，则其北属契丹，可知余见，人部史鉴门。）

宋为丰州，后属辽、金、元。太宗平太原，命将潘美、杨业等出雁门，伐契丹，拔云、应、寰、朔四州。天德军都指挥王承美，破契丹于丰州，得其地。后杨业战死，地复陷于契丹。徽宗时，约金灭辽，归燕云、九州，收复天德、云内诸城，置定边军。后金人败盟，约夏侵宋，地为夏据。未几，复为金所夺，乃徙丰州于府州地方，名为宁丰。宁宗时，蒙古元兴，取金丰、胜等州。理宗时，元约宋灭金，悉有其地。终宋之世，关外诸州，旋得旋失，未久属焉（见《宋史》）。

辽置应天军，后复为丰州，领二县：曰富民县，本旧临戎县；曰振武县，本旧定襄郡盛乐县。又析置云内州，领柔服、宁人二县（见《辽史》）。金为丰州，仍领富民县、振武镇。皇统九年，升为天德总管府，析丰州置净州为支郡，有天山县，立榷场。云内州仍领县二，以宁人为云州（见《金史》）。元为丰州，属大同路，置录事司，并富民等县入州。又置云内州录事司，云内州废云川等县（见《元史》）。

明为漠南蒙古地，元裔所居，后赐名归化城。洪武中，设东胜五卫。永乐中，徙东胜中、前、后千户，于怀仁等处。宣德初，筑玉林、云川等城，设兵戍守。正统中，并玉林入右卫，云川入左卫，自杀虎口北，皆弃于外。嘉靖中，俺答筑城于古丰州滩，是为西土默特。自隆庆中，款贡后，三娘子别居于此。万历十四年，赐名归化，即今归化城是也，事见明史（详史鉴门）。

我大清天聪六年（明崇祯七年），太宗文皇帝亲征察哈尔，驻跸归化城。土默特部落悉降。世祖章皇帝定鼎燕京，以土默特部落扩入版图，仍名归化城，分东、西、南、北、中五路，后改为五厅：曰归化城、曰和林格尔、曰萨拉齐、曰清水河、曰托克托城，于归化城东五里，筑绥远城。

按《山西通志》，以归化城附朔平府。而方舆沿革，则以始于西汉为始。《府志》亦附载归化城，而追溯沿革，始于黄帝。昔孔子删书，断自唐虞。故是编以唐虞为始，至汉唐以来，兴废不一，中外叠据，稽方舆者，虽有廿一史、《文献通考》以及《广舆寰宇》诸记，而漠南数千里，烽堠频仍，履其地者弗考。其文考其文者，未履其地，记载所及，不过撮其大略，非若一州一邑，可条分而缕晰也。兹当搜采之始，为略识其梗概云。

卷六　疆域

归化城，东至讨卜齐一百里，与察哈尔接壤；西至察素齐一百里，与萨拉齐接壤；南至一间房子八十里，与和林格尔接壤；北至可可以力更九十里，与达尔汉接壤；东北至速鲁图一百八十里，与四子部落接壤；东南至黑炭板升七十里，与宁远厅接壤；西北至克里沟二百五十里，与茂明安接壤；西南至三两庄七十里，与托克托城接壤，兼管四子部落、达尔汉、茂明安三旗。

和林格尔，东至宁远厅界，大坡底村九十里；西至托克托城界，甲赖儿村六十里；南至边墙，平鲁县界井儿沟一百二十里；北至归化城界，狼尾巴嘴子村一百里；东南至杀虎口栅外右玉县界，八十家子村一百里；东北至宁远厅界，大沟门八十里；西南至清水河界，库伦图六十里；西北至归化城界，土城子二十五里，计周围六百余里。

萨拉齐，东至归化城多尔济界，一百二十里；东南至托克托城二道河界，一百二十五里；南至黄河岸十五里，河南即外藩鄂尔多斯长所属之达拉特贝子，并郡王旗藩封地面，绵延四五百里，再南则陕西神木、府谷等县界；西至包头镇一百里，迤西迤北，即外藩乌兰察布盟长所属之，乌拉特东、西、中三公旗地面，周围一千五六百里至二千余里，各旗之北系外札萨克，归乌里雅苏台将军所管；其西南仍系达拉特及杭锦旗地，绵长一千余里，界连甘肃、宁夏平罗等县；北至大青山后一百余里以外；东北系外藩，茂明安旗属，归化城兼管。萨拉齐兼管外藩地面，唯乌拉特三公、达拉特、贝子、杭锦、郡王等五部。

清水河，东至边墙镇川口七十里，为平鲁县界；西至黄河岸八十里，为准噶尔旗界；南至边墙红门口九十里，为偏关县界；北至獭儿坝六十里，为和林格尔界；东南至边墙底，新庄子九十里，为平鲁县界；西北至喇嘛湾九十里，为托克托城界，周围约四百余里，分管准噶尔旗三百余里。

托克托城，东七十里至兴旺堡，为和林格尔界；东南九十里至饭铺沿，为清水河界；南九十里至老山沟，为偏关县界；西南一百二十里至公彦白盖儿沟，为陕西府谷县界；西一百二十里，至准噶尔贝子营，再西为陕西界；西北一百三十里至虎速泰河，为萨拉齐界；北六十里至祝乐庆村，亦为萨拉齐界；东北八十里至西白塔，为归化城界，分管准噶尔旗地，西与清水河等。

按《通志》载：归化城，东西广四百三里，南北袤三百七十里。东至四子部落界，一百三十八里；西至鄂尔多斯左翼前旗，二百六十五里；南至边墙二百十里；北至喀尔喀右翼界，一百六十里。距京都一千一百六十里，在省西北九百六十里。

绥远城在城东北五里。和林格尔在城东南一百二十里。萨拉齐在城西北一百四十里。清水河在城西南二百六十里。托克托在城西南一百八十里，与现查里数不同。

《府志》则谓：归化城，东至察哈尔界一百十里；南至长城二百五十里；西至黄河岸二百七十里；北至大青山二十里；东北至山后四子部落界；东南至杀虎口二百四十里；西南至脱脱城黄河岸一百七十里；西北至沙尔沁黄河岸二百七十里。

又别本载：土默特地回环九百余里；东界至察汉库伦一百六十里；与察哈尔镶蓝旗，并四子部落接壤；南界至杀虎口边墙二百六十里；西界至包头镇黄河岸四百余里，与乌拉特三公接壤；北界乌兰察布源泉托苏图山、克寿山，二百六十余里，与四子部落、达尔汉茂明安旗接壤。合之《通志》《府志》，里数各异，且皆指当时全境而言，今既分作五厅，自应各明疆域。至大青山游牧地，系乾隆二十八年，道光十二年，两次经钦差大臣履勘奏明，与各札萨克分定界址。西界自白衡郭尔山起至克寿山止，与茂明安为界；北界自克寿山起至托苏图山止，适中为哈达玛尔河源，立有石碑，注明山后属达尔汉，山前属土默特游牧；东界至托苏图山起至乌兰察布源泉止，与四子部落为界，以上各旗游牧界址，经钦差大臣奏准，绘图送军机处理藩院，及本境各官、正副盟长处，各存一分，并于沿界一带，奏设堆起。每年秋后，遵照奏章，由副都统派土默特官员，会同各旗委员，勘修一次，附识于此。

卷七　山川

阴山，见《史记·赵世家》《括地志》曰："阴山，北戎地，在朔州北塞外，东西千余里。汉武帝克匈奴，置阴山县。"

缘狐山，《汉书·地理志》：云中郡桢陵缘狐山，在西北黑山。见《魏书》：神䴥二年，车驾东至黑山数军，实《通志》谓杀虎山。《府志》谓：在古丰州境，与云内州夹山东西相连，又有神山在城北四十里。薄山见《魏书》：天兴二年，袭高车，还次牛川及薄山，并刻石纪功。

柞山，见《魏书》：泰常六年，西巡于柞山，遂至于河。

七宝山，下有古城，相传即汉五原郡城，或曰金屯兵城也。《通志》曰：宝山在城东八十里。

官山，下有九十九泉，流为黑河，见《府志》。

牟那山，《府志》谓：在朔州北三百里，隋大同城旧墟在焉，山近有耳嘴城，有秦长城。

天德山，见《汉书》，李陵自居延行至天德山，《辽史》：太祖平党项，遂破天德军，掠吏民以东，皆此地。《府志》谓：在朔平北。

夹山，见《辽史》：天祚避女直，奔夹山。《府志》谓：在朔州北三百四十里。

狼山，城南一百二十里，蒙古名绰农图喀喇。

石碌山，城西四十里，蒙古名哈尔金和邵出石碌。

太白山，城西二百五里，蒙古名插汉。白云山，城西二百六十五里，蒙古名插汉俄博。

牛心山，城西北一百十里，蒙古名颜朱尔克。

蟠羊山，城东北七十里，蒙古名衣马图。《魏书·太祖纪》：天赐四年，北巡至参合陂，东过蟠羊山。即此以上六山，俱见《通志》。

大青山，在城北二十余里，东接察哈尔境，迤北而西直抵鄂尔多斯，以黄河为界北。有数口皆通大漠，高数十仞，广三百里，袤百余里。内产松柏材木，远近望之，岚光翠霭，一带青葱，如画屏森。《列府志》谓：考汉、唐诸史，五原、丰、胜，无大青山之名。唯《汉书》五原郡西安阳北有阴山。徐广曰：阴山在河南，阳山在河北。《辽史》载：丰州振武县，即汉定襄郡盛乐县，背负阴山，前带黄河，元魏尝都此。《明一统志》及《山西通志》载：古丰州境有黑山，与云内州夹山，东西相连，疑大青山即古阴山、黑山也。归化城元延佑间修道碑，以大青山为祁连山，北人呼天为祁连。金时边外有天山县，因名大青山为祁连山考。祁连山在陕西凉州，以天山得名，至《通志》谓：大青山，在城西南二百五里，蒙古名库库合邵，访之土人，无一知者，又不知其何据矣。唯所云翁公山，在城北三十五里，西至河套之北，起乌剌特西境，东至归化城东北，层峦峻岭，绵亘五百余里。上有元时建甸城废址，似即此山，曰翁公者，或即吴公之讹。（按：前代无大青山之名，国朝始有之。疑我太宗文皇帝征察哈尔，收服土默特部落，北人悦服，因以大清二字名其山。后复讹清为青，亦未可知也。）

九峰山，在城东南一百二十里，九龙湾东西石山，上有九峰，故名，今为和林格尔地。

红山，在城南百五十里红城南，东接榆树梁，西抵喇嘛湾，有红山口。

半个山、黑青山、照辟山，俱在平鲁县边外，见《府志》。

托里冈，在城东南五里。

胡衕坝，在城东南二百余里，高五里，盘踞十数里。

榆树梁，在城东南二百余里，府境边外，高三里，盘踞十里，通平鲁县，边外大小榆树湾，山甚险峻，多榆树，未知即古榆林否。

白道梁，在城东南二百三十里，府境边外，高三里，盘踞十里。

摩天岭，在城南一百五十里，黑城东，高五里，周围二十里。（以上八条，俱照府志抄录，未及详考。）

黑勒库谷，在城西七十里，谷内尽松柏树。

五达谷，在城西二百五十里。

红螺谷，城东北二十五里，蒙古名五蓝义拍，谷内产松柏树。

喀喇克沁谷，城东北四十五里，产松柏树与红螺谷同。

榆沟，在城东北九十里，蒙古亦名乌里雅苏台。（以上五条，亦见《通志》。）

黄河，《通志》谓：在城西南一百六十里，自乌喇特界东南流入境，又折而南。黑河水自东来注之，又东南经湖滩河、朔紫河水，自东来注之。又折而西南流，入偏关县界。《府志》谓：在城西北二百七十里笔穹气，自西北山嘴折而东南流，至脱脱城西折，而东南三十里至喇麻湾山嘴，复折而西南，至宁武偏关县老牛湾入关河口，西流至河保营，则河曲县界矣。两志详略不同。今查各厅绘送舆图，黄河上流自甘肃来，经外藩各旗，及河套等处，曲折千余里，入萨拉齐境东流至二道河，入托克托城界百里许。黑河流注，迤东为湖滩。河朔至喇嘛湾入清水河界，紫河及各沟水流，注至老牛湾出境，为偏关县界。

黑河，《通志》谓：在城南二十里，蒙古名伊克土尔根，即古白渠荒干水也。源出镶蓝旗察哈尔东北七十里，海拉苏台坡名喀喇乌素。《汉书・地理志》：定襄郡武进县白渠水出塞外，西至沙陵入河。《隋书》：大业三年，帝亲巡云内、沂金河而东北。《元和志》：榆林县金河泊在县东北二十里，皆指此河。唯名异耳。《府志》谓：发源大青山东九十九泉，经城南二十里为大黑河，至脱脱城西南，伏流入黄河。又小黑河在城南十里，源出左右山峪，西流四十里至洪津，入大黑河，蒙古名小土尔根河。又黑勒库河，出黑勒库谷，亦西南流入黑河，复入黄河。

紫河，《通志》谓：即古中陵、树颓，蒙古名五蓝木伦，源出察哈尔西南境内，西流至杀虎口，北合边内北来之兔毛河，又西至乌蓝巴尔哈孙城，西入黄河。

头道河、二道河、三道河，俱在城东南，即口内兔毛河水，西流经红城，亦名红河，西南至岔阿口入黄河。

清水河，疑即古宁边河也，源出平鲁县西北诸山，经大水七墩二口流出口外，合边外诸水至岔河口入黄河。

黄水河，在城北百余里，蒙古名西拉木伦，源出色古尔泉，东北流入喀尔喀右翼界。

大海，在城东南二百余里，内生盐，或谓即苏子卿海上看羊地。

七星湖，在城西南一百七十里，黄河东岸，有七水眼，旋转望之如星，故名，见《府志》。今萨拉齐、托古托城，俱有村名七星湖。

天瑞泊，古云内州之西，见《府志》。又金河泊在东胜州，境上承紫河泥，紫金色，故名。西流入天瑞泊，疑即黑河之别名。

丰州滩，城西一百二十里，蒙古名伊克苏尔哲，源出苏尔哲谷东南，流入黑河。

山黛湖，即沙陵湖，城西古沙陵县地，受白渠荒干诸水入黄河。（以上二则，亦见《通志》。）

居延川，云内州境一名居延泽，汉苏武尝困于此。（《府志》谓：考居延川在陕西、甘肃，距此颇远。按《圣武记》谓：居延山，蒙古语为昆都伦。此间，乾隆中有东路昆都伦协理通判，昆都伦在和林格尔境内，或别一居延地也。又记谓：大青山，蒙古语名汉喀喇，阴山蒙古语名葛札尔，黑山蒙古语名喀喇俄博冈，附载于此以备参考。）

沙井，古丰州西北。其外界濠古沙陀地，又没越泺，俱在丰州界，见《府志》。(原注见《明一统志》及《山西通志》。)

按《禹贡》：首奠山川。山川融结地气之厚，古者建立国邑，必相山川形势向背，以验地气之聚散，非徒以供游眺，快登临也。晋国表里山河，即关外一隅，亦复层峦叠嶂，河流环绕。唯雁门以北，山险峻而弗秀，水浑浊而弗清，行道者，辄生南北之感。故俗谚有："是山无头，是水倒流"诸语。至杀虎口外，则别一景象矣。然通都大邑，山川易于得名，僻远之区，游踪罕及。元遗山《登北岳》诗云："东州死爱华不注，向在陋邦何足数。敬亭不着谢宣城，断岸何绿比天姥。"洪震老(元人)《咏淳安东泉山》诗云："通都大邑人争驰，一泉一石小亦奇。云深路绝无人处，纵有佳山谁得知。"二诗意绝相类，山川显晦，所在皆然，况穷边极塞耶。五原、丰、胜诸州，山川见诸史册者，大率因军行所至，纪载路途，无高人逸士栖隐之所，无诗词咏歌之迹。昆仑瀚海北包大漠以外，前代度漠之军，所至如狼居胥山、寘颜山、浚稽山、涿邪山、燕然山，皆距代郡、定襄、云中、朔方二、三千里，今未敢确指为何山。

我朝臣服漠南、北蒙古，凡阿尔泰山、杭爱山，以及兴安内外岭，尽隶版图。《一统志》于北干支派，言之至详且尽。唯以阴山为天山一支，其说不无小误。魏氏纪《圣武记》始以为：天山之脉，尽于玉关。贺兰、阴山，乃和阗中干之支，非天山之支。考诸各书，闻诸行人，无不吻合。阴山在归化城之北，为漠南口北第一山，即今之大青山毫无疑义。《通志》不专列阴山之名，而于翁公山下有，即阴山之说。又谓城西南二百五里，有大青山，蒙古名库库合部。《府志》无翁公山，而以大青山为阴山者，又复疑似其说，尚未敢遂以为信，则其余山川可知甚矣。志乘之难也，以川而言。归化城外监司署前，有两水合流。东自红沙口，出西自吴公坝，出至署前而合，不数里流入黑河，两志俱未载。询之土人，亦未知其何名。此外，就舆图所绘，归化境内尚有二道河、有水磨沟，有白石头沟，有乌素图沟。和林格尔境内，有佛爷等沟。清水河境内有老三沟河、九枝榆沟，通亥沟，不力沟，孔对沟、脑包沟、牛连沟、纳令沟、玻璃麻黄嘴等沟，俱入黄河。或土人俗名，或蒙古番语，考诸两志及地理各书，无可取证。

唯归化城北讨速号，沟水出即小黑河。其源流确有可指，舆志多谓：城南十里，源出左右山峪者异矣。其舆图所未绘之水，时发时涸，又当不可胜数。兹集既不敢以志乘为名，仅取各书所引山川名目，犄列于前，以现在有迹可指，有名可征者，随纪于后，并以两志所载各条附焉。虽古今称谓雅俗不同，陵谷变迁，分合互异。其中重复错漏，知所不免，第以数千百年经始之书，值文献不足之地。一二人耳目闻见难周，五、六月光阴搜罗莫及，兼以簿书鞅掌，案牍劳形，偶一游览，亦朝出暮归，足迹不数十里。即或专心采访，谓刍荛可询，而格磔侏离，语言奚辨，稍有可解，亦皆市井贸易、佃种、樵牧、寄居者流，因形命名。羌无故实，道听途说，以讹传讹，入耳者未敢信于心，寓目者未敢宣诸口。下笔时，再四审酌，取舍无从，埋没又复不少，至其藩蔽之益，灌溉之利，固有心者所宜讲求，而草创之初，一时，实未能详悉，管中窥豹，纸上谈兵，知不足以资掌故云。

卷八　古迹

五原郡城，本秦上郡北境，汉为五原郡，隋初置丰州，后复改五原郡，唐复为丰州，《寰宇记》：九原有前后鸡延及郎君城。《文献通考》注：在唐榆林县西，今七宝山下有古城，相传即五原郡城。

云中故城，《括地志》谓：在胜州榆林县东北。丰州城，隋初置丰州。唐宋以来，兴废不一。元延佑中碑谓：郡南负郭黑河青冢，郡北一舍，有圜绕之山，其地似在今归化城南十数里。

东胜州城，《元史》载，唐张仁愿筑三受降城，东城南直榆林后，以东城滨河，徙至绥远峰，今东胜州是也，见《府志》。(原注：《文献通考》：战国属赵，秦云中、九原。汉云中、五原地。《榆溪塞》注：在州南。《史记》：秦却匈奴，树榆为塞。隋初，置胜州。胜州之名始此。炀帝废州置榆林郡，唐仍为胜州，或为榆林郡，后于河南置决胜州，因名此为东胜州，领县二治。榆林县注汉河南县地，有故云中城拂云堆。金河、紫塞河，自马邑郡鄯阳县流入，有榆林关县，西有汉五原城。按所志，古云中城、拂云堆、金河、紫塞河，与《辽史》中受降城地无异。河滨县注汉河，南县地东临河岸，郡领县三，榆林、富昌、金河，今可考者。平鲁县西二十余里镇川口外，有大小榆树湾，耕者于其地得石槽、石碾等物。县境复有榆林村。《广舆记》：明正德中置榆林卫，在延安府城东北七百五十里。秦云中，汉五原，唐胜州地，地临河套，朔北要关，有黑山，殁央湖，所志黑山，与《辽史》富民县、黑山无异，而所志马邑郡鄯阳县，正平鲁西边内外南北之界。又《辽史》太祖神策元年，破后唐振五军，胜州之民，皆趋河东，州废。后石晋割地复置胜州，似胜州在黄河西，振武在黄河东，只一河之隔，虽古今徙置，名色不一，而山川形势不改。且延安府榆林卫地，无马邑郡、鄯阳、富民、振武等县，今可考者。归化城东白塔上，有元至正中东胜州人所提字样。黄河东岸，复有七星湖，似东胜州，即在今归化城，黄河以西。按原注殊未明晰，附录以备参考。)

东受降城，唐景云三年，朔方总管张仁愿所筑。宝历元年，振武节度使张维清徙置，见上东胜州城。

中受降城，元和九年，置接灵州境，有关，有拂云堆祠，又有横塞军，古可敦城西二百里。大同川有天德军，大同军之西有天安军，后徙屯于永济栅，故大同城也。城北有安乐戍黄河、黑山峪。别置新城北三百里，有鸊鹈泉，见唐书。

云内州城，《辽史》：道宗置云内州，金元因之。(《府志》原注，唐初立云中都督府，后改横塞军，又移天德军，即中受降城之地。辽初，为开远军置代北云朔招封。清宁初，改云内州，领柔服、宁人二县。有威塞军，古可敦城。大同川天安军永济相、安乐戍拂云堆，在黄河东西壖，与所志胜州、榆林县及中受降城，皆无异。金仍为云内州领柔服、云川两县及宁人镇。元废云川县，设录事司。至正四年，省司县入云内州。今可考者，归化城西南，脱脱城北，有旧城址。古塔石柱刻“金正隆中，云内州录事司郭说”字，似云内州，即在黄河以东。按旧注仍欠明晰，古塔石柱既有金正隆年号，则录事司之设，又不始于元朝。）

宁边州城，在东胜州东南三百里。辽置州，金置镇西军。元至正二年中，割之，半属东胜州，半属武州。今朔州有宁边河墩。

定襄故城，其地南大河北，白道畜牧，广衍龙荒之最壤，突厥争利之在。今朔州北三百八十里，见唐书。

富民县城，本汉临戎县，有黑山神。今平鲁县镇川口，外西南四十里，有富民庄。

振武县城，本汉定襄郡盛乐县，元魏尝都此。

河滨县城，隋榆林县地，唐析置县，属胜州，东北有河。

滨关，沃野镇城，后魏置傍金河，割达城、绥远城（旧名）、庐城，秦长城，唐长城，钳儿觜城，俱在中受降城北。

苏武城，在归化城西北，相传汉武帝时，武出使，被留居此。

玉林故城，在杀虎口外西北三十五里。明初建筑，后弃于外，城垣尚存。今在和林格尔境，亦作榆林城。

云川故城，当在归化城西南。《明史》宣德元年，于丰州西南筑城，后徙于内，遗址无可考。或即红城、黑城，未知孰是。按脱脱城，黄河西五六里，有旧城垣尚存，围约五六里，疑即云川城，或曰古胜州城。

黑城，在脱脱城东北五十五里。

红城，在黑城东六十五里，城垣俱全，周围俱十里许，未知何古城也。

上下土城，在杀虎口外，今和林格尔境，城垣俱废，止存基址，周围约二十里。下城在上城南五里，城基微小，未知何名，疑受降城旧址。

三娘古城，即今归化城，见城郭门。

脱脱城，在今托克托城，通判署东，见城郭门。

高阙塞，在古丰州西。《史记》：赵武灵王自代并阴山下，至高阙为塞山，下有长城。长城之际，连山次天，其山中断，两岸双阙望之，若阙焉。汉元朔四年，卫青将十万人，破右贤王于高阙，疑即近胡塞沟口（俗讹为忽塞沟）。

稒阳塞，在古丰州境。《汉书》：稒阳县属五原郡，北出石门障得光禄城，又西北得支就城，又西北得头曼城，又西北得虖和城，又西北得宿虏城。窦宪出鸡鹿塞，邓隲出稒阳塞，遂至燕阳山即此。《括地志》曰：稒阳属胜州，旧县在银州银城县界。《府志》谓：今大青山碛口，有吴公坝通瓦剌等处，地方与此形势略同，当即古稒阳塞也。

单于台，汉武帝元丰元年冬月，帝出长城，历五原，北登单于台，见汉书。

李陵台，在古云内州。《唐·地理志》云：中都护府有燕然山、有李陵台，盖陵不得归，尝登此望汉，其近有拂云堆，今不可考。

白道，归化城北。《北魏书太宗纪》：太常四年，西巡云中，踰白道。《水经注》：荒干水西南迳白道，南谷口有长城，背山面泽，谓之白道。岭沿路，唯土穴，出泉挹之不穷。（按《府志》所载，形势如此，似今之大青山诸口，唯山川门内，城东南二百三十里，有白道梁，是又一白道。未知《魏书》所踰，何指今归化城。东乡有村名白道子。）

君子津，在城西南，黄河为古东胜州地，亦名君子济。汉桓帝十三年，西幸榆中，东行代地，有洛阳大贾，赍金货随帝，后行夜迷失道，往投津长，封金寄之。渡河，贾人死，津长埋之后，其子寻父丧，发冢举尸，赀货一无所损，其子悉以金予津长，津长不受。事闻，帝曰："君子也。"即名其津为君子，见《水经注》。或曰即红津永济栅也。

乌咄谷，呼延谷，在中受降城北，迤东八十里，谷南口有呼延栅，谷北口有归唐栅车道入回纥。

华严经塔，一名白塔。归化城东五十余里，有白塔城，周围约十里许，疑亦古受降城之一也。土人尝夜见城垣门楼如新，

（古坍每有此异）。塔在城西北隅，七级八面石台，砖砌刻书极工，高约十五丈，周围约八九丈，石额篆书万部。华严经塔，塔下有石香亭，柱刻金天辅年号。（按塔北塔西别有二古城基，周围俱十里许，亦不知其何名。）

大明寺碑，在白塔城南门外，字模糊不全，上刻：故开府仪同三司上柱国代国公完颜国赧，代国夫人耶律氏，云中张建中篆，乡进士王綷书，天辅年立。

郭公塔，在归化城西南八十里，高十余丈，周围五六丈下，亦有石香亭。柱上刻：大金云内州录事司郭公讳说字本，正隆五年，明昌进士王天佑，撰开学冀守正书。（按天辅金太祖年号，正隆金主亮年号。）

丰州修路碑，在城北门内旧都统署，元延佑七年，奉议大夫丰州知州兼诸军与鲁劝农事张铸立，见艺文门（按延佑元仁宗年）。

小苏季村，在归化城东乡，俗传苏武取胡妇，生子通国所居地。

海窟，在城东南里许，俗传汉苏武牧羊处。或曰古饮马长城窟也，今甃为井深不可测，凡四孔水，距孔不盈尺。五十家（巷名）一带，蒙民、商贾提汲，终日不少减，夜辄溢出，久旱不涸。

羊群窑子，在城东乡，即苏武牧羊地，今仍其名。

八拜营，在城南，俗谓李陵送苏武处（又托克托城八拜沟）。

六郎箭，在白石头沟内，山上长丈许，围尺锋插石罅，摇之则动。风雨侵蚀，木色枯朽，约数百年物也。俗传杨延昭镇雁门，与契丹约令退一箭地，而阴使裨将孟良取屋椽插犁地，铁刃为箭置此，以诳之。其说荒诞不足信。

玉泉井，在无量寺前。俗传康熙中，圣主仁皇帝驻跸崇福寺，过此，马蹄踏地，有泉涌出，味清而甘，四时不竭。居民建神祠其上，水侧流数步，北汇为池，上盖巨石，作井眼四，寺前一带，咸取汲马，有碑立寺门外。

庆凯桥，在城北门外。康熙中，建以征噶尔丹师旋得名。咸丰六年，雨水涨发，石柱倾圮。太原李子、玉茂才（名丰年），绘图募修，拟仿京师太液池金鳌玉蝀式，惜无大力者助成之。

鱼贯桥，一名玉官桥，在和林格尔八十家子村，西北五里，南北跨沟，日久渐圮。通判玉衡莅任后，捐廉重修，较前尤壮丽。土人谓玉官之名，乃其预兆云。

九龙洞，在杀虎口旁，东西夸兔毛河，旧为大桥，今存其半，有水洞九，俗即以九龙呼之。今河已东移，桥在平地，全桥之洞，当不止九，意仅就现在者，名之耶。桥上有墙，相传为中外分界处。

公主府，在城北七里许，大青山前，康熙中建。

丹府，在城北门内，路西为都统丹津旧第，厅室有世宪皇帝御书：远上寒山石径斜，七绝二十八字扁额。

按今世得前人一盘一匜，犹且搜剔，疑识摩挲，而宝玩之。无他，以其古也。至轮蹄所至，遇昔人雪泥鸿爪之迹，虽疑信参半，亦复巧为附会，以为一方美谈。好古之心，尽人而有，所在皆然，无足异者。况此间，自中外争据，史册所载，以及道路传闻，类皆确有可征，非寻常牵合者比。唯唐代受降城，《广舆记》以为中受降城，在丰州境，东西二城，相距尚远。《府志》则俱列于归化城，榆林城《府志》未载，今据舆图补入。羊群窑等村，饮马长城等窟，又皆得诸里俗所传，未见确据。陕西北边有苏武牧羊川，今遽列诸丰州，非故蹈争墩习耶，然以黄沙白草，四望弥漫，得此一二名，胜之区贯，足为山川生色。陆清献公修《灵寿志》谓：古迹鲜少，地方一幸，则又以冠盖游赏扰及。民生而言，非所论塞外矣哉。分部之间，有廉军五袴之咏，虑其日月弥远，前德闇而，失其传，乡人西三州官医提领郭瑀洎、张原、杨礼，并本社王德成、刘通甫、李天佑、王通甫等，恳请作文记之，以刻其石，愚辞不获，已故摭其实而备叙之。

（此碑现存城内旧都统署大堂东，偏字剥落，不全书法，亦极粗俗，尾属元延佑七年，奉议大夫丰州知州、兼诸军与鲁劝农事、张寿立，建裕齐后人李文焕撰，并书“建裕齐”三字，未审所指。且与府志所载有数字不同，如第六句，向字碑作方面遂云：以下“方今”二字，碑忽作抬头式，另行高起：遂将此意碑作，遂有此议。“奉讨宣慰副使”，碑作“奉训宣慰副使”，不致将来废弛，前功下碑有矣，字无“又”字，警铺碑、作警捕分部碑作，封部官医下碑有“前”字，其余俱同。唯李文焕究不知何许人，玩其文意，如又况岁值凶歉，及王德成等，既承其命焉，敢不尊等语，似于使君有微辞焉，其文忽雅忽俗，未易阳秋。第所云：军民相参，居止以及商旅。）

卷九　陵墓

燕丹墓，在口外榆林城，相传即燕太子丹也。《史记》荆轲刺秦王不克，秦遂击破燕、代，兵进围蓟，拔之。燕王走辽东，斩太子丹以献于秦。越二年，秦王贲灭燕，还灭代。此地在代西北，或师旋葬此，如韩侯岭葬淮阴首，亦未可知。或曰：此北魏时，慕容燕太子也。

青冢，在归化城南二十里，高五六余丈，土色黝黑，望之如山。此墓侧有石马一、石幢一、残缺不全，石碑三，俱近代立。《辽史·地理志》：丰州有青冢，即王昭君墓也。《汉书》：昭君，名嫱，南郡秭归人。元帝时，以良家子选人掖庭，数岁不得见御，积悲怨。会匈奴呼韩邪来朝，帝勅以宫女五人赐之。昭君乃请掖庭，令求行。呼韩邪临辞大会，帝召五女以示之。昭君丰容靓饰，光明汉宫，顾影徘徊，竦动左右。帝见大惊，意欲留之，而难于失信，遂与匈奴，号宁胡阏氏。生一男伊屠智牙师，为右日逐王，后被异母兄囊知牙师乌珠留若鞮单于忌杀。

呼韩邪立二十八年，建始二年死。其前大阏氏子雕陶莫皋立，为复株累若鞮单于，欲妻子。昭君上书求归，成帝勅令从胡俗，遂复为后单于阏氏，生二女。长女云为须卜居次，小女为当于居次。须卜，当于匈奴大族。居次，犹汉言公主也。至平帝时，王莽秉政，欲悦王太后，乃讽单于，令遣昭君女须卜居次云入侍，太后喜，赏赐甚厚。

乃历来诗曲，俱主《西京杂记》，毛延寿画图，及昭君与不愿从胡俗，饮药而死之说。至杜工部《荆门怀古》，则又以为荆门州人，而结句所云："千载琵琶作胡语"，亦因石崇《王明君辞序》，而附会之非。昭君当日果然抱琵琶出塞也，传《元琵琶赋序》已详言知，且载《宋书·乐志》，其说最为明确。昭君改称明君、明妃，则晋人避司马昭之讳。嫱，匈奴传作墙。唯《后汉书·南匈奴传》始作嫱。钱竹汀（大昕）曰：说文无嫱字。左传妃嫱嫔，御唐石经本作墙，则匈奴传，墙字不误。而元帝纪作樯恐误。樯字，说文亦未收也。《府志》谓：毛延寿画图，及不从胡俗，饮药而死之说，未详何据，殊欠考晰。唯言青冢有三瓦剌地方，及黄河西岸复有二处，未知孰是。

北魏金陵，在古盛乐城西北。永兴二年，葬道武于盛乐金陵。其后元明、太武、文成、献文四帝，皆葬于此，未详其地。（按：清水河西南乡有村曰：大王墓、二王墓、三王墓，各距署三五十里，亦未详为某王。）

焦赞墓，在吴公坝口内，正史未见其名，小说家乐道之，谓与孟良同隶于杨延昭麾下，北边古迹，如此类者尚多，真赝不足辨也。

班都统墓，在大黑河村南里许，有屋数楹，内三冢如瓶塔，形高三四尺，外十余小冢，高不盈尺。石碑二，其一系蒙古书，其一乃满汉书谕祭文也。旁有小碑，字多剥蚀，文义亦不可解。（按《府志》谓：都统世袭精奇尼哈番墓，在口外黑河南岸，即土默特台吉朝库儿，有御制碑。询之土人，初无知者，后闻大黑河南，有丹府坟墓一所，意当为都统丹津葬地，及就视之，乃谕祭右翼都统班达尔什者，与左翼丹都统无涉，传闻之不可信如此。）

烈女坟，在城西南三里，漏泽园侧，有小石坊，为烈女尚氏立。

按古人有言，生寄也，死归也。至骨肉复归于土，而生人之事毕。死者之名姓，亦与之俱尽矣。乃越千百年后，过其地者，若复爱之护之，凭之吊之，相与流连，而不忍去，其故何哉？丰州古中外战争地，其间水火锋刃，风尘埋没，固不啻恒河沙数。至一二忠魂毅魄，岂无人焉为之收碧血，而葬衣冠耶！况自秦汉以来，割据不一，外蕃君臣，与中国争强盛。岂生前赫赫，而死后泯泯，竟不得一杯之土，为后人所瞻望而指数耶！何有幸不幸耶！考史策所纪，如北魏诸陵，既不过仅存其名。唯明妃一冢，灵光巍然，而历年来野火春风，已无复青青之色，其余更不堪问矣。爰取近代有名可指者，附识于后，亦冀其无速朽云。

卷十　关津

杀虎口为鄂尔多斯贡道，塞北之咽喉也。明自正统以后，南北画此为界。“虎”字，我朝所改，与破虎、残虎、威虎、败虎、阻虎等堡同。又黑山，一名杀虎山，与此口、别口距城二百四十里。

大红山口，城东北七十里，见《府志》。今无其名，唯城东北六十里，有卯独沁沟，通四子部落旗，疑即其地。

小红山口，城东北三十里，见《府志》。今名红沙口，距城二十里，迤东有哈喇沁沟、讨速号沟、奎树沟，俱通大青山后。

吴公坝口，城西北三十里，通山后瓦剌等处，即古固阳塞也。《通志》：城北有翁公谷，疑即此转音之讹。

喇嘛湾，城西南一百九十里，属托克托城。

黄河渡，在喇嘛湾东，西岸有渡船，鄂尔多斯以西，商民负贩盐米，俱在此渡河，未知即古君子津否。

洪津桥，城西南四十里，有永济栅，或谓此古君子津也。

乌素图沟，城西北二十里。《通志》以沟为古，迤西为胡塞沟，距城三十里，即古高阙塞，入沟为镶蓝旗粮地，俱通漠北路。

水磨沟，距城七十里，距毕齐克齐十里，亦通漠北。

黑牛沟口，距城八十里，在毕克齐，西通伊犁路。

万家沟口，在黑牛沟口西四十里。

湖滩河朔渡口，在城西南一百八十里。托克托城南有渡口，船双。《通志》谓即君子津，亦疑似之说。

毛代渡口，在湖滩河朔西北，距城二百四十里。

大沟门，在和林格尔东北八十里，与宁远接壤。

按关津之设，地方之防守系焉。平昔每至一方，必询悉其道路之出入，山川之厄要，某处距某处若干里，为通衢，为僻径，某处遇事宜守御，某处宜断塞。境内口隘，凡若千所，绘为图本，藏诸行笥，以备不虞。见者辄诮其无病而呻，曾未敢一置喙也。漠南地数千里，雁门一关为古今南北要塞。近则以车马辐凑，王道荡平，杀虎口为西北榷税总区。然以之讥行旅有余，以之资堵防不足。丰州毗连各外藩，中外藩蔽以大青山，为墙垣门户之存，《广舆记》所云：厝火积薪，其虑至深且远。虽当此南北一家之会，似无庸过为区画，而地险所设，正未可以无用视之。今取通漠北，往来诸路，略识数端，俟后再为续入观者，幸知其用意之所在云。

卷十一　城郭

归化城，明万历十四年，忠顺夫人三娘子所筑。唐，娄师德所筑丰州城故址也。城周三里许，高三丈余，旧南北两门，年久坍塌，经土默特左、右翼，与六召喇嘛、台吉等，三佐领下人于旧城南增设外城，包东西南三面。筑墙置门，东曰承恩，西曰柔远，南曰归化，北曰建威，俱筑楼其上。以旧南门为鼓楼，颜曰威固。康熙三十年，工竣报部，乾隆元年重修，国语名曰胡胡河通。乾隆六十年，改为库克河通。

绥远城，雍正十三年新筑，乾隆二年工竣，周围九里余，高二丈九尺五寸。门四，东曰得树，南曰仰日，西曰控河，北曰吞山。门各有楼，东近旭，南承薰，西阜安，北镇宁，角楼亦四。

托克托城，即脱脱城。明嘉靖中，俺答义子恰台吉名脱脱，住牧此城，故名。周围约十里许，今城垣颓废不全。俗传旧本砖城，后移其砖包朔平府城，土垣日渐倾圮。此语无所考，疑即明正统中，以边外玉林卫城，内徙为右玉林卫之讹。

按城郭之制，所以捍外侮也。淮南子谓："城始于鲧，春秋城，成必书，义綦重矣。"虽孟子言，城郭不完，非国之灾？然以三里、五里，环攻不胜，非恃此增陴浚隍之力，而何？口外古北番地，视水草为游牧，迁徙不常，无城郭之固。秦汉以后，建置不一，今既五厅分列，自应捍我牧围，迺除绥远城驻防，而外三厅俱无城。托克托土城虽存，难资保障。归化城唯都护一官，尚在城内。其余公署、仓廪、监狱、市廛，俱在城外。虽复时启闭，谨封纳北门锁钥，实于地方无裨。有不测，将坚壁清野之谓，何矣？我太宗文皇帝，亲征察哈尔，谕土默特左、右翼都统，谓："尔等所守，城小濠狭，势难御侮，宜于城外，建筑层垣，以资捍卫。工竣之日，内城外垣，严如防守，敌自不敢窥伺。"煌煌天语，所以绸缪未雨，而思患预防者，岂独为归化一城而言。凡在边陲，所应恪遵。令塞外幸当无事之日，固不啻众志成城。然而攘窃穿窬，狱囚逃越，乌得谓非城郭不完之故。乾隆初，各省督抚奉部议，令民自行修城。尔时想寥寥边氓，子来无力。今则阛阓扑地，鸡犬相闻，车书一统之盛，振古未有，守土者，当何以期永固耶！愿以质诸后来者。

卷十二　坛庙

先农坛，归化城东二里许。雍正五年，都统丹津奏立，坛基东西阔十五丈，南北长三十丈，中为坛，有正殿三间，东殿三间，东西奏乐房各一间，大门一间。

孔子庙，宋雍熙七年，番汉都指挥王承美，破契丹兵于丰州，追至青冢百余里，擒其天德军节度使韦太以献。明年复击败之于丰州，置孔子庙，见宋史。

今文庙，系国朝雍正五年，尚书通智与都统丹津奏立。在城南门外二里许，路西。正殿三间，东西庑各三间，后殿三间，后殿东为井亭，西为祭器库。正殿前泮宫门三间，东西两小角门。角门东，名宦祠三间。角门西，乡贤祠三间。门外有桥一，下为泮池。东西斋房各一间，棂星门三间。东西两小角门外，东西两辕门，与南照壁相连。正殿祀至圣暨配哲位，东西庑祀先贤先儒位，后殿位崇圣祠。每岁春秋仲月、上丁，本城副都统率官致祭。乾隆三十九年。道光四年重修。（按碑记，初归化城商民卜地庀材，为都统丹津建立生祠。经都统再三辞却，而材木俱已备齐，势难中止，乃与尚书通智，奏请改建文庙，嗣后重修经费，俱奏用土默特库存正项。）

汉寿亭侯庙，《府志》有二，一在小东街，一在茶坊。今小东街庙内，增祀火神、马神、金龙大王、酒仙、观音大士。茶坊分东、西、南、北，俱祀关帝。西茶坊增祀三官，孙膑（靴工所祀）。南茶坊增祀释迦佛、瘟神、老君（金、银、锡、铁各炉工所祀）、鲁班、吴道子、罗真人（剃发工所祀）、轩辕黄帝（缝工所祭）。北茶坊先于东西廊，添祀财神及马、牛、羊三神，后于东院正殿专祀财神，又东祀马、牛、羊三神，皆商贾、百工、艺事，报赛之所，香火极盛。唯东茶坊颇形寥阒，因就近有梨园子弟祀唐三郎（即唐元宗），娼妓祀盗跖故也。

玉皇阁，在城外西南。今前殿增祀三官，东三皇附历代名医，西祀金华圣母，过殿祀灵官及子孙圣母，余祀真武、雷神、火神、马神，及观世音大士。

三贤庙，即三义庙，在南大街东小巷内。今增祀观世音、孙真人、井神、仓神。（按三义庙以汉昭烈帝及关、张并祀，识者已议其无君臣之礼。今曰三贤，更失历代褒崇之义矣，宜改正之。）

财神庙，在无量寺前东小巷，今北茶坊庙，十王庙，俱有之。

十王庙，《府志》在城外西街。今名小北街，庙在西小巷，内祀地藏王菩萨，及十殿阎罗王。东西殿祀火神、财神、子孙圣母。

三官庙，在隆寿寺东北，前殿亦祀关帝，迤西为鲁班庙，又西为子孙圣母庙，再西为边宁寺，祀观世音，过殿祀真武、关帝、马神，其地即名三官庙街。

龙王庙有二，在海窟北者，曰南龙王庙，内附祀风、云、雷、雨、八蜡、马神、鄷侯（书役所祀）、蔡伦（纸工所祀）、眼光菩萨。庙前有文昌阁、奎星阁。在西茶坊北者，曰西龙王庙，距同知署二里许，雍正中建。中祀龙神，东祀八蜡，西祀风神。庙西北有村，即以庙名，多忻州人。

东狱庙，在城南漏泽园侧，庙前为城隍行宫。每岁清明、中元、十月朔为祭，厉所前有小庙，祀孤魂。

城隍庙，在城北门外，雍正中建。

费公祠，在财神庙西。康熙中，商民为抚远大将军费襄壮公建立生祠。公殁，即塑像以祀。东西塑丹都护津、齐观察布森像。道光十二年，大学士松文清公筠，奉使来城，勘定各藩游牧界址，居民绘像附祀于此。

按我朝《大清会典》所载，于社稷、先农、先师、天神、地只、岳镇、海滨、名山、大川，俱有直省常祀仪。适周礼春官、小宗伯，祷祠于上下神祇。《史记》封禅立畤郊，上帝诸神祠，皆聚洪范八政。三曰祀礼、祭祀。法施于民，以死勤事，以劳定国，能御大菑，捍大患，凡有功德于民者，皆祀之，典綦重也。各府州县志乘，俱首重学校，以文庙为道统所垂，与学并建，而名宦、乡贤、忠义、节孝及文昌、魁星诸祠，因类相附。其余风、云、雷、雨、山川、社稷、城隍，祀典所及，祈报在焉。我朝从明代旧制，设近郊三坛，并崇祀关帝，及诸神祠宇。有灵异者，亦听民祈祷弗禁。以故农祀龙神、牧祀、马神。祈嗣者祀子孙圣母，驱疫者祀瘟神，至百工技艺，亦各祀其所创始之人，以为崇德报功祈福之举，而神祠香火，几遍天下，非鬼之祭，在所不免矣。

归化城唯雍正初，设立先农坛于东郊，而社稷、山川俱未之及，祀典之阙也殊甚。甚至文庙为土默特专建，两庑从祀，诸贤每多遗漏，名宦数栗主，亦未经奏请，率以长生禄位增入，乡贤则仅存一祠，无所崇奉。以故学校一门，未能专立，谨以先师冠各庙之首，而以诸神祠附焉。其瓮城小祠，与巷曲五道神，井、皂各庙，以及乡村诸祠，并四厅分置新建者不与，则以见闻所及，实有未周，非故分详略也。

卷十三 寺塔

无量寺，俗名大召，在城南门外里许。我朝崇德中（明崇祯中），都统古禄格楚琥尔奉谕，将旧寺委左翼佐领补音图、骁骑校喇巴太与德木齐温布喇嘛，协同新修、展大，奏赐今名，寺内供皇帝万岁牌位。康熙三十六年，经札萨克达喇嘛纳依齐托音呼图克图，呈请具奏，殿易黄瓦。

延寿寺，俗名西呼图召，今讹为舍利图召，在无量寺东百余步。康熙三十五年，圣祖仁皇帝西征驻跸，值西呼图呼图克图将旧寺重修工竣，奏赐今名。御制碑文，清、汉、蒙古、西番，四体书分立寺前左右。赐喇嘛唐古忒藏经一部、药王经一部、珊瑚数珠、一盘红珠宝石。雍正四年，赐数珠一盘。内西呼图呼图克图居住。嘉庆二十三年十二月，经部具奏，以西呼图呼图克图，补授札萨克达喇嘛掌印，所有一切报部案件，停止经行咨报，呈绥远城将军转咨理藩院。咸丰九年重修，有藏经塔一。（按《通志》：延寿寺在城西北二十五里，康熙二十九年改今名，《府志》以延寿为延福，一名舍利图召。）

崇福寺，俗名小召，在延寿寺东百余步。康熙三十六年，讷依齐托音呼图克图新建。寺前有藏经塔。圣祖仁皇帝西征凯旋，驻跸于此，奏赐今名。御制碑文与延寿寺同，赐喇嘛大红羽缎褂一领、黄蟒缎袍褂二领、凉冠二顶、珊瑚数珠一盘，后又赐藏经一部、药王经一部、金字数珠一盘、黄丝带一条、带扣、荷包、飘带、水晶把小刀、火镰俱全。金钱一，刻寿比南山，长命富贵。银钱一，刻吉祥如意。御笔金书心经宝塔一轴。康熙庚寅三月十八日，沐手敬书。寺内讷依齐托音呼图克图居住。

崇寿寺，俗名朋苏召，一名西召，在城西门外河西，距城二里余。顺治十八年，喇嘛锡拉布建。康熙中，其徒札萨克达喇嘛朋苏克添修。三十三年，奏赐今名。内设呼毕勒罕一名，地初宏敞，殿宇亦甚壮丽，后为河水侵占，寺门北移，院塔今在门外。（按《府志》为蓬松召，即朋苏之误。俗传费大将军诛活佛即在此寺。又传数年前西藏有呼毕勒罕出世，遣人来取塔内藏经。寺众初未之信，及启视，果有之。且言被诛后，已转生数世，颈创未合，俟合时，当仍当来城，亦无稽之说也。）

隆寿寺，俗名额木气召，在城西南里许。康熙八年，绰尔济达赖建。三十四年续修，奏赐今名。嘉庆十年，被火毁重修，有藏经塔一。

宏庆寺，一名拉布齐召，今呼为宏庆召，在城南文庙官学西百余步。康熙六年，宁宁呼图克图建，奏赐今名，巷有观音寺。

以上六寺，俱额设札萨克喇嘛一名，达喇嘛一名。

延禧寺，俗名绰尔济召，在延寿寺东南里许，系西呼图弟子达尔汉绰尔济喇嘛建，奏赐今名，与延寿寺互讽万寿经，内拉布扎木巴达尔汉呼图克图居住，额设达喇嘛一名。

慈灯寺，在崇福寺东南里许，内有塔，慈灯塔基围十丈，上小塔五，土人即呼为五塔寺。雍正五年，崇福寺喇嘛彦察尔济呼毕勒罕，授副札萨克达喇嘛，呈请建立。十年，奏赐今名。额设达喇嘛一名。

宁祺寺，一名太平召，在城西北里许。康熙六十一年，土默特两翼官兵等建。乾隆十九年，寺东北增建纳木扎勒极胜塔。二十年，寺西北增建仁义极忠塔。四十九年，奏赐今名。额设达喇嘛一名。

广福寺，在崇福寺前路西。土默特已故参领扎布之妻建立，后施与章嘉呼图克图。乾隆三十年，奏赐今名，额设达喇嘛一名。

隆福寺，一名迦蓝召，在崇福寺东北，地名马兰滩。寺基狭小，无建置年月可考，现属隆寿寺管理。

广寿寺，在城西北，乌素图沟山阳，土人即呼乌素图召。康熙中，亲绰尔济喇嘛阿旺丹丕勒，勤劳王事，恩赏给银两，即以其银建寺，奏赐今名，御赐匾额，奉旨设立字样，属延寿寺管理。

永安寺，旧在城北乌兰察布地，亦西呼图呼图克图所建，后因寺基逼近公主府，蒙府助给银一万两，移建乌素图东沟内，察汉哈达山阳，距城二十五里，土人呼为察汉哈达召。

庆缘寺，在城西北山阳，距城二十里。明万历中建，我朝乾隆四十七年，重修。四十八年，呈请报部转奏，蒙赐今名，额设达喇嘛一名。

法禧寺，在庆缘寺东北，系寺属医生绰尔济罗布桑旺扎勒建。乾隆五十年，奏赐今名。

增福寺，在萨拉齐梨树村。康熙三十五年，庆缘寺所属徒弟格隆巴雅斯琥朗建立，距城一百三十余里。

慈荫寺，在果必托利补拉克地方，距城百余里，雍正十年建。乾隆二十七年，遵照部咨，每岁由土默特旗遣往达喇嘛一名，徒弟六名，念经喇嘛二十名，按月发给银米。

慈寿寺，在城西山阳，距城六十里。顺治中，察汉迪彦齐呼图克图建。康熙中，奏赐今名，额设达喇嘛。

崇禧寺，在城东北鄂奇沟内，距城六十里。顺治中，额尔德尼迪彦齐呼图克图建。康熙五十三年，奏赐今名，额设达喇嘛。道光十八年，遭火焚几烬。

广化寺，在西山沟内，距慈寿寺二十里，旧为平广寺。康熙五十八年，移建于此。乾隆四十八年增修，奏赐今名，额设达喇嘛。

普会寺，在城北山后沙拉木楞地，西呼图呼图克图建，奏赐今名，距城一百二十里。

普安寺，在城东，察哈尔正红旗岱海地。乾隆三十八年，彦察尔济呼毕勒罕建立，奏赐今名，土人呼为岱海召，距城二百余里。

尊胜寺，在城东北哈拉沁沟，源吉尔噶朗图山。康熙元年，咱雅班第达呼图克图，由喀尔喀札萨克图汗旗下，带来徒众百余，奉旨在归化地居住，建立新寺，奏赐今名。距城百余里，内设札萨克喇嘛一名，俗呼为班第达召。

善缘寺，在城东南，登奴素山，建置年月无考，额设呼毕勒罕一名，达喇嘛一名，属崇福寺管理。

灵照寺，在城西二百余里，明顺义王孙大成台吉之妻玛沁建。大门石刻如来佛寺，额设达喇嘛一名。（按《明史》：大成台吉之妻为大城比技，玛沁或其名也。）

福慧寺，在城西山阳，胡塞村，建置无考，额设达喇嘛一名。

永福寺、广法寺，俱在城西北九十余里，阿鲁板升山沟内，系甘珠尔巴诺门汉呼毕勒罕建立，额设管理二寺达喇嘛一名。

吉特库召，在城西吉特库山阳，距城二百余里。康熙三十六年，札萨克达喇嘛明苏克建。未请寺名，额设达喇嘛一名。

都贵召，在托克托城东南，内设呼毕勒罕一名，达喇嘛一名，属章嘉呼图克图管理。

广觉寺，在萨拉齐西乌喇特东公旗界五当沟内，距城三百四十里。对音克哩班第达呼图克图居住，寺内喇嘛约五百余名。嘉庆四年，奉理藩院来文，令绥远城将军管理。每年春秋二季，派官前往查核喇嘛数目，咨报理藩院查照。三年，将军亲往巡查一次。

东白塔，距城五十余里。西白塔，即郭公塔，距城八十里以上，两塔俱详古迹。

按喇嘛之称，即华语无上也。喇嘛所供佛寺，向名曰召，或取招提之意。口外各召，可指名者三十，额设呼毕勒罕、札萨克喇嘛、达喇嘛二十，呼图克图十。其呼毕勒罕，即华言化身，死而不失其通，自知所往生地，常在轮回，本性不昧之意。札萨克者，理事之称呼，呼图克图亦理事之大僧官也。各寺所住喇嘛，称呼入托音，即喇嘛弟子，通称西呼图，即蒙古称为坐床喇嘛。章嘉呼图克图乃喇嘛之受褒封者，如札萨克蒙古所奉之呼图克图，其呼毕勒罕将出世，报理藩院与住京之章嘉呼图克图掣之，如掌印者然。格隆，戒僧也，一作噶隆，又有噶布伦统理兵马、刑名，系请旨补用。额尔德尼亦班禅之尊号，向例达赖圆寂，以班禅或两呼图克图及诺门罕代理，呼图克图较尊，诺门罕次之，其来城部呼图克图一门。《易》曰："圣人以神道设教。"我朝自开国伊始，即以佛教驯服外藩，迨后西藏抚绥，益藉以化诱犷俗，驭夷之道，必因其习信夫。

卷十四　公署

绥远城将军衙署一所，乾隆初建，共房一百八十三间，在钟楼西北。其余除屡次裁汰外，现存左右两司衙署二所，各房十七间。协领衙署五所，各房三十八间。佐领衙署十八所，内奉文拨给世职官三所，留十五所，各房二十四间。防御衙署二十五所，内奉文拨给世袭云骑尉五所，留二十所，各房十九间。骁骑校衙署二十二所，内拨给世职恩骑尉二所，留二十所。笔贴式衙署三所，各房十四间。

归化城副督统衙署，在城北门内路西。自裁汰两都统三副都统，将各衙署变价归款报部后，乾隆二十七年，准工部来咨，迁移补修。道光二年，重修。四年，改建大门。五年，添立西辕门。其户司、兵司，仍占旧都统署，在北门内路东，大堂五间，东为银库，西为军器库。东西两司办事房各五间，后楼房三间。余印房、前锋营房、书吏房十八间。道光四年，将向西大门迁移向南。外操演营署一所，稽察厅署一所，参领兼佐领署十二所，佐领四十八所，骁骑校署六十所。

归绥道衙署，在归化城外里许，河北。乾隆初新建，三十七年、四十五年、嘉庆十八年屡次补修。咸丰四年，大雨，房屋坍毁几尽。五年，经本道钟秀任内重修，共[1]……，署西，一在绥远城将军署东南。通判署四所：一在和林格尔，距道署一百二十里；一在萨拉齐，距道署一百四十里；一在清水河，距道署二百六十里；一在托克托城，距道署一百八十里。归化厅属巡检署两所，一在道署东，一在毕齐克齐，距厅七十里。

绥远城属盈宁库大使，管丰裕仓大使署一所，在同知署南。和林格尔属检署一所，在本厅。萨拉齐属巡检署二所，一在本厅，一在包头镇，距厅一百里。清水河属托克托城属巡检署，各一所。

按公署之设，南面而临，向明而制，所以崇体制，肃观瞻也。其广狭大小，固视乎官职之崇卑，亦因乎地势之难易。口外，除将军以下官属公署，俱在绥远城而外，唯副都统署在旧城，绥远同知及仓库使署在新城，其余俱在城外。归化同知一署，建立较早数年。其余，次第兴修。归化巡检署旧传为公主府别业，余皆无从稽考。土默特参领、佐领、骁骑校等署，布满街衢，公署私宅几不可辨。塞外风高土薄，房屋最易倾圮，即以监司一署而言，自乾隆初迄今百二十余年，补修业经四次，此番修葺几与创始者同。昔叔孙昭子所到，虽一日，必葺其墙屋，非故求美观也。公署而以传舍视之，则无事不存五日。京兆之想，恐于民生国计久安长治之道，必有所怠弛者矣，整齐部署，无废乃心，实与名符，当共慎之。

---

① 此处疑残缺，据《归绥识略》卷十一，此段应该为：五年，经本道钟秀任内重修，共房一百三十余间。所属同知署二所：一在道署西，一在绥远城将军署东南。

卷十五　官学

绥远城官学在将军署，有空散房十五间，为八旗满蒙子弟肄业处。凡兴、校、庠、序、塾五学，镶黄、正白二旗入兴学，正黄、正红二旗入校学，镶白、正蓝二旗入庠学，镶红、镶蓝二旗入序学，两翼蒙古入塾学，每学二旗官学生四十名。乾隆五十年，前任将军吉福奏准裁汰。于原设五学外，添设满汉翻译学一所，各旗每佐领下，挑选闲散幼丁，年十五以上二十以下，能习国书及汉书者，各十名入学。其翻译教习，由部提请将军、副都，统率同本城协领、佐领、防御、骁骑校、笔贴式等官监场，考取二员，入学三年期满。如果行走勤慎，教导有成，将军等出具教导有方考语，保题以骁骑校用。五学教习，每学二人，由八旗领催、前锋、马甲内挑取。各学公费银两，六学一体承领。由翻译学主稿，五学出领咨。春冬两季，每学各领公费银一十三两五钱。夏秋两季，每学各领公费银八两四钱一分。每年四季，各学各领银四十三两八钱二分，由房租项内给发。（按绥远城取租铺面房，除变价空闲外，现存房一千一百六十余间，每月约收银三百五十余两。自乾隆六十年起，征收拆毁房间空闲地基、菜园租银，每年约收银二百余两。两官学公费即由此出。）

土默特官学，在文庙西偏。正房三间，为讲堂，东西房各三间，为学生肄业所，再西为箭亭。雍正十三年，经尚书通智等奏定，由六十佐领，每佐领下拨送英俊孩童二名，由佐领以下官员内选派教习四员，每教习月给饭钱一千二百文，每学生日给饭钱十六文。每月初十日，由银库散给。（银库款项，见仓库门。）

按我朝，以八旗重兵，分驻各要地，揆文奋武，所在皆然。自乾隆初，始以右卫驻防，移驻绥远城，投戈讲艺，息马论道，文学之士，争自濯磨，俊乂遍于胶庠，汇征登夫皇路，科第甲乙，蔚然炳然。洎道光中年，始停止驻防乡会试，非重武功而轻文德也。国家自入关定鼎，以骑射为先务。帖括章句，原藉以为取士之方。八旗子弟进身之始，不专赖此。至国书厘定颁示，不容有铢黍之差。科斗虫鱼备存古法，乃近今旗员，起家科第者，问十二字头不知，而斤斤焉致力于八股。舍志正体直弗讲，而沾沾焉从事于时墨，舍本逐末，日甚一日。浸失我圣祖命宿卫重臣，率虎贲三千，弹压岩疆之初意矣。然而科举虽废，弦诵宜存。学一日，则收一日之功。读一书，则获一书之效。道德仁义非为科目设也，礼、乐、书、数可与射、御兼也。自兹以后，虽不必风檐寸晷，与文士洁短较长，而讲习之余，实有以陶气质明彝伦焉，学顾可稍忽乎哉？若土默特官学之设，虽专用蒙古文字，而《清文鉴三合切音》一书，颁行已百余年，蒙古之读汉书延汉师者，比比皆是。间尝人其学，亦彬彬然，礼法之存，声教所讫，熏陶而涵育之，其丕变可立睹矣。

卷十六　义学

古丰义学，创始无所考。嘉庆八年，长白德公纶以史部郎中简任归绥道，念义学废弛日久，乃自捐廉俸，于署西北隅，重建房屋一所。中楹奉至圣先师神位，东西各五楹，为生徒肄业所。时归化城理事同知西理纳、绥远城同知塔清阿、和林格尔通判继昌、萨拉齐通判扎勒罕、清水河通判伊克坦布、托克托城通判善宝、绥远库大使周大鼎、归化巡检曷瀛三、萨拉齐巡检程天麟等，亦各输廉俸，共襄厥成。因于九年春，延师主讲，取生徒三十八人入馆受业。立定规条，每岁延两师主讲席，月各奉修脯银十两。学徒茶水，每月银三两，考课奖赏，每季银八九两不等。有督学陈方伯、张及盈，宁库大使周大鼎碑记可考。（陈记载艺文部。）

德公又以需用颇多，恐难经久，因具禀抚宪伯公议定。归厅岁捐银五十两，绥、和、萨、清、托五厅，岁各捐银三十两。归、萨二巡检，岁各捐银十两。其余不敷银两，由归绥道自行捐足，毫不派累商民，并将条约碑文刊发各厅。其岁捐银两，定期五月节前解清，以备支给。十七年六月，德公升任长芦盐运使，将卸道篆，复禀请署抚宪衡公，札饬道属，查照原立章程，永行遵办。经布政使陈公遵批移咨，后任归绥道嵩转饬各属，存案交代。是年十一月间，嵩公因义学房屋坍毁，不堪栖止，将学移住范家号。其条约仍遵前议，造册备查，计开各厅同知、通判、巡检，共捐银二百二十两。

义学两师修脯及生徒茶水，每月需银二十三两。每节学师礼银各四两。每年三节，需银二十四两，约通共需银三百余两。除捐银外，由本道补足。每年二、八月，致祭先师孔子，祭品、猪、羊等项，俱本道备办。道光元年，归绥道岳任内，札包头镇巡检，知悉照得归化城，义学经费，向除清水河等处巡检，缺分瘠苦，无力捐输外，在于六厅，并归萨二巡检中，分别摊捐。维时，包头镇巡检尚未设立，是以未经议捐。今该巡检已设多年，自应一体摊捐。查萨拉齐巡检每年捐银十两，自道光二年为始，将此项分开，各捐银五两，札到即便遵照，毋违，特札。

道光二十五年十月，归化城钱行总领，偕散户等四十九家，捐钱一千缗，为义学膏火之需。经护理归绥、潞安府知府多慧筹议，以义学赁房居住，究非长策。即将钱易银四百两，价典本城西门外杨家巷路西头路北房院一所，系李毓嵩所接益盛永，原典蒙古千招架尔房屋。计开正房三间，有抱厦，东厨房三问，西厢房七间，东南房三间，西南房四间，大门一间。内西套房三间，原典主自占，如蒙古原地主及原典主备价回赎，即禀明归绥道饬归化厅验收银两，另行典买房院，典约存案，并行归化厅。

附德公告示，为晓论事：

窃以文明之治，不择地而兴，与蒙养之方，可因材而笃。本道莅任兹土，所见闾阎阛阓。或以耕牧，或以懋迁，地广人稠，洵称富庶。顾学校未设，人材无自而成。爰仿古党庠塾序之意，立义学于衙署之后，延师主讲。凡远近成人小子，萃处而肄业焉。唯滥而无节，非所以示区别也。今拟以生徒三十人为率，其能识前言，往行以蓄德者，固将陶育，以成国器。即自幼学以至弱冠，虽尚不晓文理，而质性颖悟，可习经书者，皆在甄收之列。为此，出示阖境，人民知悉，尔等有子弟愿读书者，即赴辕报名。候本道示期，择取三十名，将姓名、年岁、籍贯注册，送馆内受业，毋许无故不到。其经此番报名，或因额满不录者，即令附名册后。俟有空缺，以次拔补。至于文理明顺之后，诸生徒中有志上进，各听回本籍州、县应试，庶几人材，兴而风俗，益臻醇厚，是本道所厚望者也，特示。

按今世，自各省会以至府、厅、州、县，凡有学校之地，莫不建有书院，以培养人材。猗与休哉，何风之盛也。至于义学之设，或绅富乐善好施，或乡村公议建立，俾寒家小户，无力延师者之子弟，得就以资讲习，识之无地，方人士自经理之，守土者不与闻焉。归化城学校未立，因无书院。自前观察德公设立义学，五十余年，各官摊捐廉俸，合力延师，名为义学，实则与书院同。每岁两学师修脯所入，亦与寻常州县书院山长无少区别。口外无廪、增附学。每朔望讲约，辄以学师兼之，薪水微加滋润，亦所以广教泽，恤寒儒也。

唯虑学师，视讲课为具文，据学舍为己有，支应故事，有名无实，甚或籍衙齐出入，为干预公事之阶，靠官幕应酬，为钻营盘踞之地，以致生徒辈，轻则废业，重则效尤。旁观者为之齿冷，近闻而裹足，风斯下矣。更有鄙啬官吏，享万钟之粟，惜一勺之泉。迟搁推诿，经年累月，致寒士舌耕笔耨，曾不足供应，仰事俯畜之需，揆之前贤创始苦衷，能无惭赧。今我国家振兴文教之会，此地虽穷荒绝域，亦断不至颓弃。若斯然职在官，师必当凛，有则改之，无则加勉之训。且边塞周围数千里，所恃以维持风化者，只此一区。倘得推而广之于各厅，胥则效焉，将诗书弦诵之声，与犬吠鸡鸣同相闻，而达四境矣，有心者尚共勖诸。

卷十七 教场

绥远城驻防官兵教场，在城西门外。每岁春秋二季，八旗枪、箭营官，带用兵丁，操演枪阵两个月。俟将军阅看毕，停操演阵，共享兵一千六百一十四名。自二月十五日、七月十五日开操日起，城上吹海螺十五日。秋季演放子母炮，位在哈喇沁沟。

归化城土默特教场，在城北门外二里许，内阅武堂三间，火药库二间。看守兵住房二间，照壁一堵。每年春秋二季，土默特兵一千名，各操演一个月。操演时，官兵齐集操演营，同赴教场。鸟枪兵五百名，弓箭兵五百名，鸟枪兵演三进二连环，断后兵出收队。官员典弓兵等演射箭靶，骑射弓兵又装盛铅子，演放枪牌三日。自二月十五、八月初一日起开操，城楼鸣海螺十五日。

归化城绿营教场，在城北都司署侧。每年春秋二季，大同镇总兵来营校阅，都司以次将弁，演习骑射。兵丁三百名，演习鸟枪弓箭。其平时操演，都司主之。

附：枪字考略

（按：枪，七羊切。周礼秋官职金，国有大故，而用金石，则掌其令。注用金石者，作枪、雷、椎、椁之属。疏枪、雷、椎、椁，皆守城捍御之具。古无鸟枪，其言枪者，指刀枪之枪而言，盖矛属也。然枪与雷并称，后世鸟枪亦当从之，俗作鎗。非鎗楚耕切，在庚韵，鼎类。其音冶者与锵同，为铿鎗之鎗，从未作军器解。或以鸟枪作鸟铳。按铳，充仲切，音梳，玉篇銎也，集韵斧穿也，解亦不同，仍用枪字较近。）

附：炮考

（炮，俗作炮。潘安仁闲居赋，炮石雷骇。其炮字之最先见者，李注炮石今之抛石也。说文无炮字。唯旝字注云：建大木置石其上，发机以磓敌，是许氏以旝为炮。《唐书·李密传》：以机发石为攻城械，号将军炮。自后人有火炮之制，俗遂从火作炮字，更非火炮之用。始见于宋杨万里《海蝤赋》序云：宋绍兴三十一年，金兵欲济江。虞允文伏舟七宝山，舟中发一霹雳坠炮，坠水中，硫磺得水，火自跳出，纸裂而石灰散为烟霞，眯其人马之目。金兵大败，然此乃纸炮用石灰以眯目，非以炮子为攻击之具也。炮之用铁，始于金，名曰：“震天雷”。以火炮攻城始于元，世祖得回回所献新炮，以攻破襄阳城，名曰“襄阳炮”。明永乐中，平交趾，始得神机枪炮法。至嘉靖二年，佛郎机寇广州，指挥柯荣御之。贼败遁，官军获其舟，得其炮，即名为佛郎机，详见《明史纪》。又兵制云：佛郎机炮，式以铜为之，长五六尺，重千余斤，小者百斤，之用铜始见于此。我朝天聪五年，始造红衣大炮，名曰：“天佐助威大将军。”崇德八年，又造神威大将军炮。康熙十五年，又造神威无敌大将军炮。二十八年，又造武成永固大将军炮，详《皇朝礼器图式》。)

附：海螺考

（按：古乐书无此名，营伍多用之，即吹角之意。《说文》：“觱，羌人吹角也，其声悲粟，故名觱粟。”《史记·乐书》：“胡笳似觱粟，而无孔。今海螺亦胡笳之类，唯古以竹为之，今以螺壳为之耳。”）

按操练之说，莫详于戚南塘。《纪效新书》及《练兵纪实》，其卷首或问诸条，有切中今日操练之病者。如或问：祖宗自设官军至今，操练二百年矣，比子之操一、二年者，孰为熟习？且官军亦有阵法，教场随时演习，而临时无裨实用，何也？曰：譬如学生平日窗下讲习的，是五经四书解义策论。一旦入场，试官出来题目，就是经书上的，便可想望中式。若平日虽是手不释卷，却读些杂说诗词，作些传奇歌赋，一旦入场，要作经义、策论中选，所习非所用，如何可得，就是好学的，也徒然耳。

今之军士，设使平日所习所学的号令技艺，都是照临阵的一般，及至临阵，就以平日所习者用之，则操一日，必有一日之功。一件熟，便得一件之利，况操练二百年，自幼为兵士者耶！奈今所习所学，通是一个虚套，其临阵的真法、真令、真营、真艺，原无一字相合，及其临阵又出一番新样，与平日耳目阅见，迥然不同。如此，就操一千年有何用处？且如各色器技、营阵杀人的勾当，岂是好看的。如今教场阅兵，但要周旋步武、满片花草，便是好武艺。但要整齐排列、进退从容，便是好阵式。花法胜，而对手工夫渐迷虚文张。而真正营务，不讲戏局套数跳舞哄人。司阅者但取一时好看，却一些实用不得。谚云："到断打时，忘了拿架子。"此病最甚，因识教场之略，而附及之。

卷十八　仓储

丰裕仓盈宁库，在绥远城，为驻防官员兵丁俸饷银米，及各厅钱粮监督税课总出纳地，设立仓库大使一员，专司其事，额储银二十万五千余两，米二万三千余石，属粮饷同知管理。如额米不敷支放，随时禀请采买。

军需仓，在归化城内驼桥街。内建久、安、盈、恒、充、裕，六廒，额储谷五万一千二百六十石，系供支绥远城官兵口粮之需。

常平仓，五厅皆有之。归化城设立在城外，城隍庙侧。内盖、藏、满、丰、积、聚，六廒，额储米三万四百八十石，系按丰歉平粜及借给农民之需。

土默特仓，在归化城内驼桥街。内设隆字一廒，储米二千石，系支放副都统衙门俸米，并托里布拉克台喇嘛口粮，及养济院月米。

土默特库，在旧都统署大堂东偏内。收存房地租银、煤炭税银，以备春秋祭祀，将军、副都统廉俸、官学膏火，及修补军器、操演公费，缮书、铺司、台站差使工食，并一切赏恤之用。

义仓，在三贤庙内，储谷一千二百一十二石，以备凶荒赈济。

五厅钱粮税课库，俱在本署，随征随解，无库储定额。

托克托城仓，在城内，雍正中建。旧存放征收米石，归通判管理，今统归丰裕仓。

按长平等仓，钱粮税收等库，各厅、州、县，奉行既久，其弊不堪缕述。绥远城丰裕仓盈宁库，系驻防官兵而设，其中收放银米，设有专官，立法至详且尽。唯近年来，藩库支绌，领发未能以时现复，筹议减成办理。诸形掣肘，识略及此，不过稍存其目，以俟后之君子，于治人治法，讲求而审定焉。是则嵩目者，所深幸也夫。

卷十九　田赋

归化城额征：大青山后厂地租银，一万三千九百四两一钱四厘；空闲厂地租银，一千六百四十八两三分二厘；土默特租银五百二十二两六钱五分；额征浑津、黑河本色折色米，四百八十八石二斗四升六合九勺；十五沟米三百三石五斗八升六勺；内有豪赖沟村于咸丰六年秋灾案内，详报冲毁地五顷五十五亩，应开除米十六石四斗二升八合，实应征米二百八十七石一斗三升二合六勺。

绥远城同知额征：浑津、黑河庄头米，一千三百九十二石九斗五升三合。

和林格尔额征：正黄等五旗厂地租银，一千六百九两四钱八分二厘，内除咸丰四年详报逃户缺额银六百一十四两五钱八分外，实应征九百九十四两九钱二厘；土默特租银五百四十六两六钱七分四厘；额征米五千五百九十七石五斗一升八合一勺三抄。

萨拉齐额征：土默特租银一千八百六十六两一钱一分；额征米三千七百七石十三升六合三勺。

清水河额征：镶蓝旗厂地租银二百四十五两七钱；土默特租银六十七两五钱，额征米折正银一万七千七百九十四两二钱五分一厘，内除二次逃户，缺额银七千四十七两六钱九分六厘。实应征银一万七百四十六两五钱五分五厘。

托克托城额征，土默特租银三百七两二钱六分，额征米三千一百一十七石九斗一升三合六勺。

按催科之政，宽严最难得中，口外六厅尤甚。漠南地方辽阔，租户俱自远来，岁收偶遇歉簿，辄卷席逃去，无籍贯可考，无家属亲族可追。与土著居民编立户口，由近及远，都累都甲，甲累甲者迥别。幸所种蒙古厂地，租赋较他处颇轻，且征收多系米石，于纳稼之日，即就近输将，省以米易银之烦，无米价银价低昂短绌之弊。额征间有不足，守土者捐廉代输，尚易为力。

唯清水河一厅，前因路途遥远，驼运阻滞。尔时想银价亦低，遂至米折正银至一万七千余两之多。嗣因两次逃户缺额，减去七千有奇，现仍实征银一万七百余两。无论凶荒水旱，即乐岁征收，亦断难足额。其催征各官处分，与府、厅、州、县，正项钱粮同，以致监司、通判，有督催之责者，每届参限，辄罹谴斥。本任数年来，督同厅倅，宽严交济，设法征收。催解幸已足数，忽于今岁四月间，因咸丰六年督催欠一分以上，二参限满，部议降三级调用。经抚宪续奏全完，方得蒙恩开复。虽其中银数错漏，舛误多端，而推厥所由，究因非年清年款所致。此后，若不速行改易，仍照旧章，监司、通判，朝至而夕获咎焉，两缺之设，不几成畏途耶！后至者当何以处之？

卷二十　市集

归化城商贾，向有十二行。俗传都统丹公由京师带来，其说无可考。近则生聚蕃衍，货物具备，百工咸集，以行而计，不啻千百数矣。遇有公务，则仍曰“十二行”。其余各以类附之，总其大者而言也。十二行公举乡耆四人，总领十二人，经理庶务。乡耆会馆设立三贤庙，遇有商贾词讼事件，辄谕令处结。各行公议条规，俱由乡耆等定议，五厅及各镇皆然。唯择各行铺长，老成谙练者充之，无乡饮酒礼文。

归化城，行商坐贾，相辅而行。行商贩连货物，至大青山后，诸部落及西域一带，货鬻易金、银、牲畜以归，有后山、营路各生意名目。乾隆四十二年，准兵部来咨，归化城前往乌鲁木齐等处贸易商民，俱由副都统衙门发给照票，将该商人数、姓名，及前往贸易之部落、札萨克旗分，据该同知详报，到日填注详细，照例给发等。因嘉庆五年，经署定边左副将军齐登扎布具奏，归化城商民，于山后札萨克旗下，拥集过甚，稽察纷繁，且恐滋生事端，嗣后请发给照票，方准贸易，以便稽查等因。蒙准，由理藩院咨行绥远城将军，令将本院照票领去给发，各商民前往乌里雅苏台等处，及各蒙古地方，持票勒限贸易。派员赴部请领，俟商民贸易完竣，依限缴销。

归化城商民，至乌鲁木齐等处，谓之北套客。其路乃客赂蒙古人所开。自归化至迪化仅两月程，但无旅店可宿，行者须自携锅帐耳。见纪文达公《乌鲁木齐杂诗》注：行商赴山后营路，率于岁杪由城启行，至次年秋冬间回城，携带牲畜等物在城货卖。

归化城牲畜交易，约有数处。其马市在绥远城，曰马桥；驼市在副都统署侧，曰驼桥；牛市在城北门外，曰牛桥；羊市在北茶坊外，曰羊桥，市俱近桥故也。其屠宰牲畜，剥取皮革，就近硝熟，分大小，皮货行交易，在城南门外十字街，俗呼为皮十字。

口外蒙古，广地宽阔，人物繁庶，米粟粜籴，较别务尤急。除各厅俱有粟店行开设，而外如归化城属之毕齐克齐，及山后克克伊里根等村，托克托城属之河口，萨拉齐属之包头镇等处，皆米粟总汇，居民就近粜买。

和、萨、清、托，各厅交易，俱用足钱，唯归化城惯用短陌钱，银价较他处独昂，钱数多寡不一，居民多病之，商贾谓便于交易。钞票大钱、铁钱，数年来废置更端，各处或用或否。唯口外数厅，毗连外藩，俱未畅行，亦因民所利而利之，意守土者不能强也。

口外粟店行、钱行，前有买空卖空之弊。每致高抬市价，居民受害实深。近俱严示禁止，有犯者照赌博例科罪。按市不饰价，孔子所以治鲁，市贾不贰，许行乃以乱滕。古者天子巡狩，命市钠价，以观民之好恶，即今开报市估之意。周官司徒所掌有司市、贾师诸职，市肆之所，关重矣。今市肆之设，南人曰："虚"；北人曰："集"。虚者，因其散而言，集者因其聚而言，其实同一意义。口外界连各蒙古，商贩云集，利之所在，闻者趋之。且商为四民之一，日中为市，以有易无，古圣王设教伊始，即所必用。唯近今人情浇薄，利盛义衰，动则有奸商把持等弊。夫商而目之曰：奸其险恶，不可言状，尚何足与士农为伍。唯愿此者，善自营画，取什一之利，斗称尺数，出入公平，无格外鐕求，无贪得罔厌，以正人心，以厚风俗，奉使者有深望也。至行短钱诸习，当逐渐更改，以期画一，非朝夕所能骤效尔。

（或问：钱曰短陌，始于何时？按王伯厚《困学纪闻》：梁武帝时钱陌减，始有足陌之名。唐末以八十为陌，汉隐帝时王章又减三钱，始有省陌之名。又顾宁人《日知录》引《隋书·食货志》曰：梁大同后，自破岭以东，钱以八十为陌，名曰"东钱"。江郢以上，七十为陌，名曰"西钱"。京师以九十为陌，名曰"长钱"。中大同元年，乃诏通用足钱，诏下而人不从，钱陌益少。至于末年，遂以三十五为陌。唐宪宗元和中，京师用钱，每贯头除二十文。穆宗长庆元年，以所在用钱垫陌不一，敕内外公私给用钱，宜每贯一例，除垫八十，以九百二十文成贯。至昭宗末，京师以八百五十为贯，为陌才八十五。河南以八十为陌。汉隐帝时，王章为三司使，聚敛刻急。旧制钱出入，皆以八十为陌。章始令入者八十，出者七十七，谓之省陌。又《抱朴子》云：取人长钱，还人短陌。则短陌之说，晋时已有之，不始于梁也。）

卷二十一　赛社

赛社（报赛，既以社名，归入地部，自当以寺庙为纲，月日为目，方合体例，兹编取便于检阅，闻识者谅之。）

正月初四、五、六日，太阳社在东栅街，三官社在小西街。初七、八、九日，安静社在马莲滩，合义社在南茶坊，通顺社在通顺街。初十、十一、二日，兴旺社在北茶坊。十一、二、三日，义仙社在玉皇阁。十四、五、六日，平安灯社在城内。十五日，醇厚社在火神庙。十五、六、七日，平安社在崇福寺前，兴旺社在无量寺前，一在牛桥，三官社在隆寿寺前。十九、二十、二十一日，兴旺平安社在南柴火市。廿一、二、三日，平安社在宏庆寺前。廿四、五、六日，意诚社在崇福寺前。又是月，有福庆驼社在北茶坊及城内驼桥，无定日。

二月初一、二、三日，青龙社在财神庙。初七、八、九日，大南街太平社在火神庙。初十、十一、二日，大西、小北两街平安社在火神庙。十二、三、四日，代州社祀财神在十王庙。十四、五、六日，金炉社在南茶坊。十八、九、二十日，祁保平安社，一在三官庙西观音寺，一在宏庆寺巷观音寺。廿一、二、三日，平义社在南茶坊，又清明节有平安社在城隍庙。二、三月间，有陕西社在小东街关帝庙，无定日。

三月初一、二、三、四日，诚意社在延寿寺前，真庆社在城内。初九、十、十一日，咸宁社在无量寺前。十三、四、五日，集锦社在费公祠。十四、五、六日，生皮社在小东街关帝庙。十六日，纸房社祀蔡侯在南龙王庙。十七、八、九日，蒙古社在十王庙，集义社在财神庙，圣母社在三官庙街圣母庙。廿一、二、三、四，邓侯社在海窟，公义社在南茶坊。廿三、四、五日，诚敬社在三贤庙。廿七、八、九日，义合社在财神庙。

四月初三、四、五日，马王社在小东街，一在海窟。义和社在南茶坊。车店行社在玉皇阁。初七、八、九日，晋阳社在南茶坊，交城社在十王庙。十三、四、五日，福兴羊社在北茶坊。十四、五、六日，良绿社在崇福寺前。十七、八、九日，边宁社在边宁寺。廿三、四、五日，福兴牛社在北茶坊。廿六、七、八日，十二行社在费公祠。又是月，有农民社在南龙王庙，定襄社在财神庙，福隆羊社在北茶坊，无定日。

五月初一二日，祁县社在小东街关帝庙。初四、五、六日，上党社在南茶坊，云中社在财神庙，宁武社在关帝庙，忠义社在十王庙祀旃檀佛。初九、十、十一日，十二行社在城隍庙。初十、十一、二日，骡店行社在玉皇阁。十二、三、四日，介休社在南茶坊，崞县社在财神庙，盂县社在北茶坊，单刀社在关帝庙。十八正日，农圃社在南龙王庙，威镇社在关帝庙。十九、廿、二十一日，瘟神社在南茶坊。廿四、五、六日，成衣社在财神庙，太谷社在关帝庙。廿六、七、八日，榆次社在南茶坊，意和社在西茶坊。又是月，有文水社在小东街关帝庙，无定日。

六月初五、六、七日，福虎社在玉皇阁，毡毯社在财神庙。初八、九、十日，三义社在西茶坊。十一、二、三日，崇福社在崇福寺前。十四、五、六日，宝丰社在财神庙。十七、八、九日，诚意社在延寿寺前，鲁班社在鲁班庙。廿二、三、四日，十二行社在火神庙。廿三、四、五日，平安社在隆寿寺前，聚锦社在南茶坊，德先社在西茶坊。

七月初六、七、八日，恒云社在城内。十一二、三日，净发社在南茶坊。十四、五、六日，京都社在三官庙，崇德保安社在城隍庙。廿一、二、三日，金炉社在南茶坊。廿六、七、八日，集锦社在费公祠。

八月初一、二、三日，六合社在南茶坊。初三、四、五日，定福社在财神庙。十四、五、六日，平安义社在火神庙，平安社在海窟土地祠，忻州社在关帝庙。十八正日，仙翁社祀酒仙在小东街。廿一正日，纸匠公义社在南龙王庙。又是月，有聚仙社祀酒仙在小东街。荣丰社在九龙湾。小东街有本街社、道署及同知巡检署前，俱有平安社，无定日。

九月初一、二、三日，福盛社在三贤庙。初八、九、十日，银炉社在玉皇阁，灵佑社在小东街。十二、三、四日，太原社在南茶坊，寿阳社在三贤庙。十五、六、七日，税局德义社在西茶坊。十六、七、八日，蔚州社在财神庙。十八正日，金龙社在小东街。廿四、五、六日，应浑社在财神庙。又是月，有汾孝社在十王庙，无定日。

十月初一、二、三日，平安社在城隍庙；此外，有醇厚社在费公祠；荣丰社在玉皇阁；灶君社、河神社在财神庙；瘟神社吴真社（祀吴道天）；盖城社在南茶坊；盂兰社在东狱庙；平义社一年在火神庙，一年在南茶坊，俱无定月日。其它许愿酬神，彩觞燕会，不在此数。

按报赛之说，从古有之。演剧事神，未详肇自何代。盖四民各有本业，自当追奉其先代创始之人，崇德报功，祈福答祝，即藉酬神之举，以为燕乐之期，桑柘影斜，家家扶醉，歌台舞榭，亦足以点缀升平。圣人在上，原所弗禁。唯口外市廛鳞接，梵宇如林，商贾踵事增华。即以归化一城而言，岁三百六旬，赛社之期，十逾七八。此外，四乡各厅，尚难指数。糜财废业，淫志荡心，莫此为甚。然此辈敛供聚会，犹得以祭赛为词，第于祭赛之前，已先期入社，后复清算布施经费。经旬累月，昼夜欢呶，饮酒呼卢，百般侈肆，甚或逞厥私意，刊立社规条约，稍有依违，则屏诸社外。旁观稍有触犯，辄恣行捆打。三日内，装腔作势，狐假虎威，视冠服为儿戏，弃礼制若弁髦，坏法乱纪，言之实堪痛恨。

再归化仅弹丸之地，戏楼酒肆，大小数十百区，镇日间，燔炙煎熬，管弦呕哑，选声择味，列坐喧呼。问之，则曰："某店肆新开，燕贺请客也。"又问，则曰："某店肆算帐赢余，请客也。"再问，则曰："某店肆歇业亏本，抵债请客也。"循环终岁，络绎不休。而开设戏楼酒肆之家，亦复彼此效尤，恣情挥霍，不数月，而转移他姓矣。

更或于春秋佳日，呼朋引类，提壶挈榼，牵羊担酒，会饮各村社，名之曰："采青"。男女杂坐，履舄交错，风雨间阻，竟夕不埽。其间无耻匪徒，乘机寻衅，诲淫诲盗，不一而足。又各铺户，自驭侩而下，至初学铺伙，每岁自立夏为始，午后携茶钱数文，轮流看戏，名之曰："放工"。无知少年，挨肩擦臂，队追队出，举国若狂，其流弊不可言状。嗟嗟！谁无子弟，谁无妇女，至流俗若斯之极！是又不止，以有用之钱财，填无底之沟壑矣。守土者，虽于庙会所在，亦出示严禁酗酒、赌博，并妇女入寺烧香，以及扮演灯戏各弊端。而在社者，视为具文，复无所忌惮。此风将何所以底止耶？清流者必寻其源，安得谓：其故习也，而忽诸。

卷二十二　济恤

养济院，在归化城西三里。乾隆初，遵照部咨设立。额养贫民百口，每口日给米一升，岁秋季给布一匹。九月至二月，给薪炭银四十余两。院头一名，岁给工食银七两二钱。其米由官仓及义仓按月支放。银两布疋，土默特户司，会同巡检发给（又济生店在隆寿寺侧）。

漏泽园，在归化城南，东狱庙侧。嘉庆中，监司德公讳纶建立。嗣蒙古施舍地亩，商民添盖房屋，为殡葬厝棺及看守人居住之所。其旁另筑砖洞，收存无棺尸骸。每岁清明及中元节前三日，将尸骨启出攒葬，以免暴露，并狼、犬残食。其各州县及各行业所另建者，如代州等坟、梨园坟、剃头坟之类，尚有数处。各厅义冢，亦不一尔足，未及备载。

按从古发政施仁，必先无告济恤之道，匪止一端，而养生送死如养济院、漏泽园，尤其大者。我朝自绥远城设立驻防官兵以来，于八旗满洲、蒙古，有孀妇孤女银米，有四王庄地拨给坟茔。于土默特，有赏给鳏寡孤独地亩租银。圣恩至优极渥，口外虽五方杂处，而济恤各典，与腹里郡县皆同，中外毫无歧视。

唯归化城人数众多，无业游民，冻馁至死者，不可胜计。隆寿寺街开设穷民小店数十家。乞丐者，每夕出钱数文，藉避风雪。遇有疾病，无以糊口，辄抛置寺前，土人呼为“大炕”。每气息尚未断绝，而负尸死者已弃掷漏泽园砖洞中。其负尸之人，土人名曰“灰堆”。言之实堪凄恻，虽文王复起，亦不能使恩泽普遍遐荒。而因流溯，源在禁止开设赌场一事。盖归化城赌博场店，非若别处豪侈者流，特无衣无褐诸人，偶得佣资，数十文，或寻觅亲友，或沿街求乞，觅得数钱，希图压宝赢余，以母传子，故俗谚传有：“一钱压十宝，十个骆驼驮不了之语。”卒之来回，展转尽归抽头者所得。眼馋肚饿，穷冻以死，无知愚民，辄多堕其术而不悟。是在守土者严加禁示，勿俾为罗网之张。有力者复广设条规，传谕居民铺户，施米粥及破敝衣履，而勿施钱文，以自图省事。

更推设全节育婴等堂，舍药材棺木等局，禁止鸦片烟馆，及各月典鬻着身袄裤，则岁终所全活者自此多矣，安得尽人而听斯言舆。更闻有各处流民死后，无力归葬，暂行寄埋。数年后，子弟亲族，辄将尸骨烧化成灰，用囊盛储，携带旋里。旁观且以孝义目之，谓：合于首邱之礼。嗟乎！生既不能丰衣足食，殁复遭此焚毁之惨，魂而有知，宁甘为馁鬼于他乡，亦未必愿受此祝融之虐也。现拟出示禁止，违者照毁尸例治罪。

卷二十三　村庄

归化城东乡一百一十八村

野马图、黑土洼、泰家窑、古路板升、插汉库伦、五路（各鸡板升）、什蓝岱、奎素村、哈喇沁、甲赖板升、生盖营子、高独利、讨速号、刨树库伦、同家营子、倒黑楞、乔家营子、布塔气、罗家营子、舍必崖、陈家营子、哈喇更、麻花板升、五兰不浪、东舍必崖、东尔什、东讨速号、他布秃力亥、小东沟、豪沁营子、新营子、小插汉库伦、代州营子、白塔儿、哈喇不灰、八太台什、什尼板升、朝尔亥、沙梁子、板达什沟、那只亥、庙儿沟、后窑子、保儿合部、东干只（胡同）、西干只（胡同）、西子窑、白道子、郭家营子、韩家营子、一间房子、旗下营子、插汉合部、前水泉、斗金山、水磨上、后水泉、工部板升、朝岱儿、山阴窑子、十犋牛（营子）、脑包、买岱儿、老藏窑子、小苏季、西窑子、五犋牛（窑子）、前苦计（尔讨号）、后苦（计尔讨号）、苏木沁、二十家子、好赖沟、五十家子、二道河子、石门子沟、头道沟、二道沟、大同营、罗家营、秦家窑子、头道河子、左家营、下拐角铺、高高速泰、大西沟、小西沟、太平庄、李廷贵窑子、迭本岱、脑包沟、甲里庄、讨号板升、神池窑子、大成窑、松树儿、苏宗文窑子、上拐角铺、古尔半（乌素）、主尔岱、羊群窑子、讨不气、可可板升、太平庄、黑沙图、铁密尔、新庄子、聂圪纲、阿林章、豪沁营子、二道河、东什拉（乌素）、鼓子板升、东黄合部、公蓝泰、黑炭板升、麻什干雌老、南北毛（不浪）、朱海 。

归化城南乡二十八村

八里庄、沟子板升、大黑河、太平庄（沟子）、百什户、什拉乌素、沙尔沁、东西白庙子、一间房子、南豪沁营、达赖营子、羊盖板升、六犋牛（营子）、前后三官、八拜营子、噶尔图、蓬松营子、南把栅儿、桥扣儿、讨号板升、吃不合气、桃花板升、合尔图、回子营、双树儿、雀儿报、东大黑河、东把栅儿。

归化城西乡一百一十七村

毕齐克齐、色令板升、袄太、马群窑子、二道河子、哈兵连尔、一间房子、讨尔号、五蓝巴图、明安新（营子）、石门根、前双树儿、后双树儿、黑沙图、沙尔营子、章盖营子、西雌老气、牛牛营子、圪力圪太、牌楼板升、尔林岱、达赖丹坝、甲尔旦（营子）、鸡鸣图、朝忽闹、互尔丹坝、毛道营子、达赖庄子、讨不气、三间房子、尔架、西打尔架、台格木、栽生村、羊羔村、忽拉格气、大力保、小力保、察素气、把式板升、雌老气、什报气、牛牛营子、并州亥、什兵地、插汉桃赖、东坝子、白庙子、宋家庄、王家庄、刘家庄、田家庄、杜家庄、祁县营子、安占村、赵家庄、吴家庄、张家庄、大有庄、图赖丰厚、补克图、李家庄、四德堡、得胜营、白皮营子、王笔写气、阿林转、阿力拜、二库伦、二王庄、三间房子、苏家庄、三两庄、新营子、前后朱堡、甲拉尔、小洪津、洪津桥、方家庄、店尔（伊思格气）、小伊思格齐、漆炭板升、脑木汉、积炭板升、新营子、南营子、北园子、昌盛营子、铁磨儿、舍尔达汉、三仙庄、孙独利、南海流、插汉哈出、郭彦红岱、白只户、把都户、他不浪、波尼、圪沁、锁号尔、承流儿、麻合赖、那速图、苏波力盖、蓝鞝（讨合气）、圪速贵、小圪达、毛脑亥、五更波、西河上、沙家营、胡家庄、史家庄。

归化城北乡四十九村

西龙王庙、刀儿村、倘不浪、刀儿土默、乌素图、胡塞口子、白石头、沟口子、掏毛气（口子）、阿由圪沁、水磨沟、噶尔十营子、喇嘛洞、黑牛沟、猪儿沟、东梨树沟、西梨树沟、什拉盟根、悠悠板升、水泉子、插汉板升、公坝口、焦赞坟、前店子、后水泉、色尔登、吴公台、乌兰不浪、柳林子、强盘河、豪沁坝、蘑茹窑、井儿沟、喇嘛沟、可可（以力更）东哈尔沟、吉尔思都、阿路板升、插汉不浪、克力素沟、十树塔、乌兰图（力亥）、七道沟、姜尔达沟、伯颜拖（立亥）、土坝子、万家沟、蓬松营子、老道沟。

以上四乡共三百一十二村。

和林格尔东路

芍药沟（距署三十里）、三家村（距署四十里）、炕板升（距署五十五里）、前后坝村（距署七十里）、大坡底（距署九十里）。

和林格尔南路

五当沟（距署二十里）、三道营子（距署三十里）、白旗口（距署四十五里）、羊群沟（距署六十里）、大红（距署城六十里）、大西沟（距署一百里）、井儿沟（距署百一千里）。

和林格尔西路

二道河（距署八里）、黄花台吉（距署二十里）、厂汉圪洞（距五十里）、甲赖儿村（距署六十里）、同昌营子（距署六十里）、肯只背村（距七十里）。

和林格尔北路

哈达合邵（距署二十五里）、灯楼素村（距署四十里）、五坝胡同（距署六十里）、狼尾巴嘴子（距署一百里）。

东　南　路

五松图禄（距署三十五里）、新店子（距署六十里）、八十家（距署九十里）。

东北路

克略村（距署五十里）、公喇嘛村（距署七十里）、大沟门（距署八十里）。

西南路

下马拉盖（距署二十里）、红沙口（距署五十里）、一间房（距署七十里）、大甲赖村（距署七十里）、西库伦图（距署九十里）。

西北路

西石嘴子（距署十里）、南园子（距署十六里）、下土城（距署二十里）、上土城（距署二十三里）、头铺、二铺、三铺（距署三十里）、托思和村（距署七十里）。

以上四十系和林格尔稍大村落，其余零星散户，每三五家聚居极多，亦十余家无村名。

萨拉齐东乡一百七十二村

西老藏营、东老藏营、麦达尔桥、麦达尔邵、苏波罗盖、习理齐、三卜树儿、圪力根、孤雁村、托思和尔、什尼板子升、道士村、下达赖、兔斜图、忽拉格气、上达赖、祝乐庆村、托托岱、百子户、多尔济、大阳、云社堡、参将村、山根底、鄂塔尔（板升）、古录半（毛独）、索塔儿肯、桃尔号（新营子）、铁门根、前芨芨梁、后芨芨梁、秦家营、北卜子、崞县营、西伯（插汉）、葛家营、榆次营 、缸房营、打索令营、三眼井儿、四座茅庵、王基营、侯家营、任三窑子、四杆旗子、三间房、双树儿、宁武营、张老五营、三格尔架、沙尖、白庙子、庙营子、得胜营、丹津营、麻糖营、中麻营 、王荣庆营、康四营、大夫营、杜守节营、王大发营、倒拉板升、郝训营、榆树营、盒子盖、油房营、巧尔气、公盖营、插汉（库伦磴口）、黑拉乌素、毛尔图、黑拉乌素（磴口）、善岱村、李树村、招上、安民村、并州亥、章圪塔儿、杭盖村、二道河、三道河、武乡县营、武乡县南营、戴贵窖、朔州营、木头湖、太原县营、七星湖、西河堰、繁峙营、郭廷贵营、糟牛营、长庆村、南寿阳营、北寿阳营、定襄营、永丰村、李明德（磴口）、一间房子、后永丰村、阳祥营、刘富汉营、祁县营、丁贵祥营、后荒地、双水泡、孟家庄、五台营、刘家营、沙海子、小韩家营、贾家圪堆、苗四营、壮丁营、何四营、池六营、太平庄、喇嘛南营、喇嘛营、路三圪堆、安乐村、伊肯板升、独力坝、工部村、大岱村、大岱西营、苏家营、一间房子、五丰村、万成村、梁岩营、六合庄、濠堰村、七八儿村、平泉营、忻州营、南寿阳营、北寿阳营、富吉村、崞县营、大水桥、鲁家营、南诺尔村、北诺尔、西诺尔、太谷营、阿不亥诺尔、西圪堆、八棋牛营、兴胜营、东伯颜插汉、庞家营、小秦家营、管胡营、姑子营、小姑子营、董家营、贾家营、什拉尔、阿素村、善友板升、脑木汉、朝号尔、二十家、后善岱村、保同河、胡济尔图、黑沙图、南营子、牛皮营、毛岱村。

萨拉齐西乡十七村

吴坝村、朱尔格岱、鄂尔格远、巴拉盖、土合气、西萨拉齐、海岱村、阿善磴口、古城湾、臭水井儿、包头镇、插汉脑包、同关村、黄草洼、毛凤章营、公鸡板升、邓家营。

萨拉齐南乡五村

鄂兑村、乌尔巴旗、章京营、偏关营、祁县营。

萨拉齐北乡八村

多尔济汛、沙北那尔、小插汉（库伦）、水涧沟门、韦进村、板升气、马流儿、黑麻板升。

以上四乡，共二百二村。

清水河东乡五十二村

双台子（二十六里）、韭菜庄（五十里）、麻湾村（廿五里）、潘三窑（十五里）、北小数沟（六十里）、盆底青（八十里）、小泉子（九十里）、北家庄（九十里）、前胶泥湾（九十里）、南王家庄（九十里）、黄榆沟（九十里）、炭窑沟（九十里）、黑山子（七十五里）五道梁（七十里）、鸦尔崖（七十里）、南槽碾（六十里）、南园岭子（四十里）、北圪洞（四十里）、黄土峁（四十里）、新庄窝（三十五里）、前营盘（三十五里）、后营盘（廿五里）、太平庄（三十五里）、大井庄（三十里）、小胶泥沟（三十里）、石嘴子（五十里）、双墩子（四十里）、老窝子（四十里）、西槽碾（五十里）、大桦树沟（六十里）、图马沟（六十里）、石人背（五十里）、双树（六十里）、桦树梁（六十里）、黄榆树沟（七十五里）、前杈杌沟（六十里）、石匣子（四十五里）、榆树湾（六十五里）、海子上（三十里）、前后园岭（六十里）、石灿子（七十里）、三岔河（七十里）、海子堰（六十五里）、石湾子（六十里）、灰泉子（七十五里）、九墩背（九十五里）、席麻沟（七十里）、南盛庄（八十里）、北盛庄（八十里）、夹榆沟（八十里）、碓臼沟（七十五里）、韩庆坝（五十里）。

清水河西乡六十三村

朝天濠（四十里）、东梁子（四十里）、不灿洼（四十五里）、黑草嘴（五十里）、黑数梁（五十里）、楝木沟（六十里）、沙堰（六十五里）、焦胡子圪洞（六十五里）、五家梁（六十里）、庙沟（五十里）、脑包梁（六十里）、炭窑背（六十里）、楼沟村（六十里）、火烧堰（六十五里）、岔河口（六十里）、胶泥沟（七十里）、上栅梢堰（六十里）、小沙背（五十里）、放牛沟（三十里）、下栅梢堰（七十里）、前大井（六十里）、大碣石（七十五里）、侯家塔（七十五里）、贾家村（七十里）、小石岩（七十五里）、西嘴子（六十里）、东土城（四十五里）、西岔沟（七十里）、八楞湾（二十里）、人和庄（十五里）、裕民庄（二十五里）、大同峁（二十五里）、栢林峁（二十五里）、六犋牛（三十里）、十八盘（二十里）、祁家沟（二里）、车厂（二十五里）、缓泉梁（二十里）、韩家良（九十五里）、白马路（八十五里）、单台子（九十里）、帽梁（八十里）、四眼堡（二十里）、上阳塔（三十里）、半沟（三十五里）、韩家坪（四十里）、土圪城洞（五十里）、前东岔（六十里）、后东岔（六十里）、桦树沟（七十五里）、柳青村（八十里）、大沙湾（八十二里）、长嘴梁（八十五里）、西沟子（五十里）、楼子沟（四十里）、宽滩（九十里）、三王墓（三十五里）、泉子沟（二十里）、西台子（二十五里）、双庙子（六十里）。

清水河南乡六十一村

寺儿沟（六十里）、磨扇嘴（五十里）、小斗沟（二十里）、井村（四十五里）、杏叶村（四十五里）、前白石券（三十里）、后白石券（三十里）、杨家川（五十里）、杨家坪（五十里）、火石山（四十五里）、长沟门（五十里）、洞儿沟（七十里）、打尔架（三十里）、黄家营（四十里）、二王墓（四十五里）、大王墓（五十里）、大东沟（五十里）、缓泉村（七十里）、下大路（六十五里）、桦树湾（七十五里）、毛台子（八十里）、破虎沟（六十五里）、前西水沟（八十里）、后西水沟（八十里）、芦草沟（八十里）、老树榆茌（九十里）、盘路峁（九十里）、丰盛荘（四十里）、海子沟（八十里）、碓臼峁（八十五里）、碓臼坪（九十里）、营盘梁（八十里）、馒头山（九十五里）、西边底（九十五里）、三眼井（三十五里）、蕨菜窊（八十里）、大成荘（七十里）、棘针湾（八十里）、滴马水（七十里）、石匣子（七十里）、三黄水岔（七十里）、二道窊（九十里）、莲花瓣（九十五里）、桦树沟（八十五里）、南长梁（八十里）、扁树子沟（八十里）、石湾子（八十里）、旗杆峁（九十五里）、账房湾（八十里）碓臼窊（八十五里）、小井子（一百里）、二十六口（百十一里）、北堡（九十五里）、后三黄水岔（八十五里）、花石甲（九十五里）、石梯子（五十里）、大庄窝（九十里）、尖翅崖（五十里）、北沟村（六十里）、蒿艾梁（四十五里）、双石槽（原里未详）。

清水河北乡三十三村

孔笃村（七十里）、芦草沟（八十里）、黄圪洞（八十里）、大西沟（九十里）、康盛荘（五十里）、广济荘（五十里）、荒地梁（四十里）、水泉子（三十里）、魏四窑（四十里）、粗糠窑（六十里）、咬刀儿免（五十里）、两犋牛窑（四十里）、達赖達哈（九十里）、七墩窑（五十里）、黑蛇沟（九十里）、石荘儿（八十五里）、大库伦（七十里）、菠菜营（六十里）、纳铃沟（六十里）、下窑子（五十里）、生地湾（十里）、黑聋子（二十里）、薛家梁（六十里）、张果窑（十五里）、张五坪（二十五里）、王桂枝窑（四十里）、獭儿坝（四十里）、巴儿沟（四十里）、喇嘛庙（三十里）、史兰泰沟（五十里）、善岱窑（三十里）、插汉沟（三十里）、胡德广窑（三十里）。

以上四乡共二百九村俱载明距署里数。

托克托城东乡七十三村

五十家村、缸房沟、黄家营、西里沙图、厂汉（秃力孩）、小五十家、黄家库伦、常家营、东把栅儿、毡匠营、那木架、东城拐、霍家圪洞、当铺梁、前狼窝壕、鲁家火盘、南火盘、辛家火盘、后狼窝壕、芨芨壕、东黑沙图、满水井、三庆营、什力圪兔、太岁营、黑水泉、沙坡窑、东大圪达、沙圪堆、毡房、五台窑、天合美、山西库伦、新营、范陈坦营、王彦窑、树儿坪、马家圪堆、老杜营、东嘑县营、租子地、合同营、黑城南门、黑城北门、马四窑、沙河堰、石国辅营、碱沟子、田秉营、马厂、阿林招、宝号营、高头窑、九祺牛窖、卢沟壕、苗家梁、前哈达（图壕）、兴旺庄、大北窑、乃同营、小北窑、西大圪达、屠家营、澄金库伦、官地营、丁家营、张家库伦、新什地、大库伦、帐房坪、古红岱、索家营、兴旺堡（距署六十里）。

托克托城西乡三十六村

五申村、黑烂板升、两间房、南窑子、李扁头窨、七星湖、树儿村、中滩、王连城（圪堆）、和尚营、碾子湾、斗林盖、张四濠、三盖村、补还岱、大井濠、扣克板升、晋阳营、西刺麻营、什拉乌（素濠）、西嘑县营、乃莫板升、他布子、石老二新营、老官营、万全店营、养大库伦、城墙村、乃莫营、西把栅、忽拉格气、董家营、武家窑、左家营、什达岱、二道河（距署廿里）。

托克托城南乡七十三村

河口、豆腐窑、荒地梁、招湾、张二疤窑、皮条沟、紫墩峁、必令板升、花儿圪台、噶尔图营、蒲滩拐、毛不浪、姑子壕、徐家窑、小水泉、三堵墙、树儿梁、臭水圪洞、马车窑、喇嘛湾、缸房窑、羊厂、海参不浪、石峁子、小口子、乌兰升、周家峁、把秃堰、王达子（火盘）、青草堰、杜家濠、西滩、章盖营、五犋牛沟、沙堰西峁、根达濠濑、八楞湾、郝家梁、红庙儿、八拜沟、胡二窑、白汉厂、西库伦、王林春窑、倒拉胡同、乃同村、三连利、脑包村、斗嘴村、小十犋牛、霍山窑、铁面古钟、八犋牛沟、靳家梁、牛上嘴、主谷泰、南濠濑、李项窑、西濠濑、甲浪沟、樊三沟、营盘梁、厂汉哈达、后哈达图濠、白草庄窝、石匠营、沙沟子、大什犋牛梁、细合窑、羊西梁、后什拉（乌素）、饭铺堰（距署九十里）。

托克托城北乡二十九村

关四窑、五把式崖、祝乐庆、乔辅营、东湾、南园子、什力登、台吉村、杜牛窑、田白营、韭菜滩、黑烂圪力根、他布板升、朱什拉、奶子盖、鸡嘴营、南的力图、东荣寿村、新帐营、西主力汉（伯颜）、西荣寿村、邬家圪堆、盐海子、荒地窑、河保营、刘家窑、石人濠 、狄四窑、白塔儿村（距署八十里）。

以上四乡共二百十一村。

按管子内政，四民勿杂处。田野之民，不入国都。韦昭谓：“周制城郭之域，士工商而已，农不与焉。”此法较令大异。唯口外各厅，与周制颇合。各方农民，租种蒙古地亩，初则数椽茅屋，略避风雨。比户聚居，渐成村落。其名之称，稍存古昔者，十无二三。语皆蒙古俗语，诘屈聱牙，截音成文，无一定字意。唯清水河一厅，所属村庄，悉用汉语。其地无土著居民户口，迁徙靡常，征收最难足额。顷编查保甲，仿照古人，十家牌式，设立甲长、保长、乡长名目。平时则田赋、徭役按籍可稽，有事则团练联庄，互相救护，其法至为妥善。乃边氓承平日久，视为具文，甚或籍口于人户稀疏，地方辽阔，居民不堪其扰。是仍守土者奉行不力之故也。周礼大司徒，比闾、族党、井邑、邱甸之制，何时而可复也哉？

人 部

卷二十四 驻跸

明崇祯七年，我太宗文皇帝，天聪六年六月，亲征察哈尔，驻跸归化城，降土默特部众。事见艺文部，魏氏源《绥服蒙古记》，又《通志》载：归化城北有格根汉庙。天聪六年，太宗文皇帝悬敕谕：庙中禁勿侵毁。今弗详其地。

国朝康熙三十五年十一月十二日，圣祖仁皇帝亲征厄鲁特噶尔丹，师次归化城，驻跸崇福寺，留绣龙金坐褥子一，金靠背一，金绣枕二。于行宫佛楼上，留宝弓一张，大箭五枝，小箭五枝，甲胄一副，虎皮坐一张，豹皮坐二张，永镇山门。十二月初七日，回銮，驻跸九龙湾。初八日，入杀虎口，月朔。《朔平府志》与艺文部魏源所撰，《圣祖亲征准噶尔记》年月不同，俟考（魏氏记驻跸凡三次）。臣谨按《府志》，以圣祖仁皇帝驻跸，入巡幸一门。无论本朝神圣，不当与秦、汉、隋并列，即巡幸两字，亦有未安。我圣祖怜生灵涂炭，亲征虏庭，恭读御制碑文："朕不惮寒暑，三临绝塞，为民请命"数语。夫岂前代之主，无事游观者，所可同日语哉。因敬识驻跸于巡幸之前，并首识我太宗文皇帝，绥服归化城蒙古，存神过化所至，讴思圣圣相承，善继善述，翠华莅止，山川为之生色，边境从而又安。往古以来，无斯盛也，臣谨识。

卷二十五 巡幸

汉武帝元封元年，帝至五原，诏北幕未辑，将巡边陲，秉武节，亲帅师，置十二部将军。行至云阳，北历上郡、西河，至五原登单于台，勒兵十八万骑，旌旗千余里。遣使告边外。以天子自将巡边，各部惊遁，乃还。三年，复至五原，东滨海，北抵碣石，由辽西至五原而还，见《汉书》。桓帝十三年，帝西幸榆中，东行代地，至五原渡河，名其地曰君子津，事详古迹门。

隋炀帝大业三年，帝出塞外。突厥启民可汗率义成公主，来朝行宫法驾。御千人大帐，享启民。亲巡云中，泝金河而东，北幸启民所。启民捧觞上寿，跪伏甚恭。帝大悦，赋诗（见艺文）。

启民扈从人塞，至定襄，诏令归藩。十一年，帝复出巡边。突厥始毕可汗率骑数十万，谋袭乘舆。义成公主先遣使者告变，帝乃驰入雁门。突厥围雁门，矢及御前。帝大惧，用尚书樊子盖言，募天下兵，诏守令竞来赴难。唐太宗时为世子，年十六应募，说卫将军云定兴曰："宜昼则引旌旗，令数十里不绝。夜则钲鼓相应，彼必谓救兵至。"义成公主复遣使，告始毕谓："北边有急，诸郡援兵亦至。"突厥乃解围。见《隋书》，详史鉴部。

又《唐书》：隋炀帝后萧氏，梁明帝岿女。炀帝初为晋王，文帝为选妃于梁，册为妃，性婉顺，有智识，好学解属文，颇知占候。及炀帝即位，立为皇后，每从游幸，见帝失德，为述志赋以自寄。江都之乱，随军士至聊城，没于窦建德。隋宗室义成公主续嫁突厥始毕可汗，为可贺敦（汉言皇后），遣使迎萧后。建德不敢留，遂携其孙正道及诸女至北幕，居古定襄城。唐贞观中，破突厥颉利，后归于唐，赐宅京师兴道里。及殁，以后礼合葬于扬州炀帝陵。

按易象省方书志，巡狩，古帝王周行天下，观风问俗。至秦汉以后，始多有事于边务。始皇三十二年，巡西边，从上郡入。尔时，似未及兹土。汉武帝以北幕未辑，自将待边。虽好大喜功，或其势有不可已者。章帝元和三年，北巡狩，出长城，还省幽燕，其经过道路无可稽考。唯桓帝至五原渡河，君子津名，遂传千古。隋炀帝与突厥和亲，躬蹈异域，率皇后幸义成公主帐，亵矣。卒至乘舆被困，仓皇入关。其不度德而不量力者，以视秦皇汉武，又弗如远甚。《左氏传》所谓："不务修德，而勤远略。"正不仅为若辈，言悉识于此，以昭殷鉴。

卷二十六　官制（附各官廉俸暨职官表）

陶唐命和叔宅朔方。有虞肇十有二州，州置牧。夏、商、周，俱封建，官制无考。秦分天下为四十郡，郡各置守。汉置太守及刺史、都尉。北魏置行台及北道大都督。北齐置北道行台。隋置总管府。唐置总管府及都督府、五原太守、天德军大使、丰州都防御使、刺史等官。宋置天德军都指挥。金置总管府，后设录事司。明设中、前、后千户。国朝初，设正都统二员，副都统四员。雍正元年，设归化城理事同知、协理笔帖式一员，后添设六员，共协理笔贴式七员。乾隆六年，裁去都统，移朔平府驻防将军，驻绥远城。二十七年，裁去副都统三员，留一员，驻归化城。添设归绥道，驻城外。又设绥远城理事同知、仓库大使，裁去七协理笔贴式，改设和林格尔、萨拉齐、清水河、托克托城，理事通判四员。各厅添设管狱巡检。又归化城毕齐克齐、萨拉齐包头镇，分防巡检二员，官制乃定。

镇守绥远城将军，管辖右卫等处地方，管理旗兵并土默特官兵、右卫旗兵，调遣宣、大二镇，每年俸银一百八十两，养廉银五百八十六两零。

镇守归化城等处地方副都统，每年俸银一百五十五两，养廉银六百两（以上二员，另有俸米，见兵防部俸饷款内。俸银由旗库领给）。

分巡归绥等处地方兵备道、总理旗民蒙古事务、管辖六厅、监督税务，每年俸银一百五十两，养廉银四千两（由左玉县批解）。

绥远城同知，经收归化城、和林格尔、萨拉齐、清水河、托克托城、丰镇、宁远七厅地丁粮米，以备八旗官兵粮饷，每年俸银八十两，养廉银一千二百两。

归化城理事同知，管理蒙民事务，每年俸银八十两，养廉银一千二百两。

和林格尔、萨拉齐、清水河、托克托城，四理事通判，每年各俸银六十两，各养廉银八百四十两。

绥远城仓库大使一员，暨五厅七巡检，每年各俸银三十一两五钱二分，各养廉银六十两（以上各官廉俸，俱由藩库请领）。

附职官表

（分三表，以将军、副都统为一表，以归绥道为一表，以同知、通判为一表。）

表一　绥远城将军、归化城副都统

任职时间	将　军	副　都　统
乾隆二年三月	玉昌（由朔平府移驻绥远城，专管八旗满洲、蒙古官兵驻防）	
乾隆五年三月	依呼慎（一作伊里臣）	
乾隆五年七月	普喜（一作补熙）	
乾隆十四年二月	福昌（一作富昌）	
乾隆二十一年九月	保德（保一作宝）	
乾隆二十四年六月	恒禄	
乾隆二十六年四月	如松	
乾隆二十七年三月	蕴珠（珠一作柱。二十八年正月，始兼管土默特官兵，因归化城裁去都统及副都统三员故也）	
乾隆二十八年正月		绰和诺（归化城原设都统二员，副都统四员，分左右翼，至是裁留一员）
乾隆二十九年八月		吉福（吉一作积）
乾隆三十一年正月	松春（一作嵩椿）	

任职时间	将　军	副　都　统
乾隆三十一年十月		长青（长一作常）
乾隆三十二年二月	巴禄	
乾隆三十三年四月	富梁（一作傅良）	
乾隆三十四年六月	诺伦	
乾隆三十六年二月		伯城（是年，始管理绥远城官兵）
乾隆三十六年七月	荣宝（一作容保）	
乾隆四十一年十一月	乌密太（一作伍米泰）	
乾隆四十二年二月	雅朗阿（朗一作明）	
乾隆四十四年四月	宏尚（尚一作晌）	
乾隆四十四年十一月		吉善
乾隆四十六年五月	松春（二次任）	
乾隆四十九年五月	乌尔吐纳逊（纳一作那）	
乾隆四十九年十月	吉福	
乾隆五十年十二月		七十五
乾隆五十一年二月	松春（三次任）	
乾隆五十四年二月	兴照（照一作肇）	
乾隆五十七年十二月		庆怡（怡一作仪）
乾隆五十八年二月	图桑阿	
乾隆六十年二月	杨坤（一作永琨）	
乾隆六十年十二月	乌尔图纳逊（二次任）	
嘉庆元年	福瑞（一作付锐）	
嘉庆三年三月	杨青（一作永庆）	
嘉庆六年七月		西拉布（后在任病故）
嘉庆六年八月	崇尚（后调任江宁）	

任职时间	将　军	副　都　统
嘉庆八年九月	德勒格楞贵（勒一作尔，在任病故）	
嘉庆九年五月	奇慎（慎一作臣，后调任雅苏台）	
嘉庆九年六月	春宁（在任病故）	
嘉庆十二年三月		吉勒章阿
嘉庆十二年九月		锡林泰
嘉庆十二年十月	来怡（怡一作仪，后调任京城都统）	
嘉庆十三年闰五月		额尔奇（奇一作起，后降调回西安本旗）
嘉庆十六年四月	果勒丰阿（后调任东陵）	
嘉庆二十三年十二月	八十五（五一作六，后调任广东）	伯庆阿（庆一作卿，道光元年三月在任病故）
嘉庆二十四年正月	禄成（后调任黑龙江）	
道光元年七月		年德（道光二年九月，因病告休）
道光二年十一月		伊星河（后调任杭州）
道光三年二月	德英阿（后调任四川）	
道光四年九月	宗室奕灏（后调任盛京）	
道光七年正月		富尔松阿（松一作嵩，后在任病故）
道光七年八月	景昌（景一作晋，后在任病故）	

任职时间	将军	副都统
道光八年八月	特伊顺保（后调任黑龙江）	
道光九年三月	那彦宝（宝一作保，后调任四川）	桓额（额一作格，后回京）
道光九年八月		祥康（后升任盛京刑部侍郎）
道光十年五月	升寅（后升任都察院左都御使）	
道光十二年正月	彦德（十七年十一月，回京）	
道光十二年二月		惠显（后回京）
道光十七年十一月		锡林（后因病回京）
道光十八年四月		特登额（后升任工部侍郎）
道光十八年十月	棍楚克策楞（策一作弟，后调任吉林）	
道光二十年七月	色克精额（精一作金，后升任礼部尚书）	
道光二十一年九月	宗室奕兴	
道光二十二年四月		(宗室成凯，调任库伦帮办大臣。)
道光二十五年四月		(盛勳，后告病回京)
道光二十七年六月	英隆	
道光二十八年九月	成玉	
道光二十九年四月	托明阿	
咸丰四年九月		德胜（字心齐，蒙古镶白人，九年三月回京）

任职时间	将　军	副　都　统
咸丰六年五月	宗室成凯（镶红旗人，前任副都统）	
咸丰九年三月	桂成	
咸丰四年九月	德胜，字心齐，蒙古镶白人	九年三月回京
咸丰六年五月	宗室成凯（镶红旗人，前任副都统）	
咸丰九年三月	桂成	

表二　归绥道

任职时间	姓　　名
乾隆六年六月	六格
乾隆七年四月	赋
乾隆七年十二月	索泰
乾隆九年十一月	广
乾隆十年十一月	通
乾隆十一年十一月	卓
乾隆十五年十月	法
乾隆十九年六月	克
乾隆十九年八月	图桑阿
乾隆二十三年五月	普喜（以归化同知护理）
乾隆二十三年八月	固
乾隆二十四年七月	索
乾隆二十五年四月	柏琨
乾隆二十六年二月	五
乾隆二十八年十二月	长安

任职时间	姓　名
乾隆三十三年二月	锡
乾隆三十四年四月	罗
乾隆三十四年五月	富躬（始兼管税务）
乾隆四十五年十月	伊
乾隆四十六年十二月	忠泰
乾隆五十六年四月	恭
嘉庆元年十月	齐布森（见宦绩）
嘉庆四年十月	吉
嘉庆四年十二月	齐布森（升任广西按察使）
嘉庆八年七月	德纶（由吏部郎中简放，见宦绩）
嘉庆十三年二月	讷
嘉庆十四年十月	德纶（升任长芦盐运使）
嘉庆十七年十月	嵩
嘉庆二十年十二月	巴
嘉庆二十三年七月	百
嘉庆二十四年七月	岳祥（见宦绩）
道光五年十一月	穆
道光六年三月	德
道光七年三月	象
道光七年五月	富
道光十一年十一月	那
道光十二年正月	福
道光十三年七月	珠澜（以大同府知府护理）
道光十三年十二月	桂
道光十四年二月	觉罗瑞福
道光十七年正月	查克丹（护理）
道光十七年三月	普泰

任职时间	姓　　名
道光二十二年十二月	双宝（护理）
道光二十三年四月	普泰
道光二十五年九月	多慧（以潞安府知府护理）
道光二十六年正月	文俊（字秋山）
道光二十六年五月	苏呼讷（字小梅，由直隶保定府知府升任）
道光二十七年三月	吉祥（护理）
道光二十七年七月	穆清阿（字伍山）
道光二十九年四月	吉祥（再护理）
道光二十九年七月	惠征
咸丰二年	德龄
咸丰五年四月	觉罗万济（以候补知府护理）
咸丰五年八月	钟秀（字石帆，满洲正红旗人，由户部郎中简放）
咸丰六年三月	札拉丰阿（字有松，汉军镶黄旗人，以朔平府知府护理）
咸丰六年八月	钟秀

表三　归化城同知

任职时间	姓　　名
雍正元年	多尔齐（蒙古正白旗人）
雍正七年	法保（蒙古正红旗人）
雍正八年	永敏（满洲正白旗人）

卷二十七　兵防（附俸饷）

绥远城八旗满洲、蒙古兵三千二百名，内马兵二千名，步兵七百名，养育兵五百名，编为满洲十六佐领，蒙古四佐领。每佐领下设佐领一员，防御一员，骁骑校一员，共佐领十五员。协领兼佐领五员，防御二十员，骁骑校二十员，管理旗务，其各佐领均有图记。协领五员，佐领二十员，每协领管理佐领四处。该佐领遇有事故，呈明协领，转呈将军、副都统办理，其协领俱有关防。以上各员系将军、副都统由旗兵内挑选，送部引见。

绥远城有左右二司，设翼长二员，各颁给关防。由协领内挑选，咨报兵部。左司管理操演兵丁、命盗、斗殴、赌博案件；右司管理兵丁钱粮、户婚、田土、厂地案件，均呈明将军、副都统。将军衙门有满洲笔贴式二员、蒙古笔帖式一员，均由该旗内考取。绥远城世袭有，三等轻车都尉二员，骑都尉二员，云骑尉一员，恩骑尉十员。

将军每年俸银一百八十两，养廉银五百八十六两二钱六分，粳粟米石折银六十九两六钱六分，随甲饷银米石折银一百七十九两一钱六分，人役工食银二百八十八两，马四十四匹，草豆银五百六十八两二钱六分，预支草银一百六十六两三钱二分，共银二千三十七两六钱六分，本色粟米五十七石。

副都统每年俸银一百五十五两，养廉银六百两，俸米一百四十七石二斗五升。

每协领一员，给衙署一所，每年俸银一百三十两，粳粟米石折银五十三两九钱一分，马十二匹，草豆折银一百八十七两一钱一分，预支草银四十五两三钱六分，共银四百一十六两三钱八分，本色粟米四十二石。

每佐领一员，给衙署一所，每年俸银一百五两，粳粟米石折银三十八两一钱一分，马八匹，草豆折银一百二十四两七钱四分，预支草银三十两二钱四分，共银二百九十八两一钱四分，本色粟米二十七石。

每防御一员，给衙署一所，每年俸银八十两，粳粟米石折银二十八两七钱一分，马五匹，草豆折银七十七两九钱六分二厘五毫，预支草银十八两九钱，共银二百五两五钱七分二厘五毫，本色粟米十八石。

每骁骑校一员，给衙署一所，每年俸银六十两，粳粟米石折银二十五两五钱六分，马四匹，草豆折银六十二两三钱七分，预支草银十五两一钱二分，共银一百六十三两五分，本色粟米十五石。

每笔帖式一员，给衙署一所，每年俸银二十一两一钱一分四厘，粳粟米石折银二十五两五钱六分，马四匹，草豆折银六十二两三钱七分，预支草银十五两一钱二分，共银一百二十四两一钱六分四厘，本色粟米十五石。

轻车都尉，每年俸银一百六十两。

骑都尉，每年俸银一百二十两。

云骑尉，每年俸银八十五两，其米石、马匹折银数目，均于防御同。

恩骑尉，每年俸银四十五两，粳粟米折银二十二两四钱一分，马三匹，草豆折银四十六两七钱七分七厘五毫，预支草银十一两三钱四分，共银一百二十五两五钱二分七厘五毫，本色粟米十二石。

每马兵一名，给房二间，每年饷银三十六两，粟米折银十五两七钱五分，马一匹，草豆折银二十八两六钱六分五厘，共银八十两四钱一分五厘，本色粟米十五石。

步兵一名，给房二间，每年饷银十八两，粟米折银三两一钱五分，共银二十一两一钱五分，本色粟米十二石。

养育兵一名，每年饷银十八两，并无房间米石。

统计绥远城，自将军以下官员兵丁，每年俸饷共银二十万九千一百九十五两，本色粟米三万九千九百九十八石二斗五升。

以上绥远城。

土默特分左右翼，男妇约万余名口。兵丁五千名，编为六十佐领，管辖兵丁均无粮饷，种地为食（每名种地一顷）。兵丁五千名，内前锋二百名，领催三百六十名，披甲四千四百四十名。每年春秋二季，派拨一千名操演，为操演营。二月、九月，每名月给银一两五钱，其余每月轮派各处当差。

六十佐领下，各设佐领一员，骁骑校一员，共佐领四十八员，参领兼佐领十二员，骁骑校六十员，均无俸饷，亦种地为食。参领十二员，每参领管五佐领，各颁给关防一颗。以上各官由该旗蒙古内挑选，咨送理藩院带领引见。遇有处分案件，折罚牲畜。

土默特有兵司、户司、操演营三处，各设翼长一员，颁给关防。由十二参领内挑选，咨报理藩院。其兵司管理命盗斗殴赌博案件。其户司管理户口、田土案件，与绥远城左右司同。其操演营，则专管春秋二季操演兵丁。该三处遇有事务，仍呈请副都统办理，不得自专。

以上土默特。

归化营都司一员，把总外委、额外外委各一员，兵一百八十五名。清河汛，外委一员，兵二十九名。沁昌汛，外委一员，兵二十七名。多尔济汛，外委一员，兵二十一名。萨拉齐汛，把总、外委各一员，兵四十四名。包头汛把总一员，兵十九名，共兵三百二十五名。乾隆二十六年，由宁武营属之利民营移驻。其都司营房，即前都统署旧址改设。

以上绿营。

谨按自我朝统一寰宇，西则西安、宁夏；东则江宁、京口；南则杭州、荆州；东南则广东、福建。沿疆所在，设立八旗驻防官兵。统其任者，非公侯勋戚，即宗室天潢，责綦重也。嗣以承平日久，徙置不一，康熙三十三年，圣祖仁皇帝，特遣禁旅五千，驻防右卫。至荡平准噶尔后，撤去护军统领、参领、护军校等员，唯将军以下镇守如故。至乾隆二年，移驻绥远城。二十八年，因归化城裁去都统，始与副都统互管旗兵及土默特兵，并添设绿营官兵，防制极为周密。且旗兵、绿营兵弁，俸饷优渥。唯土默特兵，分种地亩，寓兵于农，剑戟扰锄，虽并行不废，而潜移默化，君子于此有深心焉。

近则五千之设，已成虚名。所有操演兵一千，实止有此数，非从前轮派者比。其所种地亩，亦多半典卖。除春秋月给银一两五钱而外，饷需毫无所出。每遇征调，则军装器械，筹备维难。较之绥远城旗兵与绿营官兵，因银数减成，而致仰俯不给者，又大相悬隔矣。

顷闻山后各召寺，有草厂地亩尚待开垦。倘以其半，援照乾隆八年及三十七年、嘉庆五年、十年等例，酌量撤回耕种，并立定章程，按兵丁名数分给其地。虽距城遥远，或令子弟赴彼耕种，或收取租佃银米。其因事斥革，及本身亡故者，即将地亩交出，令补额人承种，不得据为世业，擅自典卖。至前次所卖地亩，民人耕种已久，前后或屡易主名，如果有契据可凭，许仍旧管业，无庸纷纷聚讼。唯其基址亩数，必须勘明，不得越界侵占。此法似于蒙民均有裨益，官吏亦免滋扰。是在留心边务者，熟筹之耳，鄙说未敢遽信也。

卷二十八　宦绩

汉

魏尚，文帝十年，为云中守，虏骑引避，不近塞者数年。十四年，虏骑躏入，尚率车骑追之，杀馘甚众。上功幕府，级不相应，征下吏输，将作徒，一日，帝念云中抚髀，而思贤将，问及，冯唐曰："吾在代，数闻赵齐之贤。"唐曰："陛下虽得颇、牧，不能用也。魏尚大有边功，一言不相应，而文吏即绳以法，使豪杰隳气，士卒离心。由此言之，陛下近失魏尚，而反远慕颇、牧哉。"帝悦，即日令唐持节赦尚，复以为云中太守。

孟舒，文帝时，为云中守，坐虏大入云中，免。田叔对文帝曰："匈奴来为边寇，孟舒知士卒罢敝，不忍出言。士临城死敌，如子为父，以故死者数百人，孟舒岂殴之哉?"上曰："贤哉孟舒，复召以为云中守。"（《容斋随笔》谓：孟舒、魏尚，皆以文帝时为云中守，皆坐匈奴入寇获罪，皆得士死力，皆用他人言复故官，事切相类，疑其只一事云。）

李广，陇西成纪人，猿臂善射，有胆略、才气。文、景、武帝时，为骁骑郡尉，历上谷、云中、雁门等七郡太守。屡将兵击匈奴，善抚下，得士卒死力。遇大敌，持重不惊，意气自如。数于虏角，为虏所得，夺马奔驰，射杀追骑，威震匈奴，号飞将军。以数奇不得封侯，论者惜之。

廉范，杜陵人。明帝时，举茂才数月，迁云中太守。十六年春，边外大入塞，烽火日逼。故事戎骑遇五千，移檄旁郡请援。吏以为请，范不听，自率郡兵拒之。会日暮，范令军中每人各缚两炬三头爇火，营中星列。望者谓救兵大至，惊欲遁。范乃令军士蓐食，驰往赴之。戎骑扰乱，自相辚籍。由此，不敢复向云中。

陈龟，字叔珍，上党泫氏人。家世边将，便习弓马，少有志气。永建中，举孝廉，五迁至五原太守。永和五年，拜使匈奴中郎将。时南匈奴左部反乱，龟以单于不能制下，外顺内叛，促令自杀。后征为尚书，时梁冀暴虐日甚，龟上书言其罪状，请诛之。帝不省，自知必为冀所害，不食七日而死。并凉民庶咸为举哀，吊祭其墓。

崔实，素有重名。延禧元年冬，拜五原太守。五原土宜麻枲，而俗不知织，民冬月无衣。实至作纺绩、织纴、练缣之具，教之民有余衣焉。是时，戎骑连入，一岁至九奔命。实严烽堠，谨士马练。虏自是，不复犯五原。

北 魏

源怀，贺之子。孝文帝迁洛阳，北边荒远，百姓饥馑，乃加怀行台，巡北边，赈贫民，以边境事少，而置官猥多，奏裁五之一。柔然侵边，诏怀指授规略，以便宜从事。怀至，柔然已遁。怀案视要害之地，及储粮积伏之宜，犬牙相救之势，凡五十八条。分兵置戍，勤农积粟，北方无忧。怀性宽简，常曰："为大人当举纲维，何必事事详细。譬如为屋，外望高显，楹栋平正，基壁完牢，足矣。斧斤不平，斫削弗密，非屋之病也。"仕至骠骑大将军冯翊公，卒，谥曰"忠"。

隋

渔俱罗，冯翊人，气壮声宏，言闻数百步。拜丰州总管，突厥入境，辄擒斩之。自是屏迹，不敢南下。

唐

李靖，字药师，京兆三原人。太宗时，突厥人寇，以靖为定襄道行军总管，率劲骑五千，夜袭定襄，破之。突厥颉利走保铁山，遣使谢罪，请举国内附。帝使靖迎之，又遣鸿胪唐俭将军，安修仁慰抚，靖谓副将张公瑾曰：“诏使到，虏必自安。若万骑赍二十日粮，自白道袭之，必得所欲。”遂督兵疾行，去其牙七里乃觉，部众惊溃，斩万余级，俘男女十万，杀其妻义成公主。颉利亡去，为大同道行军总管张宝相擒之，以献。于是斥地，自阴山北至大漠后，又破吐谷浑，封卫国公，年七十九薨，谥曰“景武”。

徐绩，字懋功，赐姓李，曹州人。累官至并州都督，为通漠道行军总管，出云中，引兵与李靖合屯碛口，降突厥，封英国公。太宗尝曰：“炀帝不择人守边，劳中国筑长城以备虏。今我用绩守并，突厥不敢南下，贤于长城远矣。”

裴行俭，字守约，闻喜人。调露元年，为定襄道行军大总管，用兵持重，料敌制胜，讨突厥，屡战皆捷，余党悉平。

唐休璟，名璇，以字行，京兆始平人，为朔州刺史。永淳中，突厥围丰州，都督崔智办战死，朝廷议弃丰州保灵夏。休璟疏止之曰：“丰州控河遏寇，号为襟带。自秦汉以来，常郡县之。土田良美，宜耕牧。隋季丧乱，不能坚守，乃迁就宁庆。戎羯得以乘利而交侵，始以灵为边。唐初，募人实之，西北一隅，得以完固。今而弃之，则河旁地复为贼有，而灵夏不足自安，非国家利也。”高宗从其言。

张说，字道济，其先自范阳徙河南。永昌中，策贤良方正说对第一，授太子校书，迁右羽林将军检校，并州长史兼天德军大使。时朔方军大使王晙，诛河曲降虏阿布思也，九姓同罗拔野固等皆疑惧。说持节从轻骑二十，直诣其部宿帐下，召见酋豪，慰安之。副使李宪言：“虏难信，不宜涉不测。”说报曰：“吾肉非黄羊，不畏其食。血非野马，不畏其刺。见危授命，亦吾效死之秋也。”由是九姓遂安。

张仁愿，华州下邽人。武后时，以殿中侍御史迁并州都督长史，进左氏卫大将军。始朔方军与突厥以河为界，北崖有拂云祠。突厥每犯边，必先谒祠祷解，然后料兵度而南。时默啜悉兵西击，突骑驰去。仁愿乘虚取漠南地，于河北筑三受降城，绝虏南寇路，斥地三百里而还。自是，突厥不敢逾山牧马，减镇兵数万，岁省费万亿。后人思之，为立祠受降城，出师辄祭享焉。

娄师德，原武人。天授初，检校丰州都督，俭约率下，衣皮袴。每患军输不给，乃悉屯田，积粟百万，兵用饶足，无转饷和籴之费。

颜真卿，开元中为监察御史。时五原有冤狱，久不决，天旱。真卿辨狱而雨，人呼为御史雨。

郭子仪，华州人。天宝八年，以安北都护振远横塞军使，兼五原太守，充朔方节度使。置横塞军于木刺山后。后以地瘠，徙军永清城，号天德军。安禄山反，与李光弼克复两京，累封令公，进爵汾阳王，号尚父，以寿终，陪葬建陵。

李景略，幽州良乡人。大历末，拜丰州刺史、天德军都防御使。穷塞苦寒，地瘠卤，边户劳瘁。景略至，节用约己，与士卒同甘苦。凿感应、永清二渠，溉地数百顷。储廪器械毕具，威令肃然。以礼制虏，声雄北疆，回纥畏之。卒于屯，赠工部尚书。

任迪简，京兆万年人，擢进士第。李景略表佐其军，尝宴客。行酒者误进酰，景略用法严，迪简不忍其死，饮如醨，徐以他词请易之，军中悦其长者。景略卒，举军请为帅。授丰州刺史、天德军使。公私缺乏，欲飨士，无所给，至与门下同粝食。身居戟门下逾月，军中感其公，请安卧内。乃许三年，上下完充，卒，赠刑部尚书。

石雄，徐州人，会昌初，回鹘入寇，掠云、朔、五原塞，诏雄为天德军防御副使，追寇至杀虎山，斩首万级，迎太和公主还，进丰州防御使。

明

王崇古，蒲州进士，累官右都御史。隆庆四年，总督宣大军务时，马市虽开，而赵全等勾引，叛服不常。崇古至，练卒守要害，防卫维谨。会俺答孙把汗那吉来降，崇古留之。因而为市，使俺答缚赵全等八人以献，送还那吉。俺答贡名马、纳款。五十余年，边境又安，烽烟顿息，崇古之力也。晋兵部尚书，荫一子锦衣卫千户，后总督吴竞、郑洛继之，终明之世，无虏害焉。

国　朝

费扬古，满洲正白旗人。父鄂硕为端敬皇后父，以功封三等伯。十四岁袭父职，擢领侍卫内大臣、抚远大将军，驻扎边境，绥辑蒙古，镇守归化城等处地方。从征厄鲁特还，晋爵内大臣一等公。时归化城商贩初集，蒙古兵弁强攫货物，有索价者，辄倚势凌暴，商民苦之。公至，力除其弊，有犯者即惩以法。康熙三十七年二月朔，奉特命还京师。塞外兵、民、商、贾，攀辕送别，立祠以祀至今，香火不绝。

（按：《府志》于名宦则曰：伯费扬武，正白旗满洲人，以内大臣、抚远大将军、兼摄右卫建武将军。康熙三丨五年，统满、汉兵，出杀虎口，与大同总兵康调元、杀虎协镇王元，登天山、过瀚海，直抵昭莫多地方，征剿厄鲁特准噶尔。噶尔丹饮药死，擒其妻子以归，斩获甚众，凯旋论功，封为一等公。

于祠祀则曰：白将军生祠。于八旗驻防将军，则载伯费扬武，宗室费扬古二人，曰：伯费扬武，正白旗满洲人。康熙三十四年，以内大臣、抚远大将军、兼摄右卫将军事。宗室费扬古，正蓝旗满洲人。康熙三十五年，由右卫左翼护军统领擢补，后封辅国公。于艺文则载《归化城抚远大将军费公祠堂碑记》，《白大将军生祠》等诗，所谓大将军者，皆指伯费扬武而言。名宦祠记驻防将军，以及艺文所志与费扬古显属两人，虽伯之与白，白之与费，称谓不一，而要与名古者无涉也。及读邵阳魏氏所撰《圣武记》中，圣祖仁皇帝亲征准噶尔一事，则并无伯费扬武之名。而康熙三十一年五月，噶尔丹遣使至归化城。其遣兵迎诘，且遏之者将军费扬古也。三十五年，噶尔丹将入寇。其与振武将军孙思克等，率陕甘兵出西路，邀其归者，大将军费扬古也。我军至昭莫多，率左右翼步骑，先据小山，次麾沿河伏骑，横冲入阵，乘夜追北三十余里，斩数千级，降三千众，并歼其可敦阿奴。三十六年，以噶尔丹自伏天诛奏者，无一非费扬古也。

殷提督《西征记略》：亦言抚远大将军费扬古。《于清端公年谱》：于西路班师，由中路归者，亦言费大将军。至《袁简斋文集》中有领侍卫内大臣、抚远大将军费襄壮公传，则曰：费公扬古，满洲正白旗人，居董鄂地方，以地为氏。数家所记费大将军功烈，俱于《府志》伯费扬武同。而简斋所作传中，有世袭三等伯一语，疑正伯字来历，是伯费扬武与费扬古绝非两人矣。且我国语谓：老生子，白飞鸦，昂觚雅昂切。或书曰：费扬乌、乌古武，但取其音，本无定字，无俟深考。唯《府志》成于雍正十一年，距费大将军时未远，传闻不应如是之异。且驻防将军到任年月，尚历历可指，是一人耶，是两人耶，宗室与伯，伯与白，古与武，蓝旗与白旗，大相悬殊，自相矛盾乃尔。至俗传诛活佛遇害之说，显与碑记所云，命归勋第，传所云薨，谥襄壮者异。齐东之语，更不足辨矣。塞外文献无征，行箧中又只此数卷书，以致大将军名姓尚无确说，则姑据诸家传记，以正《府志》之误。俟遇知者，再为论定云。）

通智，满洲人。康熙中，以兵部尚书奉使会盟，使有威重，诸蕃畏服。时丹津为右翼都统①，和衷共济，遇事必相咨度。如土默特文庙、官学、仓库、教场，以及先农坛之设，俱合衔会奏，奉旨允行。以整饬边防，兴行教化为己任，一时规模制度，焕然改观。迄今颂都护功者，无不谓大司马多协恭之力云。

丹津，土默特人，初授侍卫，兼在京佐领职。康熙四十三年，父古睦德卒，始袭归化城左翼都统。五十九年，兼袭三等子。雍正元年，因商民为建生祠，奏请改建文庙，设左右翼官学，增设理事同知，招商劝农，教养兼备，为商贾十二行，及农

① 丹津此时应为归化城土默特左翼都统。

圃各村庄垦种之始。乾隆元年，设马厂于城北，诏以丹津董牧务，并协理新筑绥远城事宜，商民秋毫无扰。二年，卒。与费大将军合祠崇祀。一子名达奈，居京。由世袭佐领历官散秩大臣，早逝无子，以丹津族子札什泰袭。及丹津卒，其妻请即以札什泰为嗣。诏停袭都统职，仍袭三等子，兼三等男。

刘统勋，山东诸城人。乾隆中，以大学士奉使来城，勘谳将军保德、同知普喜互讦一案。改装易服，出关月余，人莫之识。后寘保德、普喜等于法，并杖毙蠹役白德明。其余官吏分别定罪，无纵无枉。去后数年，市上每见有佝偻白发者，辄相惊谓公又微服至矣。其明察丕著远迩，直声动人。如是一时多阴受其福，卒，谥文正，祀贤良祠。

齐布森，满洲人。嘉庆元年，莅归绥道任，爱民如子。凡布缕、粟米、力役之征，悉行蠲免。三年，奉文办运军营茶块。蒙古员弁，向城乡居民及过往商旅，强索牲畜，越界包送，甚或调换驼只，商民不堪其扰。公出示严禁，令蒙员自行备办，毋许勒派。阖阎一时咸爱戴之。在任八年，擢粤西臬，旋升豫藩以去。商民思其德，为立像费公祠，与大将军暨丹都护并崇祀焉。（蒋丹林《散樗老人自记年谱》：嘉庆二十三年戊寅十二月二十六日，因都察院办理京察错误，与满副都御史齐布森，同降为从三品候补。道光元年八月十八日召对，蒙上垂询，汝与齐布森同降，系实降一级，谆谆天语，其简在帝心久矣。此后未详其补授何职，识以俟考。）

德纶，满洲人。嘉庆八年，以吏部郎中，简任归绥观察。因义学废弛日久，捐廉兴修，设立规条，至今遵行未替。于城南创置义冢一所，掩胔埋骼，有泽及枯骨之颂焉。先后莅任十年，擢升长芦盐运使。

松筠，字湘浦，满洲人①。嘉庆十年，以兵部尚书奉使来归化城，讯乌拉特三公事，并署理绥远城将军。先是札萨克中公车楞旺楚克多尔济，重敛苛虐其下，经协理台吉图斯拉克齐、车楞

① 松筠应为蒙古八旗。

敦多克密都布，约七十余人，联名讦告，正盟长西公巴图鄂齐尔，副盟长东公拉特那巴拉积不能究。公廉得其情，奏削中公札萨克印，正盟长交理藩院议其印，改派副盟长拉特那巴拉代治之。道光十二年，以大学士奉使勘定大青山后，各旗游牧界址（事见地部疆域），诸藩畏威怀德。公勤于任事，遇地方争讼，立为剖决。性复慈惠，遇老幼残疾者，时赈恤之。居民谓："我朝钦使来城者，其尤令人畏服爱戴者。自刘文正公而后，唯公一人。"去之日，绘像祀费公祠，卒，谥文勤。

斌良，字笠耕，满洲正红旗人。嘉庆十年，以刑部郎中，随湘浦尚书，谳乌拉特三公旗案。其讯断奏疏等，务尚书悉以属公，遇地方争讼，亦多委鞫，一时颂松公者，必齐及公焉。驻城两月，所著有《輶车振远》、《雁门回辔》等集，《自赴绥远城及归化城行馆感怀》、《至晚抵胡家屯》，计诗百二十余首（诗集未在行箧，弗及采录）。后官驻藏大臣，卒于任。

将军禄成，嘉庆二十四年正月，莅任观察。岳祥七月莅任，时蒙古参领、佐领，因行商赴山后各部落贸易，私立小票、木戳，给发执照，需索百端，商旅几至裹足。道光元年，经将军奏明，交晋抚委员查办，观察会同审讯，将各员惩治。商民胥颂其德，为立碑费公祠。

哲成额，字省庵，满洲正红旗人。道光中，任绥远城粮饷同知，收放银米，必躬视出纳。胥吏无侵克弊。遇委审事件，判决如流，军民咸称颂焉。随松湘浦相国，勘量大青山后游牧界址，及安设各卡伦。相国辄倚之如左右手。去任之日，行李萧条，不名一钱，至今塞上言清德者，必首推公云。

顾兆魁，直隶清苑县人。咸丰二年八月，以和林格尔巡检，奉委解湖南军饷，遇贼殉难。经部议恤，世袭云骑尉。

按天下十八省，会以迄府、厅、州、县，文庙两庑而外，俱有名宦、乡贤二祠。官斯土者，生有善政及民，殁则地方绅庶，合词吁请，从祀名宦，谓崇德报功之举。春秋仲丁享祀不忒，所在皆然。唯归化城文庙，系土默特蒙古专立。其后名宦、乡贤两祠，俱未题请从祀。名宦所奉粟主五人，为兵部尚书通智，大学士松筠，都御史前绥远城城将军升寅、副都统伊星阿、吉林将军前副都统宗室祥康，率皆以长生禄位送入，非奉旨准予从祀者。比识略因名宦两字，既难征实，第列官绩一门，取汉唐以至国朝，曾为官于兹，而政绩流传史册，播诵人口者，古今得二十余人。如晋之刘殷为新兴太守，魏之赫连达维云州刺史，宋之王承美为丰州刺史，与汉之李兴、隋昱，以五原人为五原太守者，同故为立传，于乡贤部中，而官绩未列其名，将来如又名宦、乡贤祠祀，则其名当两存之。

费公祠所奉长生禄位塑像，三粟主及湘浦相国绘画象，而外有镇国公将军奕灏、将军升寅、禄成、副都统护祥康、观察岳祥、惠征、署观察珠澜、司马文明、魁英、双奎、清勋、别驾庆麟，珠隆阿等名。唯禄将军，岳观察，宦绩见前，其余事实无考，或其人现在未合纪传之列，俱附识其名如左。

卷二十九　乡贤（分立德、立功、立言）

晋

刘殷，字长盛，新兴郡人。高祖陵，汉光禄大夫。殷七岁丧父，哀毁过礼，服丧三年，未曾见齿。曾祖母王氏，盛冬堇不得。殷时年九岁，痛哭泽中，若有止之者，收泪视地，有堇生焉。又尝夜梦人谓之曰："西篱下有粟。"寤而掘之，得粟十五钟。时人嘉其孝感。

弱冠，博通经史，有济世材，州郡屡征不起。齐王攸、征南将军羊祜辟招，皆以疾辞。同郡张宣子，劝之就召。殷曰："今王母在堂，应命不得就养。"宣子曰："识量若子，当为吾师。"以女妻之。及王氏卒，殷夫妇毁瘠。后有二白鸠，巢其庭树，自是名誉日著。太傅杨骏礼聘，殷以母老固辞。赵王伦纂位，以散骑常侍征之，殷逃奔雁门。及齐王冏辅政，辟为大司马军谘祭酒。既至，拜新兴太守，明刑旌善，甚有政能。有七子，五子各授一经，一授《太史公》，一授《汉书》，一门之内，七业俱兴，北州之学独盛。殷竟以寿终。

（按立德两字，古难其人。丰州地极边隅，生材寥寥。欲求如刘新兴者，不数觏矣。然孝为百行之首，果其孝行纯笃，自不能不以立德予之。《府志》旧载：唐时，有烽子者，丰州人。永泰初，暮出为党项掠去，与西番易马。番将令穴肩骨贯以皮索，配马数百蹄与之牧，经半载，马蕃息。番将赏以羊革数百，因转近牙帐，赞普子爱其了事，遂令执纛，左右有剩肉余酪与之。又居半年，因与酪肉，悲泣不食。赞普问之，云："有老母，频夜梦见。"赞普怜之，夜召帐中语曰："蕃法严，无放还例。与尔马有力者两匹，间道纵尔归，毋言我也。"烽子得马遂逃，马俱乏死，因昼潜夜走。数日，为刺伤足倒碛中，忽有风吹物，窸窣过其前，因揽之裹其足，有顷不复痛，试起步走如故。经信宿方，及丰州界，归家见母，母悲且喜曰："自失尔，我唯诵金刚经，寝食不辍，以祈见尔。今果如愿，亟取经拜之。缝断亡数幅，不知其由。子因道碛中伤足事，母令解足视之，所裹疮物，乃数幅经也。其事颇涉怪异，附识于此。）

以上立德。

汉

李沮，云中人，事景帝至武帝时，以左内史为强弩将军。

郭昌，云中人，以校尉从大将军卫青，以太中大夫、拔胡将军，屯朔方。

赵破奴，九原人，元封二年，尝亡入匈奴，已而归汉，为骠骑将军司马，以功封从骑侯。

李兴，五原人。王莽篡汉，兴起兵，自称将军。从匈奴言，迎卢芳入塞，立为汉帝，都九原。以兴为五原太守，后以事诛。

随昱，五原人，与李兴同起兵，称将军，迎卢芳，芳以昱留守九原。后芳亡入匈奴，其众尽归昱。昱乃随汉使程恂诣阙。拜五原太守，封镌胡侯，弟宪为武进侯。

裴遵，云中人，为敦煌太守。光武既得河西四郡，召见郡邑吏，以遵为贤。从征蜀帝既还，命遵率偏师，从大司马吴汉，讨公孙述，定蜀地有功。曾孙晔为辽东将军，迁闻喜。

北　魏

罗结，玉林卫人。先世领部落为魏附臣。刘显之逆，结从道武幸贺兰部，后以功赐爵曲蛇侯。太武初，累迁侍中，外都大官总三十六曹事，年一百七岁，精爽不衰。太武以其忠悫，甚信待之，监典后宫，出入卧内。因除长秋，卿年百一十，诏听归老，赐大宁东川，为私第别业，并为筑城，号曰“罗城”。朝廷每有大事，驿马询问焉，年百二十卒，赠幽州刺史，谥员。子斤从太武，以力战有功，赐爵带方公。卒，谥静，陪葬金陵。子敢，袭爵位军部尚书，卒，子伊利袭。

赫连达，字朔周，盛乐人。勃勃之后，改姓杜。性刚劲，有胆力，少从贺拔岳征讨有功。及岳为侯莫、陈说所害，达驰往周文，请兵定乱。魏孝武入关，褒叙勋义，复姓赫连，除云州刺史，进爵为公。虽非文吏，然性质直，遵奉法度，廉俭自持。达欲招集异类，报以缯帛。主司请用官物。达曰：“羊人我厨，物出官库，是欺上也。”令取私帛与之，识者嘉其仁恕。寻，进爵樊川郡公，位柱国。

唐

顾彦朗，丰州人，与弟彦晖，同为天德军小校。其使蔡京，以郎晖兄弟有封侯相，每厚礼之，稍稍进秩。黄巢乱长安，率军同复京师，以功迁朗右卫大将军，擢拜东川节度使。节为壁州刺史王建所夺，因率兵攻之。朝廷屡遣中使谕解，建拒命不奉诏。围急，晖与其门下亲信诸将自杀。史称晖详缓有儒者风，为王建所忌。

后五代

董重进（董一作孙），振武人。晋王李克用破朔州得之，赐姓名为李存进。从破黄巢事唐。庄宗战河上，舟兵来往颇以为劳。存进乃以苇笮维大舰，为浮桥。庄宗大喜，解衣赐之。以功迁振武节度，晋讨张文礼于镇州。以存进为招讨，军于东垣。度东垣土恶，筑垒不能就，存进伐木为栅。文礼子处球，以兵千余逼栅。存进出战桥上，杀其兵殆尽。存进亦殁于阵，追赠太尉。

宋

袁继忠，振武人。父进事周为防御使，继忠以父任补右班殿直。宋太祖平泽、潞，讨并、汾，悉预攻战，与都巡检郭进掠地忻、代。太宗时，契丹入代境。继忠护高阳关，与崔彦进破长城口，杀获数万众，金书褒美，累官迁上阁门使。为人长厚忠谨，上大夫多与游。子用成，雍熙中，登进士第，官太常博士。

王承美，丰州人。其父事契丹为左千牛卫将军。开宝二年，率众来归。父卒，授天德军蕃汉都指挥、丰州刺史。太平兴国七年，与契丹战，斩获万众，擒其天德军节度使韦太以献。明年，契丹人寇。承美又击败其众，追至青冢百余里，于丰州城置孔子庙。

姚兕，五原人。父宝战死定川。兕补右班殿直，为环庆巡检，与夏人战，一矢毙其酋，众溃，遂破兰浪。驻荔原堡，敌人寇边，有悍酋临阵甚武。兕射之，中，斩其首还，一军欢呼。手射数百人，列指流血。贼众复攻大顺城，兕往救之，斗三日，斩级数千，卒全二城。神宗闻其名，召入见，试以骑射，屡中的，赐银、枪、袍、带。战胜攻取，所向必克，累功拜通州团练使，卒，赠忠州防御使。兕幼失怙，事母孝。凡图书、器用，皆刻仇未报字。力学兵法，老不废书，尤喜颜鲁公翰墨，曰："吾慕其人耳。"

弟麟亦有威名，关中号"二姚"。兕攻河州时，麟在兵间中矢，透骨镞留不去，以强弩出之，笑语自若，累功进都指挥使、节度建雄定武军、检校司徒。卒，帝诣其第临奠，赠开府，仪同三司。为将沉毅持重，不少纵舍。宿卫士尝犯法，诏释之，麟杖之于廷，而后请拒诏之罪，故所至肃然。

兕子，雄、古，佐父征讨有功。雄少勇骜有谋，历知岷会、熙河，迁武康节度使，卒，谥"武宪"。古累官熙河路经略。靖康中，总兵援太原，与金人战，种师忠败死，古兵溃，安置广州。孙，平仲，古子。靖康中，为太尉。金人围汴都，平仲夜出，攻敌营不利，逸去，隐青城大西山。建炎初，以观察召之不出，后有人于丈人山遇见，年几百余岁。

金

程震，东胜州人。与兄鼎，俱第进士。兴定初，震为陈留令，治为河南第一，召拜监察御史，弹劾无所挠。时皇子荆王为宰相，家僮辈席势侵民，震以法劾之。奏曰："荆王以陛下之子，任天下之重，不能上赞君父，同济艰难，顾乃专恃雄势，蔑弃典礼，开纳货赂，进退官吏，纵令奴隶，浸渔细民，名为和市，其实胁取，诸所不法，不可枚举。陛下不能正家，而欲正天下难矣！"于是上责荆王，杖大奴不法者数人。未几，坐为故吏所讼，罢官。岁余，呕血卒。

完颜陈和尚，名彝，字良佐，以小字行，丰州人。系出萧王诸孙，年二十余，为元兵所掠。太师甚爱之，置帐下。时母留丰州，从兄安平都尉斜烈，事之甚谨。陈和尚在元岁余，托以省母乞还，太师使卒监之。至丰乃与斜烈劫杀监卒，夺马，奉母南奔。元兵觉，合骑追之，由他路得免。既而失马，母老不能行，载以鹿角车，兄弟共挽，南渡河。宣宗奇之，斜烈以世官授都统，陈和尚试补护卫。未几，转奉御，斜烈行寿泗元帅府事，奏陈和尚自随。诏以充宣差提控，佩金符。陈和尚天资高明，雅好文史，自居禁卫日，人以秀才目之。逾年转忠孝军提控。五年，元兵入太昌。原平章合达问，谁可为先锋者。和尚出应命，先己沐浴更衣，若将就木榫者，环甲上马，不反顾。是日，以四百骑破敌八千众，奏功第一。手诏褒谕，授定远大将军。九年正月，三峰山之败，走钧州。城破，元兵入，即纵兵巷战。陈和尚趋避隐处，杀掠稍定乃出，自言曰："我金国大将，欲见白事。"兵士以数骑夹之，诣行帐，问其姓名。曰："我忠孝军总领陈和尚也，太昌原之胜，我也，卫州之胜、倒回谷之胜，亦我也。我死乱军中，人将谓我负国家。今日明白死，天下必有知我者。"元兵欲其降，斫足胫折不为屈，割口吻至耳，噀血而呼，至死不绝。大将义之，酬以马湩祝曰："好男子，他日再生，当令我得之。"时年四十一，诏赠镇南军节度使，塑像褒忠朝。《金史》入忠义传。

元

谢睦欢，丰州人，以赀雄乡里。大兵南下，转客瓦剌城。太祖攻西夏过其城，睦欢与其帅迎降，从攻西京。睦欢先登，连中三矢，仆城下。太祖见而怜之，命军校拔其矢，缚牛刳其肠，裸而纳诸牛腹中，良久乃苏，誓以死报。每遇敌，必身先之，官至太原路金银铁冶达鲁花赤。子仲温，丰颐广颡，声音洪亮，略涉书史，见世祖于野狐岭，命备宿卫，凡所行幸，必在左右。城上都，以仲温为工部提领，董其役。后大军围鄂，令督将守江。时军士乏食，仲温教之罾鱼，人赖以饱。帝喜，谓侍臣曰："朕思不及此，饮以驼乳"。一夕，帝闻敌军欢噪，命警备。仲温奉绳床，帝凭其肩以行，至旦不能寐。中统元年，擢平阳、太原两路宣抚使。二年，改西京。至元九年，迁顺德路总管。时方用兵江淮，有寡妇鬻子，以偿转输之值，仲温出俸金赎还之。十六年，为湖南宣慰使。二十二年，改淮东，岁旱。仲温道白水塘溉民田，公私赖焉。三十年春，入见帝，从容与语攻鄂时事，曰："汝将复官乎，朕当为卿择之。"对曰："臣老矣，无能为也。"大德六年，卒，年八十。

程思廉，其先洛阳人。元魏时，以豪右徙居云中，遂家东胜州，为东胜州人。父恒国初佩金符，为沿边监榷规运使、解州盐使。思廉以太保刘秉忠荐，给事裕宗藩邸。以谨愿闻，命为枢密院监印、平章政事、哈丹行省河南署为都事。丞相史天泽尤器之，时方规取襄樊，使任转饷、筑城、置仓以受粟。至元十二年，调同知淇州，徙东平路判官，入为监察御史，以劾权臣阿合马系狱。其党巧为机阱，思廉居之泰然，卒，不为害。

累迁河南、河北道按察副使，道过彰德，闻两河岁饥，而征租益急，急欲止之。有司谓法当上请。思廉曰："若然则民不堪命矣。"即移文罢征，后果得请。二十六年，立云南行御史台，思廉时丁母忧，起复为御史中丞。始至，蛮夷酋长皆来贺，词若逊而意甚倨。思廉奉宣上意，绥怀远人，且明示祸福，使毋自外，闻者慑服。云南旧有学校，而礼教不兴，思廉力振起之，始有从学问礼者。成宗即位，除河东、山西廉访使，累任风宪，刚正嫉恶，言事剀切。如早建储贰，访求贤俊，辨车服，议封谥，养军力，定律令，皆急务也。思廉好荐达人物，或以为好名。思廉曰："若避好名之讥，则人不敢为善矣。"卒，年六十二，谥敬肃。事见《元史》。

以上立功。

辽

边贯道，丰州人，状元及第。子三，长元勳，迁云中，金天会十年进士，终河间路转运使。次元鼎、元恕，并以文学著名。

元

孟攀麟，字驾之，云内人。祖鹤、父泽民，皆金进士。攀麟幼日诵万言，能缀文，时号奇童。金正大七年进士，仕至朝散大夫，招讨使。岁壬辰，汴京下，北归居平阳。丙午，为陕西帅府详议官，遂家长安。世祖中统三年，授翰林院待制，同修国史。至元初，诏见。条陈七十事，大抵劝上以郊祀天地，祠太庙，制礼乐，建学校，行科举，择守令，以字民，储米粟以赡军，省无名之费，罢不急之役，百司庶府，统于六部，纪纲制度，悉由中书，是为长久之计，世祖悉嘉纳之。后论王伯一、许平仲优劣。对曰："伯一文章之士，可置翰苑。平仲明经传道，可为后学矜式。"帝深然之。又尝召问宗庙、祭祀议制，攀麟悉据经典以对。诏令会太常议定礼仪，攀麟夜画郊祀及宗庙图以进，帝皆亲览焉。复以病请西归，帝令就陕西五路、四川行中书省事。四年卒，年六十四。延佑三年，赠翰林学士，承旨平原郡公，谥文定。见《元史》。

赵世延，字子敬，其先雍古族人，居云中北边。天资秀发，喜读书，究心儒者体用之学。弱冠，世祖召见，俾入枢密院御史台肄习官政，预修经世大典，扬历省台五十余年。凡军国利病，生民休戚，知无不言，而于儒者名教，尤拳拳焉，为文章波澜浩瀚，一根于理。尝较定律令，汇次《风宪宏纲》，行于世。卒年七十，有九封，上柱国、鲁国公，谥"文忠"，见《元史》。

李岩，云川人。初业儒，薄于仕进，博览经史，旁通书算之学。初为和宁路学正，以道不合弃归。日以著述为事，尝采众说，释朱子集注，名曰《经筵讲稿》，凡四十九卷，具表上进，终身不仕。

吴明志，云川人，累官国子监助教，文学重于一时，尝献定边万言策行于世。

杜唐卿，云川人，曾为浙江省参政，德学高古。（以上三人，《通志》俱在大同府人物部，而左云乡贤祠记亦有其名。《朔平府志》亦载入文行矣。云川为云内州属邑，明正统中叶，杀虎口外地，始并入左卫。元时，云川仍在口外也。）

以上立言。

按立德、立功、立言，古人谓三不朽者。虽有太上、其次之分，然愚意德、言、功之立，各有其志，各因其时，非谓立功之必不如立德，立言之必不如立功也。丰州乡贤，既无专祀。《府志》以忠孝、事功、文行、选举等目，分门别类，取法历代史传之体，俾览者得知，人论世其例颇详。唯所传寥寥数人，统朔平一府而言尚可，以分别门类。若只口外一隅，其门类率多空设，且一人而兼数事者。因此，失彼转难取弃。晋省有三立祠，因仿其意略为区别，非有所轩轾。其间谓有功者无德，有言者无功也，且别部俱迄本朝，唯乡贤则止于元代。有明丰、胜等州，未入中国，史策无所纪载。我朝虽五厅分设，而学校未立。寄居者子弟应试，仍回原籍。二百余年，缙绅履历，无归化城人，或和林格尔人，及萨拉齐人字样。是乡贤之名，国朝人断难增附矣。至古今地名，以及郡县所属，广狭不一，知不免牵涉附会之咎，阅者谅之。

卷三十　流寓

汉

苏武，字子卿，杜陵人。父建，以校尉从大将军出定襄击匈奴，筑朔方，为代郡太守，封右将军平陵侯。武少以父任为郎。天汉元年，且鞮侯单于初立，尽归汉使路充国等，留匈奴者。汉遣武以中郎将使，持汉节，送匈奴使留汉者，厚赂单于，答其善意，单于益骄。方欲发使，送武等，会长水胡人虞常等，谋杀汉降人卫律，劫单于母阏氏归汉。事泄语连副使张胜及武。匈奴置武煴火上，气绝半日，复息。因剑斩虞常，欲胁降胜、武。胜遂降，武不为屈。复幽武置大窖中（相传即今海窟），绝饮食。天雨雪，武卧啮雪与旃毛食之，数日不死。乃徙武北海上无人处，使牧羝，羝乳乃得归。武仗汉节牧羊，卧起操持，节旄尽落。及李陵败降匈奴，单于使陵至海上，为武置酒设乐，与饮数日，反复开说，武终不听。曰："自分已死久矣，必欲降武，请毕今日之欢，效死君前。"陵见武至诚，喟然叹曰："嗟乎，义士！陵与卫律之罪，上通于天矣。"因泣下沾襟，与武决去。后闻武帝崩，武南向号哭数月。昭帝即位，匈奴与汉和亲，乃归武。留匈奴凡十九年，始元六年春，还京师。始以强壮出，及归，须发尽白，拜典属国。

宣帝朝，卫将军张安世荐武明习故事，奉使不辱命，著节老臣，赐爵关内侯，令朝朔、望，号称祭酒，甚优宠之，年八十余，神爵二年卒。后单于来朝，上思股肱之美，与大将军博望侯等十一人，图画于麒麟阁。子元坐与上官安谋，论死。武前发匈奴时，胡妇适产一子，名通国，有声问来。武因平恩侯自白，因使者致金帛赎之，上许焉。后通国随使者至，上以为郎。

常惠，太原人，少时家贫，自奋应募，随苏武使匈奴，并见拘留十余年，与武同患难。昭帝立，汉求武等归。匈奴诡言武死，后复使至匈奴。惠请其守者与俱，得夜见汉使，具自陈道，教使者谓单于，言天子射上林中，得雁足系帛书，言武等在某泽中。单于视左右惊，谢汉使曰："武等实在。"武乃得与惠九人归。汉嘉其勤劳，拜光禄大夫。

郑众，字仲师，开封人，年十二，从父与受左氏春秋，精力于学。永平八年，以明经给事中，持节使匈奴。众至北庭，虏欲令拜，众不为屈，意气壮勇，虽苏武不能过。单于怒，围守闭之，不与水火，以胁服众。众拔刀自誓，单于恐，而止。乃更发使随众还京师，后受诏，作春秋，删十九篇，卒于官。

唐

温彦博，字大临，并州祁人。父君猷，兄大雅，俱以文行知名。开皇末，对策高第，授文林郎，直内史省。突厥人寇，以并州道行军长史，战败被执。突厥知彦博近臣，数问唐兵多少及国虚实。博不肯对，囚阴山苦寒地。高祖立，突厥归款，乃得还，迁中书令，封虞国公。突厥降，诏议所以安边者。博请如汉置降匈奴五原塞，以为藩蔽。帝从之，卒，谥号曰“恭”，陪葬昭陵。

李益，字君虞，与韩翊齐名，每作一诗，教坊辄求取，为供奉歌词。少多猜忌，防闲妻妾，有散灰扃户之事，时谓妒痴。登进士第，久不调，而流辈皆居显位，益不得意，北游河朔，有《登长城》及《饮马泉》、《夜上受降城闻笛》等作，幽州刘济辟为从事。宪宗闻其名，自河北召还，用为学士。自负才地，多所凌忽，为众不容，谏官举其幽州诗，有“不上望京楼”之句，因降居散秩，俄复用。大和初，以礼部尚书致仕。

杜牧《游边》诗有“日暮拂云堆下过”，似亲至边城者。牧，字牧之，京兆人，第进士，举贤良方正，为牛僧孺淮南节度府掌书记，擢监察御史，历知诰，迁中书舍人。牧有奇节，不为小谨，指陈病利尤切，至卒，年五十。诗情致豪迈，人号为“小杜”，以别子美云。

许棠，字文化，泾县人。久困名场，晚年登第，授泾县尉，又尝为江宁丞。有《五原书事》诗，与塞上下曲不同，必亲至五原者。又同时张乔有《书边事》诗，似亦至此。

张蠙，字象文。唐末登第，尉栎阳。避乱入蜀，蜀王建衍时，为金堂令。徐后游大慈寺，见壁见题云："墙头雨细垂纤草，水面风回聚落花。"问寺僧，僧以蠙对，乃赐霞光牌，令写诗以进。蠙进诗二百首，衍善之召，为知制诰。有《登单于台》、《朔方书事》、《云朔过山友》诗，其曾游于此可知。

储嗣宗有《过五原诗》。

金

麻革，字信之。临晋人，祖秉彝。皇统九年进士，官兵部主事。革生中条王官五老之下，长侍其先人西观太华，东游至洛，遂避地家焉。北渡后，尝自雁门踰代岭之北，留滞居延。己亥夏，赴试武川，及秋归，道浑水，访刘祁京叔于浑源，登龙山绝顶，自作游记。隐居教授而终，人称为贻溪先生。有《上云内帅贾君》诗，载《河汾诸老诗集》中，曹学闵为补做小传。

元

刘秉忠少为僧，世祖自藩邸一见，留侍左右，即见亲任，密谋大计，莫不与焉。受命后，以天下为己任，知无不为。其于阴阳术数之学，占事知来，若合符契。卒，谥"文贞"。有《过丰州》及《云内道中》诗，盖未遇时，曾游此。

国朝

崔封翁，名据元，代州茹瀓人。少孤贫，只身游塞上，在西乡三间房子一带，种地为业。衣食渐致充裕，性慷慨好施，与过贫乏者，辄倾囊给之。一夕大风雪，梦虎卧门侧。晨启视，则夫妇行乞，妇产一男，恐不能收育，欲弃未忍者也。翁取子之，并以钱米，周其夫妇，问其姓名，不告而去。翁自得子后，家益丰。延师课读，取名映淮。登进士，为县令，有治声。孙五峰，进士，宫陕西宁羌州。特峰，进士，官四川成都府。九峰，拔贡生，官教谕。曾孙五人，元孙十数人，俱以诗书世其家，为雁门望族。五峰、特峰兄弟同科，封翁犹亲。见之人，以为积善之庆。映淮既贵，后有议其非崔氏族者。翁欲命之归宗，族人共挽留之，乃止。迄今无异言，且籍以辉门阀焉。

刘天元，代州阳明堡人，种地于归化城西祝乐庆村。耕九余三，业渐丰裕。少苦贫，家既富，极知贫者之苦，凡有周恤，无吝心，无德色。村氓赖以举火者，远近数十百家。每春出冬归，岁以为常。嘉庆中岁饥，天元冬暮旋里，先期按贫乏者，出粟畀之。将行，村人走送数里外，挥涕泣叩。询其故，曰："恐翁明岁出关，我辈已填沟壑矣。"天元亟反辔，尽出其仓庾所储，计算户口，以斗斛分给。其稍有力不忍受赈者，亦减价平粜，约于来岁取偿。经理数日，乃行。比至家，则爆竹声闻，而屠苏之资犹未备也，草草度岁。仍策蹇来城，躬耒耜，课晴雨，数年积资累万，市廛之设，几半丰州，而好施益甚，年八十余，卒。子孙至今称巨富。祝乐庆左右居民谈者，尤津津不置，每自谓祖父当日，曾食刘氏粟云。

李鹰升，崞县孙家疃人，少贫，以橐驼游山后蒙古部落，善蕃语，性朴直。蒙古王公、贝勒喜与之交货，较他人易售。同业者每合本资，其贸易辄坐取利焉。家渐富，不吝施与亲族，贫乏者多籍以谋生。中岁无子，置妾归化城。入门则其夫以负赌债，鬻妻者也。妇涕泣不忍食。鹰升亟呼其夫至，还之，弗索聘值。其夫感谢，誓终身不复赌博。鹰升旋里，后以弟之子桢为子，今任四川成都府新繁县知县。晚生子干，国学生，人以为厚德之报。

吴颉鸿，字笛江，江苏上元人。嘉庆戊寅科举人，道光癸巳科进士，任崞县知县。少极贫，以笔耕为业。游吴越、齐鲁间，风流倜傥，当道争罗致幕下。所著有《荃石居诗词文草》，传诵半天下。登第时，年已四十矣。并门需次，屡捧檄为塞上之行，集中《登清水河署城》七古、《自杀虎口至和林格尔》五律，津津人口。莅崞后，仁风惠政，洋溢远迩。摄灵石临汾县事，所至有贤父母，名尤汲汲。以援引寒士为先务，退食余暇问学者，踵相接焉。卒之日，囊无一钱，老母弱息，债负累累，崞人为归其丧。近闻其子廷怀已弱冠，游泮水，士林每跂望之，冀其克绍先泽云。

张守礼，字立斋，崞县监生。兄守仁，字仲安，好景袁，以拔贡生讲学。里居晋汾南北间，闻张夫子之名，辄翕然以儒宗推之。立斋少兄，十四岁规行矩步，终身师事，无少衰。道光庚寅辛卯间，崞县邪教案起，当事者欲兴大狱。立斋受邑令李公（讳卫，字望峰，广西举人）属，伪入教，以觇之。尽得其实，烧香惑众，外无他谋也，狱赖以定，受惠者，指不胜屈。人又服其胆识兼备，非斤斤以章句为儒者矣。五旬游塞上，居东乡买岱村数年，足迹不入城市。闻兄丧，徒步而归。年七十余，以寿终于家。

田镇，原名枬，字辛岩，崞县人。家巨富，性嗜买书，及金石、文字、鼎彝、图书。弱冠游京师，授业于翁覃溪（方纲）、朱虹桥（方增）、莱申甫（之定）之门。数公夙精赏鉴，辛岩益触所好。举四库书籍，秦汉以来碑版、砚石、印石、诸骨董、器皿、日辇，而致诸家。家有卓观楼，百二十砚斋等。室为藏弆，所摩挲翻阅，日无停晷。有就观者，辄置酒食，作数日留。晚岁，家遽以贫，不能给朝夕。塞上旧有田若干顷，少时曾未一问其丰歉者，不得已，携书游陇亩间坐，薄笨车，手一编囊古器数事，见者辄以痴目之。轻薄者至问："其所挟有颜渊瓢、曾参席、孔子扣、原壤杖否？"弗顾也。既其田，又为力者所夺，抑郁以死。其子鬻书籍葬之。每卷有篆印，"曾经卓观楼藏"六字，见者又服其达。

卷三十一　史鉴

周赧王八年，赵始胡服，习骑射。先是赵襄子使厨人操铜斗，击杀代王。遂兴兵灭代，以临北貉，及武灵王始变服，习骑射，破林胡、楼烦。筑长城，自代并阴山下，至高阙为塞。李牧者，赵北边之良将也。常居雁门，备匈奴，以便宜置吏。市租皆输入幕府，为士卒费，日击数牛飨士。习骑射，谨烽火，多间谍，厚遇战士，务于守保，不轻战。匈奴小入，佯北不胜。单于闻之，以为怯，大率众入牧。乃多为奇阵，张左右翼击之，大破匈奴十余万骑，灭襜褴。单于奔走，十余岁不敢近赵边。

秦始皇三十三年，巡北边。遣将军蒙恬伐匈奴。《史记》：始皇命将军蒙恬，发兵三十万人，北击匈奴。自榆中并河以东属之阴山，悉取河南地，因河为塞。又渡河据阳山北假中，筑亭障，匈奴头曼北徙十余年。三十三年，蒙恬收河南地，筑长城。三十五年，除直道。使蒙恬除直道，道九原，抵云阳，堑山堙谷，千八百里，数年不就。（除治也，九原在胜州榆林县西界，《括地志》曰：胜州连谷县，本秦九原郡，今丰州。是与集览之说稍异。）

汉高帝六年秋，匈奴寇边，围马邑。韩王信反，与连兵。初，匈奴畏秦北徙，及秦灭后，稍南渡河，与中国界于故塞。单于头曼有太子曰冒顿，后有少子，欲杀冒顿而立之。冒顿遂杀头曼自立。东胡使谓冒顿，欲得头曼时千里马。群臣皆曰勿与，冒顿曰："奈何与人邻国，而爱一马乎。"与之。东胡又欲得单于一阏氏。左右皆怒，请击之。冒顿曰："奈何与人邻国，而爱一女子乎？"遂取所爱阏氏与东胡，东胡益骄。两国中间有弃地，莫居千余里。东胡欲有之。群臣或曰："此弃地也，与之亦可。"冒顿大怒曰："地者，国之本也，奈何与人。"言与者皆斩之。即上马，令国中后出者斩，遂袭灭东胡。又走月氏，并楼烦、白羊河南王。遂侵燕、代，悉复蒙恬所夺匈奴地，控弦之士三十余万。

至是围韩王信于马邑。信遣使求和解。汉疑信有贰心，使人让之。信恐诛，以马邑降。匈奴遂攻太原至晋阳。七年，帝自将讨之，信及匈奴皆败走，帝追击之，被围平城七日乃解。十二月，匈奴寇代。九年冬，遣娄敬使匈奴结和亲。十一年，太尉周勃与樊哙同讨韩王信，攻下马邑，收雁门十七县，云中郡十二县，代郡九县，斩韩王信于参合陂。（冒顿音墨突，疑即土默特转音。头曼城在固阳塞外，光禄城西北，今吴工坝口北，通瓦剌等处。所谓弃地，似今丰州诸州。东胡似近察罕儿地。）

文帝十一年，募民徙寨下，用晁错言。十四年冬，匈奴人寇，遣兵击之，出塞而还。赦作徒魏尚复为云中守。（详宦绩）后二年夏，复与匈奴和亲。匈奴连岁人边，杀掠甚多。云中、辽东郡死者万余人。帝患之，乃遗匈奴书。单于亦使，当户报谢，复和亲。六年冬，匈奴寇上郡、云中，诏将军周亚夫等屯兵以备之。

武帝元光元年冬十一月，遣将军李广、程不识将兵屯北边。

二年夏六月，遣间诱匈奴单于入塞。将军王恢等伏兵邀之，不获。恢以罪下吏，自杀。以韩安国、李广、王恢为将军，将军骑材官三十余万，匿马邑旁谷中。阴使马邑豪聂壹亡入匈奴，谓单于曰：“吾能斩马邑令丞，以城降，财物可尽得。”于是单于穿塞，将十万骑入武州塞，未至百余里，见畜布野，而无人牧者，乃攻亭，得雁门尉史，知汉兵所居。单于大惊曰：“吾固疑之。”乃引兵还，汉兵追至塞，弗及，乃皆罢兵。王恢主别从代出击胡辎重，亦不敢出。上怒，下恢廷尉，恢自杀。

元朔二年春，匈奴人寇，遣卫青等将兵击走之，遂取河南地，立朔方郡，募民徙之。匈奴入上谷渔阳，遣卫青、李息击走之，遂取河南地。主父偃言：“河南地肥饶，外阻河，城之以逐匈奴，省转戍，广中国，灭胡之本也。”上从之，立朔方郡，募民徙者十万口，筑城缮塞，因河为固。（按《河南地集览》引张晏注曰：朔方郡之河南，旧并匈奴地。今亦谓之新秦中。《括地志》曰：朔方郡，即萧关也。汉武使苏建筑朔方城，在夏州朔方县之北，今宁朔县。《一统志》曰：朔方郡，汉初所置，本秦上郡之地，今甘肃、宁夏。是俱与丰州无涉，且可以证小雅城，彼朔方至于太原，皆非晋地矣。唯秦始皇三十三年，蒙恬北击匈奴，自榆中，并河以东属之阴山，悉取河南地，因河为塞。此处又云：匈奴入上谷、渔阳，卫青等击走之，遂取河南地，立朔方郡，似河南朔方，离上谷、渔阳不远，似今之丰州滩及河套等处也。《汉书·食货志》注，应劭曰：秦始皇遣蒙恬，攘却匈奴，得其河南，造阳之北，千里地，乃筑城郭，徙内郡贫民，以充实之，谓之“新秦”。陈仁锡谓：新秦，即今之河套，距丰州滩近，今萨拉齐西南，亦界连甘肃、宁夏等处，当时疆域未详，所至因并识之。）

四年夏，匈奴入代郡、定襄、上郡。五年春，匈奴寇朔方。遣卫青率六将军击之，还，以青为大将军。匈奴右贤数侵扰朔方，杀掠甚重。天子令车骑将军青，将三万骑出高阙。将军苏建、李沮、公豫贺、李蔡，俱出朔方，李息、张次公，俱出右北平，凡十余万人，皆领属青。右贤王饮醉，青等夜至围之，右贤王惊，溃围北走，得裨王十余，人众万五千余人，畜数十百万，于是引兵还。天子使使者，持大将军印，即军中拜青为大将军。

六年春二月，遣卫青率六将军击匈奴。大将军青出定襄，公孙敖、公孙贺、赵信、苏建、李沮咸属，斩首数千级而还。夏四月，卫青复率六将军击匈奴。前将军赵信败，降匈奴。青复将六将军，出定襄击匈奴，斩首虏万余人。右将军建、前将军信并军，逢单于兵，与战一日余，汉兵且尽。信将其余骑降匈奴，建尽亡其军，脱身亡自归。议郎周霸曰：“自大将军出，未尝斩裨将。今建弃军，可斩以明威。”青曰：“青得以肺腑，待罪行间，不患无威。职虽当斩将，然以臣之尊宠，而不敢自擅诛于境外，于以见为人臣不敢专权，不亦可乎？”遂囚建诣行在所，诏赎为庶人。

青姊子霍去病年十八，善骑射，为骠姚校尉，与轻勇骑八百，直弃大军数百里赴利，斩捕首虏过当，于是封为冠军侯。校尉张骞以知水草处，军得不乏，封博望侯。信教单于，益北绝幕，以诱罢汉兵，邀极而取之，毋近塞，单于从之。

元狩三年，匈奴入右北平、定襄。山东大水，徙其民于朔方。山东被水，民皆饥乏，乃徙贫民关西、朔方、新秦中，七十余万口，贷与产业，使者分护，费以亿计。四年夏，遣卫青、霍去病击匈奴。青部前将军李广失道，自杀。去病封狼居胥山而还，诏以青、去病，皆为大司马。

青出定襄，去病出代郡，与单于接战。单于溃围西北遁，汉兵追之不及，至寘颜山赵信城而还。去病出代二千余里，封狼居胥山，禅姑衍、临瀚海而还。汉所杀虏匈奴，合八九万。而汉士卒物故，亦数万。是后匈奴远遁，幕南无王庭。汉渡河，自朔方以西至令居，往往通渠置田。官吏卒五六万人，稍蚕食匈奴以北，然亦马少，不复大出击匈奴矣。

元封元年冬十月，帝出长城，登单于台，勒马而还。帝行至云阳，历五原，出长城，北登单于台，至朔方，勒兵十八万骑，旌旗径千余里。遣郭吉告单于曰："南越王头已悬于汉北阙。今单于能战，天子自将待边。不能，即南面而臣于汉。"单于怒，留吉。上乃还，祭黄帝冢。而释兵三年，复至五原，东滨海，北抵碣石，由辽西至五原而还。

四年夏，匈奴寇边，遣郭昌将兵屯朔方。匈奴自卫、霍度幕以来，希复为寇，远徙北方，休养士马，习射猎，数使请和亲。汉使王乌窥之，单于佯许遣子入汉为质。又曰："吾欲入汉见天子，面相约为兄弟。"王乌归报，汉为单于筑邸长安。会匈奴使至汉病死，汉使路充国送其丧。单于以为汉杀吾使臣，乃留充国。而数使部兵侵犯汉边，乃遣昌等屯朔方以备之。

六年，匈奴乌维单于死，子儿单于乌师庐立。乌师庐年少，号儿单于。自此益西北徙左方兵直云中，右方直酒泉敦煌郡。

太初元年，筑受降城。匈奴儿单于好杀伐，国人不安。左大都尉告汉曰："我欲杀单于降汉，汉速即兵来迎我，我即发。"上乃遣公孙敖，筑塞外受降城，以应之。

二年夏，遣赵破奴击匈奴，败没。上犹以受降城去匈奴远，遣浚稽将军赵破奴，将二万骑期至浚稽山。既至，左大都尉欲发而觉，单于诛之，发兵八万骑围破奴，获之。因急击其军，军吏畏亡将而诛，遂没于匈奴。（儿单于立，以左方兵直云中，是左大都尉当主左方兵者。）三年春，筑塞外城障。秋，匈奴大入，尽破坏之。上遣光禄勋徐自勋，出五原塞，筑城障列亭，西北至庐朐。秋，匈奴大入定襄、云中，尽破坏之而去。

天汉元年春三月，遣中郎将苏武使匈奴。夏，发谪戍屯五原。二年夏，遣李广利将兵击匈奴，别将李陵战败，降虏。初，李广有孙陵，善骑射，爱贤人下士。帝以为有广之风，拜骑都尉，使将丹阳楚人五千人，教射酒泉、张掖以备胡。至是诏陵以九月出师，陵出居延，至浚鸡山与单于相值。虏见汉军少，直前就营。陵搏战追击，杀数千人。单于大惊，召左右地兵八万余骑攻陵。陵且战且引，南行数日，斩首三千余级。单于疑南近塞，有伏兵，欲去。会军侯管敢，亡降匈奴，具言陵军无救，矢且尽。单于大喜，遮道急攻。陵军南行，未至鞮汗山，一日五十万矢俱尽。陵太息曰："兵败死矣。"令军士各散，期至遮虏障相待。虏骑数千追之，陵曰："无面目见陛下矣。"遂降。军得脱至塞者四百余人。（按李陵备胡在酒泉、张掖，此番转战，亦应距丰州远甚。所谓出居延者，当在陕西，非此间居延川也。唯《唐·地理志》：云中都护府有燕然山，有李陵台。《一统志》云：李陵台在古云内州，高二丈余。其近有拂云堆，堆上有祠，或陵降匈奴后，曾从匈奴寇五原，思归不得，登台以南望汉，亦未可知。）三年春正月，匈奴寇五原、酒泉。三月，遣李广利等将兵击之。

昭帝始元六年，苏武还自匈奴，以为典属国。初，武被留不屈，徙北海上，廪食不至，掘野鼠，弆草实而食之。杖汉节牧羊，节旄尽落。及是，匈奴国内乖离，恐汉兵袭之，与汉和亲，乃归武及马宏等。宏前使西国，匈奴遮，亦不肯降。故匈奴归此二人。于是李陵置酒贺武，泣下数行，因与武决，官属随武还者九人。（九人内有常惠，见流寓门，纲目未之及。）

元凰元年，匈奴入寇。边兵追击之，获瓯脱王。自是匈奴恐汉，以瓯脱王为道击之，即西北远去，不敢南逐水草，遣骑屯受降城以备汉。北桥余吾水，令可渡，以备奔走，侵盗益希，遇汉使愈厚欲，以渐致和亲。

宣帝甘露二年，匈奴款塞，请朝。匈奴呼韩邪单于款五原塞，愿奉国珍朝。三年春正月，匈奴呼韩邪单于来朝，还居幕南塞下。上幸甘泉郊泰时，匈奴呼韩邪单于来朝。赐以冠带、衣裳、金玺、整绶、玉具、剑佩、弓矢、桨戟、安车、鞍马、金钱、衣被、锦锈、谷、帛、絮。礼毕，使使者道单于先行，宿长平。上还登长平坂，诏单于毋谒。其群臣皆得列观，及诸蛮夷君长数万，咸迎于渭桥下，夹道陈。上登渭桥，咸呼万岁。单于就邸长安，置酒建章宫飨赐之。二月，遣归国。发边郡士马送出塞，又转边谷、米糟，前后三万四千斛给之。单于请居光禄塞下（即五原城，光禄徐自为所筑），保汉受降城。至元帝永光元年，乃归北庭。

元帝竟宁元年春三月，匈奴单于来朝。匈奴呼韩邪单于闻郅支既诛，且喜且惧，入朝，自言愿婿汉室，以自亲。帝以后宫良家子王嫱，字昭君，赐之。单于欢喜，上书愿保塞上谷以西至敦煌，请罢边备塞吏卒，以休天子人民。

郎中侯应习边事，以为不可许。上问状，对曰："臣闻北边塞有阴山，东西千余里，草木茂盛，多禽兽。本冒顿依阻其中，治作弓矢。至孝武世，斥夺此地，攘之于幕北，建塞徼、起亭燧、筑外城，设屯戍以守之，然后边境得用少安。幕北地平，少草木，多大沙，匈奴来寇，少所蔽隐。从塞以南，径深山谷，往来差难。边长老言：匈奴失阴山之后，过之未尝不哭也。如罢备戍卒，其不可有十。"帝从之，使谕单于谓：中国四方，皆有关梁障塞，非独以备边外，亦以防中国奸邪放纵，出为寇害，故明法度以专众心也。（募与漠通，沙土曰漠。应劭曰沙漠之北，匈奴南界。《容斋随笔》云：汉宣帝黄龙元年正月，匈奴单于来朝。十二月帝崩。元帝竟宁元年正月，又来朝。五月帝崩。哀帝时，时单于愿朝。时帝有疾，或言匈奴从上游来，厌人上，由是难之，统不许矣。后以杨雄之言，复许之。元寿二年正月，来朝。六月帝崩。事之偶然符合有此者。）

平帝元始元年，匈奴单于遣女入侍太皇太后。王莽欲悦太后，以威德至盛，异于前，乃风单于，令遣王昭君女须卜居次云（详见地部陵墓青冢）入侍太后，所以赏赐之甚厚。新莽始建国三年，匈奴诸部，分道入塞，杀守尉，掠吏民，州郡兵起（入寇当作入塞）。莽遣将将兵，多赍珍宝，至云中塞下，招诱呼韩邪单于诸子。单于闻之，怒曰："先单于受汉先帝恩不可负也，今天子非宣帝子孙，何以得立。"遣兵入云中塞，大杀吏民及太守、都尉。边民死亡系获，数年之间，北边虚空，野有暴骨矣。（王莽篡位，匈奴为汉复仇。《纲目》书：分道入寇。考异谓：当从提要书入塞，是极然。本文究未改正书法，发明两家。遂云不书入寇，得无相左耶。）

天凰元年，北边大饥，人相食，莽与匈奴和亲。二年春，五原代郡兵起。东汉光武帝建武五年十二月，卢芳人塞，掠据五郡。初，安定卢芳诈称武帝曾孙刘文伯，自立为西平王，与匈奴结和亲。匈奴信之，迎出塞，立为汉帝。至是五原人李兴、隋昱等，各起兵自称将军。匈奴单于遣使与兴等和亲，欲令卢芳还汉地为帝，兴等引兵至单于庭迎芳。十二月，入塞，都九原县，掠有五原、朔方、云中、定襄、雁门五郡，并置守令，与胡通兵，侵苦北边。

六年，冯异击卢芳匈奴兵。七年冬，卢芳朔方、云中郡降。芳以事诛其五原太守李兴兄弟，其朔方太守田飒，云中太守乔扈，各举郡降，帝令领职如故。十二年，卢芳与匈奴、乌桓连兵寇边。遣将军杜茂将兵筑城以备之。十三年春，卢芳奔匈奴。芳攻云中，久不下。其将随昱留守九原，欲胁芳来降。芳知之，与十余骑亡入匈奴。其众尽归昱，昱乃诣阙降。诏拜昱五原太守，封镌胡侯。十六年，卢芳降，立以为代王。十八年，复反，奔匈奴，病死。

二十一年春正月，乌桓与匈奴、鲜卑连兵入寇。代郡以东，尤被乌桓之害。其居止近塞，朝发穹庐，暮至城郭，五郡民庶，家受其害。至于郡县损坏，百姓流亡，边陲萧条，无复人迹。秋八月，帝遣马援与诸谒者，分筑堡塞，稍兴立郡县，或空置太守令长，招还人民。后匈奴中，连年旱蝗。乌桓乘其弱，击破之。匈奴北徙数千里，幕南地空。

二十四年春正月，匈奴南边八部，立日逐王比为南单于，款塞内附。八部大人共议立比为呼韩邪单于，款五原塞，愿永为藩蔽，捍御北虏，于是始分为南、北匈奴。冬十月，匈奴南单于遣使入贡。二十六年，立南单于庭，置使匈奴中郎将以领之。遣中郎将段郴等使南匈奴，立其庭，去五原西部塞八十里。诏听南单于人居云中。秋，南单于遣子人侍。于是云中、五原、朔方、定襄等八郡，民归于本土。冬，徙南单于居西河美稷。南单于既居西河，亦列置诸部王，助汉捍戍北地朔方、五原、云中、定襄等郡，皆领部众，为郡县，侦逻耳目。北匈奴大恐，与汉和亲，许之。

明帝永平五年冬十一月，北匈奴寇五原、云中，南单于击却之。八年春正月，以吴棠为度辽将军。北匈奴数寇边，遣使求合市。上冀其交通，不复为寇，许之。先是，大司农耿国上言，宜置度辽将军屯五原，以防南匈奴逃亡。朝廷不从，及南匈奴知汉与北虏交使，内怀嫌怨，欲叛。郑众乃上言，宜更置度大将，以防二虏交通。由是始置度辽营，以吴棠为将军，屯五原曼柏（曼柏县属五原郡）。

十六年春二月，遣太仆祭肜及窦固等伐北匈奴。肜与吴棠将河东、西河、羌胡及南单于兵万一千骑，出高阙塞。肜与南匈奴左贤王信不相得，出塞九百余里得小山。信妄以为涿邪山，不见虏而还。秋，北匈奴大入云中。太守廉范拒之，斩首数百级。虏自相辚籍，死者千余人。三木楼訾大人稽留斯等，率众款五原塞降，自此不敢向云中。至章帝元和二年，北匈奴大人车利涿兵等，亡来入塞。章和元年，北匈奴大乱，五十八部诣五原降。

和帝永元元年夏六月，窦宪击北匈奴，大破之，登燕然山，刻石勒功而还（《汉书》：窦宪出鸡鹿塞登陆，出固阳塞，遂至燕然山）。窦宪、耿秉及南单于众，三万骑出五原，击北匈奴，大破之。次年，复击之，于金微山，获其母、阏氏、名王以下，五千余级，北单于走死。四年，立北匈奴于除鞬为单于。五年，于除鞬叛，诏讨斩之，灭其众。鲜卑徙据其地。

六年春正月，使匈奴中郎将杜崇等，杀安国，立左贤王师子为单于。南匈奴单于屯屠何死，弟安国立。安国初为左贤王，无称誉，及为单于。左谷蠡王师子，以次转为左贤，素勇黠多智，数将兵击北庭，受赏赐，国中尽敬师子而不附安国。安国欲杀之，师子觉其谋，乃别居五原界，悉将庐落入曼柏城。安国追至城下，杜崇与度辽将军朱徽晓谕之，不听。因发诸郡骑追赴之，安国舅喜为等恐并诛，乃杀安国，而立师子。

安帝永初三年秋九月，乌桓、鲜卑、南匈奴，合兵寇五原。顺帝永建四年，鲜卑寇朔方。阳嘉四年冬十月，乌桓寇云中。永和五年，南匈奴吾斯车纽等反。夏五月，诏度辽将军马绩招降之，乃徙朔方治五原。

桓帝永寿二年秋，鲜卑檀石槐寇云中，以李膺为度辽将军。（《水经注》谓：桓帝十三年，帝西幸榆中，东行代地，至五原渡河，名其地为君子津，见地部古迹。按桓帝改元建和凡三年，和平一年、元嘉二年、永兴二年、永寿三年、延熹九年、永康一年，无十三年之说，如以初立计之，则当以延熹二年为十三年。唯是年二月，鲜卑寇雁门。八月，诛梁冀，不应有北巡之举，且巡边大事，纲目何为不书？存之，以俟考。）

灵帝建宁元年，以段颎为破羌将军。颎上言谓：自云中、五原西至汉阳二千余里，匈奴诸羌，并擅其地，是为痈疽伏疾，留滞胁下，如不加诛，转就滋大。因拜为破羌将军，后封新丰侯，有罪自杀。熹平六年秋八月，遣校尉夏育等击鲜卑，败绩。鲜卑数寇边，至是，遣夏育出高柳，田晏出云中，各将万骑，出塞二千余里，大败而还。光和五年秋，五原山岸崩。

献帝建安二十一年秋七月，南匈奴单于入朝于魏，遂留居邺。初，南单于久居塞内，与编户同，而不输贡赋。议者恐其户口滋蔓，浸难禁制，欲预为之防。至是单于呼厨泉入朝于魏，操因留之于邺。（按《汉书》献帝二十年，省五原等郡入冀州。魏王操始集塞下荒地，立新兴郡，当在建安十三年。）

后汉昭烈帝章武元年，魏置护鲜卑、乌桓校尉。时自云中五原东抵辽水，俱为鲜卑庭分地。统御轲比能近塞，中国叛人多归之。素利等在塞外道远，故不为边患。魏主丕以牵招田豫为校尉，使镇抚之。后主景耀四年，鲜卑索头贡，质于魏。鲜卑索头部，世居北荒，至可汗毛始强大。后五世，至可汗推寅，南迁大泽。又七世，至可汗邻邻子诘汾南迁，居匈奴故地。诘汾死，力微立，复徙定襄之盛乐，部众浸盛。至是始遣子沙漠汗贡于魏，因留为质。

晋武帝泰始三年，遣索头质子归国。惠帝元康五年，索头分其国为三部。一居上谷之北、濡源之西，禄官自统之；一居代郡参合陂之北，使兄子猗㐌统之；一居定襄之盛乐故城，使猗㐌弟猗卢统之。

怀帝永嘉四年冬十月，以拓跋猗芦为大单于，封代公。六年夏，汉封王彰为定襄郡公。愍帝建兴元年，代城、盛乐及平城。代公猗卢城盛乐，以为北都，治故平城为南都。三年二月，进代公猗卢爵为王。次年，为其子六修所弑。

成帝咸康七年秋，代筑盛乐城。穆帝升平四年，匈奴刘卫辰降秦。刘卫辰遣使降秦，请田内地，春来秋返。秦王苻坚许之。云中护军贾雍率骑袭之，大获而还。坚怒，黜雍，还其所获，卫辰于是入居塞内。次年，叛秦降代，后叛服不常，即赫连勃勃之父。

孝武帝大元元年，秦遣兵击代，败之，遂分代为二部。刘卫辰为代所逼，求救于秦。秦遣兵击代，以卫辰为响导。代王什翼犍使南部大人刘库仁，将兵拒战，大败。代王奔阴山之北，闻秦兵稍退，复还云中，为庶子实君所弑，国大乱。秦乃讨实君，杀之，分代为二部。自河以东属库仁；河以西属卫辰。

什翼犍世子早卒，有子珪尚幼，与母贺氏依库仁。库仁奉事甚谨。十一年春正月，拓拔珪复立为代王。珪从曾祖纥罗，与诸部大人，共请珪舅贺讷，推珪为主，大会于牛川，即代王位。二月，代徙都盛乐。夏四月，代改称魏。代王珪，徙都盛乐，务农惜民，国人悦之，后迁平城，再迁洛阳。十六年冬十月，魏王珪击柔然，大破之，徙之云中。二十年夏五月，燕遣其太子宝击魏。秋七月，降其别部，进军临河。

魏王珪侵逼燕附塞诸郡，燕主慕容垂遣太子宝，帅众八万，自五原伐魏。珪悉徙部落畜产，西渡河千余里以避之。燕军至五原，降魏别部三万余家，收穄田百余万斛，进军临河，造船为济具。九月，魏王珪将兵拒燕。冬十月，燕军夜遁。十一月，追至参合陂，大败之。燕太子宝，列兵将济，风漂其船泊南岸。魏获其甲士三百余人，释而遣之。宝之发中山也，燕主垂已有疾，既至五原，珪使人邀中山之路，伺其使者尽执之，宝等数月不闻垂起居。珪使所执使者，临河告之曰："若父已死，何不早归。"宝等忧恐，士卒骇动。十月，烧船夜遁。时，河冰未结，宝以魏军必不能渡，不设斥候。十一月，暴风冰合，珪引兵济河，选精锐二万余骑急追之，晨夜兼行，至参合陂，令士卒衔枚、束马口潜进。燕军大惊扰乱，珪纵兵击之，尽坑其众而还，宝单骑仅免。

次年春，燕王垂袭魏平城，克之。秋八月，魏王珪击燕，拔常山。自后相攻击，无宁岁。安帝隆安二年冬十二月，魏王珪称皇帝，改其旧俗，如季夏帅兵，却霜于阴山之类，徙六州二十二郡，守宰、豪杰二千家于代都。

义熙三年夏六月，赫连勃勃自称大夏天王。九年春夏，筑统万城。发夷夏十万人，筑都城于朔方黑水之南。蒸土筑城，锥入一寸即杀作者，而并筑之。勃勃自谓其祖从母姓刘，非礼，乃改姓赫连氏，言其徽赫与天连也。其非正统者为铁伐氏，言刚锐如铁，堪伐人也。十一年，魏荐饥。比岁霜旱，云、代民多饥死。

魏元明帝泰常八年二月，筑长城。柔然寇边，自赤城至五原二千余里，筑长城，置戍，以备之。太武帝始光元年秋，柔然寇魏。柔然纥升盖可汗，闻魏太宗殂，将六万骑入云中，攻拔盛乐宫。魏主帅轻骑讨之，三日夜至云中，纥升盖遁去。（纥升盖华言制胜也。）

三年冬十月，魏主自将攻夏。十一月，入统万。行至君子津，会天暴寒，冰合。帅轻骑渡河袭统万。夏主方宴群臣，魏师掩至，上下惊扰，出战而败，退走入城。门未及闭，魏兵乘胜入西宫，焚其西门，分兵四掠，斩获数万。魏主谓诸将曰："统万未可得也，乃徙其民万余家而还。"四年春正月，魏主还平城。统万徙民，道多死，至平城者十才六七。夏平原公定，帅众向长安。魏主闻之，伐木阴山，大造攻具，再谋伐夏。六月，取统万。

神麚二年夏四月，魏主伐柔然。五月，纥升盖可汗大檀出走，追至涿邪山。秋七月，引还。八月，遣兵击高车，降之。（大檀可汗名）太武帝听崔浩之言，复伐柔然。至漠南，舍辎重，帅轻骑至栗水，柔然先不设备，遂烧庐舍，绝迹西走，部落四散。魏兵追至涿邪山，获戎马百余万匹，畜产牛驴无虑数百万，还至黑山，尽以所获颁将士。至漠南，闻高车东部屯已尼陂人畜甚众，去魏军千余里。遣左仆射安原将万骑击之，高车诸部迎降者数十万落，获马牛羊百余万。十月，还平城，徙柔然、高车降民于漠南。东至濡源，西暨五原、阴山二千里，中使之耕牧，而收其贡赋。自是魏之民间马、牛、羊，及毡皮为之价贱。

三年春，敕勒叛，击灭之（敕勒即高车部，又号铁勒）。有新徙敕勒千余家，苦将吏侵渔，出怨言，期以草生，亡归漠北。帝从刘洁、安源请，将徙之河西。敕勒皆惊曰："圈我于河西，欲杀我也。"遂叛走，洁追讨之，皆饿而死。

太和二年冬，魏置野马苑。魏主如固阳，驱野马于云中置苑。太平真君六年秋八月，徙杂民于北边。魏主如阴山之北，发诸州兵三分之一，各于其州戒严，以须后命。徙诸种杂民五千余家于北边，令就畜牧以饵柔然。

文成帝太安四年冬十月，伐柔然，刻石纪功而还。魏主至阴山，会雨雪，欲还。太尉尉眷曰："今动大众以威北狄，去都不远而车驾遽还，虏必疑我有内难，将士虽寒，不可不进。"魏主从之，度大漠，旌旗千余里。柔然远遁，别部数千降，刻石纪功而还。

文帝延兴元年冬十月，敕勒叛，讨破之。沃野、统万二镇敕勒叛，遣太尉源贺讨之，皆降，追击余党，俘获甚众。诏贺督三道诸军，屯漠南。先是每岁秋冬发军，三道并出，以备柔然，春中乃罢。贺以为往来疲劳，不可支久，请募诸州镇武健者三万人，筑三城以处之。使三时务农，冬则讲武，不从。

宣武帝景明四年，以仆射源怀为行台，巡北边。魏初迁都洛阳，以北方酋长及侍子畏暑，听秋朝洛阳，春还部落。时人谓之雁臣。及是，以北边荒远，乃加源怀行台使持节，巡行北边，以便宜行事，筑九城。

正光四年，沃野镇民破六韩（姓）拔陵（名）反。拔陵聚众反，杀镇将。华夷之民往往响应，遂南侵，攻围武川、怀朔二镇。尖山贺拔度及其三子拒之。五年春三月，魏遣临淮王彧，督诸军讨拔陵。夏四月，高平敕勒胡琛反。拔陵陷武川、怀朔镇。五月，彧兵败绩，复遣都督李崇讨之。

胡琛反，应拔陵陷武川、怀朔。五月，彧与拔陵战于五原，兵败，贼势日盛。乃加崇使持节北讨大都督，命将军崔暹、广阳王深，受其节制。秋七月，魏将军崔暹讨拔陵，战于白道，败绩。暹违崇节制，于拔陵战于白道，大败，引还云中。诏征暹廷尉，以赂得不坐。

孝昌元年夏六月，西部铁勒降魏。魏广阳王深击拔陵，破之，降其众二十万。破六韩拔陵围广阳王深于五原，军主贺拔胜出战，贼稍退，深拔军向朔州。时，北境州镇皆没，唯云中一城独存。久之，援兵不至，粮仗俱尽。于谨请离，贼党深许之。谨通诸国语，单骑诣叛胡营，见其酋长，开示恩信，于是西部铁勒酋长乜列河等，将三万余户诣深降。深欲引兵迎之，谨曰："拔陵闻乜列河等来降，必引兵邀之。若先据险要，未易敌也，不如伏兵以待之。"拔陵果邀击乜列河，尽俘其众。伏兵发，拔陵大败，复得乜列河之众而还，前后降附者二十万人。

二年春，五原降户鲜于修礼反。夏，长孙稚讨之，败绩。五月，复以广阳王深为北道大都督，章武王融裴衍为左右都督，讨鲜于修礼。八月，贼帅元洪业杀鲜于修礼降魏，其党葛荣复杀洪业而自立，袭杀魏都督广阳王深、章武王融，后荣为尔朱荣所擒斩。

大统十一年，遣使入突厥。柔然灭而突厥起，尽有西北地。隋文帝开皇三年夏四月，遣元帅卫王爽伐突厥，大破之。突厥数入寇，于是命魏王爽等为行军元帅，分八道出师击之，与沙钵略可汗遇于白道，总管李充帅精骑五千掩击，大破之。四年秋九月，与突厥和亲，妻以安义公主。（时突厥分数部，和亲者唯启民一部。）十九年冬十月，以突厥突利为启民可汗，妻以义成公主，处之朔州。突厥归启民者，男女万余。帝命长孙晟于朔州，筑大利城以处之。时安义公主已卒，复以宗女义成公主，妻之。晟奏请徙五原，以河为固，于夏、胜之间，东西至河，南北四百里，掘为横堑。令处其内，使得畜牧，帝从之。

炀帝大业二年春并省州县。三年夏四月，改州为郡。初，文帝废郡，以州治民，北至五原，即后周永丰镇，改为永丰县，升为丰州。及是复改为五原郡。六月，帝北巡，次榆林郡。启民可汗及义成公主来朝，吐谷浑、高昌皆入贡。车驾北巡，发河北十一郡丁男，凿太行山，达于并州，以通驰道。过雁门，太守邱和，献食甚精。至马邑，太守杨廓无所献，帝不悦。由是所至献食，竞为丰侈。至榆林，遂欲出塞耀兵，遣长孙晟谕旨。启民奉诏，召所部酋咸集。晟欲令启民亲除草，示诸部，以明威重，指帐前草曰："此根大香。"启民遽嗅之，曰："殊不香也。"晟曰："天子行幸，所在诸侯，躬自扫除，以表至敬之心。今牙内芜秽，谓之留香草耳。启民乃悟，曰："奴之罪也。"遂拔所佩刀，自芟庭草。诸部争效之。于是发榆林北境，东达于蓟，开为御道，长二千里，广百步。启民及义成公主来朝行宫，吐谷浑、高昌遣使人贡。令宇文恺为大帐，其下可坐数千人。以宴启民及其部落。作散乐，诸胡骇悦。帝赐启民路车、乘马、鼓吹、幡旗，赞拜不名，位在诸侯王上。

秋七月，筑长城。诏发丁男百余万，筑长城，西距榆林，东至紫河。苏威谏不听。八月，帝至金河，幸启民可汗帐。车驾发榆林，甲士五十余万，旌旗辎重，千里不绝，令宇文恺等，造观风行殿，容数百人。离合为之，下施轮轴，又作行城，周二千步。以布衣、板楼橹悉备，胡人惊以为神。帝幸启民庐帐，启民捧觞上寿。王侯以下，袒割帐前，莫敢仰视。皇后亦幸义成公主帐，赐舆甚厚。

四年春三月，帝入五原，遂巡长城。行宫设六合板城，载以枪车。每顿舍则外其辕以为外围，内布铁菱，次施弩林，以绳连机。人来触绳，则楼弩旋转向所触而发。夏四月，置城造屋于万寿戍，以处突厥启民可汗。秋七月，复修长城，发丁男二十馀万筑之，自榆谷而东。

五年冬十一月，突厥启民可汗死，立其子咄吉为始毕可汗。始毕表请尚公主，诏从其俗。十一年秋八月，帝巡北边。突厥始毕可汗入寇，帝入雁门，始毕围之，九月乃解。初，裴矩以突厥始毕部众渐盛，献策分其势。欲以宗女嫁其弟叱吉，设拜为南面可汗。叱吉不敢受，始毕闻而慚怨。突厥臣史蜀胡悉，多谋略，矩诈与为互市，诱杀之。遣使诏始毕曰："史蜀胡悉叛可汗来降，我已为汗斩之。"始毕由是不朝。

八月，帝巡北边，始毕率骑数十万，谋袭乘舆。义成公主先遣使者告变，车驾驰入雁门，齐王暕以后车保崞县。突厥围雁门，城中兵民十五万口，食仅可支二旬。雁门四十一城，突厥尽克之，唯雁门崞县不下。突厥急攻雁门，矢及御前，帝大惧，抱赵王杲而泣，目尽肿。宇文述劝帝检精锐，溃围而出。苏威不可，帝从尚书樊子盖、内史侍郎萧玛之言，遣使求救于义成公主，并诏天下募兵、守令，竞来赴难。公主遣使告始毕曰："北边有急，诸郡援兵亦至。"九月，始毕解围去，帝遣骑追蹑，得老弱两千余人而还。（突厥别部典兵者为设。）

唐高祖武德五年，封宗室道宗为任城王。道宗为灵州总管，梁师都引突厥数万围之。道宗乘间出击，大破之。突厥与师都连结，遣郁射设入居故五原。道宗逐出之，斥地千余里。帝以道宗武干，立为任城郡主。七年，改大总管府为大都督府。

太宗贞观四年春二月，李靖袭破突厥于阴山。李靖帅骁骑三千，自马邑进，夜袭定襄，破之。颉利不意靖猝之，大惊，乃徙牙于碛口。李世绩出云中，战于白道，亦大破之。颉利谋走碛北，靖引兵至白道，与世绩谋勒兵夜发，虏众大溃，杀义成公主，斩首万余级，俘男女十余万。世绩军碛口，酋长皆率众降，斥地自阴山北至大漠，露布以闻。夏四月，行军副总管张宾相，擒突厥颉利可汗以献。

颉利败走，往依沙钵罗设苏尼失部落。任城王道宗引兵逼之，使苏尼失执颉利，张宝相擒之以献。苏尼失举众来降，漠南遂空。突厥既亡，其降唐者尚十万口，诏群臣议区处之宜。魏征谓："戎狄人面兽心，弱则请服，强则叛乱。若留之中国，数年之后，蕃滋倍多，必为腹心之疾，西晋之祸，前事之明鉴也，宜纵之使还故土。"上弗听，用温彦博言，于丰、胜边镇等处，置羁縻二十四州，居突厥降户，东至幽州，西至灵州，分突厥故地为四州，分颉利之地为六州，设定襄、云中、呼延等都督府，以统其众。自后，唐世有戎狄之患。

十一年十一月，薛延陀攻突厥。遣李世绩等，将兵讨破之。薛延陀真珠可汗，闻上将东封泰山，知边境必虚，乃命其子大度设，发诸部二十万，逾漠而南击。突厥思摩不能御，帅部落入长城，保朔州，遣使告急。诏遣世绩等，分道击之，并敕思摩烧剃秋草，使彼粮糗日尽，野无所获。俟将退时，并力击破之，斩首三千余级，捕虏五万余人。大度设脱身走，值大雪，人畜冻死者十八九。十八年，突厥徙居河南，可汗李思摩入朝。突厥俟利苾可汗，北渡河。薛延陀恶之，数相攻。俟利苾悉南渡，请处于夏、胜之间，上许之。二十一年，以敕勒诸部为州县，北荒悉平。高宗水徽元年秋九月，高侃击突厥车鼻可汗，擒之。突厥诸部尽为内臣，置二都护府、十都督、二十二州，分统之。自是北边无寇三十余年。

永隆元年春三月，以裴行俭为定襄道大总管，讨突厥平之。行俭将兵三十余万，以讨突厥，至是大破突厥于黑山。军至单于府北，抵暮下营，掘堑已周，行俭遽命移就高岗。诸将皆言："士卒已安，不可动。"行俭不从，辄使速移。是夜，风雨暴至，前所营地，水深丈余，诸将惊服。宏道元年夏五月，突厥寇蔚州，杀刺史李思俭。丰州都督崔智辨，将兵邀之，为虏所擒。朝议欲废丰州，司马唐休璟上言乃止。

中宗嗣圣十四年、周武氏神功元年，立突厥默啜为可汗。初唐，处突厥降者于丰、胜、灵、夏、朔、代六州。至是默啜求之，及单于都护府之地，并谷种，缯帛、农器、铁。姚璹、杨再思固请，给之。乃悉驱六州降户六千帐，并给谷种四万斛，杂彩五万段，农器三千事，铁数万斤，默啜由是益张。

景龙二年三月，朔方总管张仁愿，筑三受降城。（按《府志》：以东受降城，为景云三年筑。景云睿宗年号，只二年，无三年。以中受降城，为元和九年筑。元和宪宗年号，乃改置之年，非始筑之年也，皆误。）初，朔方军与突厥以河为界。时默啜悉众西击突厥骑施，仁愿请乘虚夺取漠南地，于河北筑三受降城，首尾相应，以绝其南寇之路，六旬而成。以拂云祠为中城，距东西各四百余里，皆据津要。于牛头朝那山北，置烽堠千人百所。自是突厥不敢度山畋牧，减镇兵数万人。仁愿建城，不置壅门守具，或问之，曰：

“兵贵进取，寇至当并力出战，回首望城者斩之，安用守备，生其退恧之心也。”其后常元楷为总管，始筑门。人以是重仁愿而轻元楷。

玄宗开元八年，朔方大使王晙，诱杀突厥降户仆固勺磨。降户散居受降城侧，王晙言其阴引突厥谋陷军城，诱仆固都督勺磨而杀之。拔曳固诸部闻之，皆惧。并州长史张说，引二千骑，持节慰抚之，诸部由是遂安。十年夏四月，以张说兼知朔方军节度使。以宰相兼节度使、领单于都护府、夏、盐等六州、二军、三受降城。（按《唐书》西受降城，开元初为水所圮。是年，总管张说于城东，别筑新城。）

天宝十五载秋七月，上皇制以太子充天下兵马元帅，诸王分总天下节制。永王璘、盛王琦、丰王珙，分领诸道节度都使。琦、珙皆不出阁，唯璘赴江陵，遣郭子仪发兵讨破之。九月，同罗叛。初，同罗突厥从安禄山反者，屯长安苑中。其酋长阿史那从礼，帅五千骑，窃厩马二千匹，逃归朔方。至是说诱九姓六州，诸胡数万，将寇朔方。上命郭子仪诣天德军讨平之。

代宗广德元年冬十月，吐蕃入寇，关内副元帅郭子仪击之，吐蕃遁去。吐蕃渡便桥上，仓猝不知所为，出幸陕州。子仪闻之，遂自咸阳归长安。射生将王献忠拥四百骑，胁丰王珙等，十五西迎吐蕃。子仪责之，以兵送行在，赐珙死。次年十一月，仆固怀恩以吐蕃寇丰州，杀守将马望。德宗贞元六年冬十月，回鹘忠贞可汗为其下所杀，遣其臣梅录来告丧，且求册命。先是回鹘使者入中国，礼容骄慢。梅录至，丰州刺史李景略先据高坐。梅录俯偻前哭，景略抚之曰：“可汗弃代，助尔哀慕。”自是，回鹘使至，皆拜景略于庭，威名闻塞外。

十二年秋九月，以李景略为丰州都防御使。景略为河东行军司马，留后李说忌之。回鹘梅录人贡，过太原。说与之宴，梅录争坐次。说不能遏，景略叱之。梅录识其声，趋前拜之，曰：“非丰州李端公耶。”遂就下坐，坐中皆瞩目景略。说益不平，乃厚赂窦文场，使去之。会有传回鹘将入寇者，上以丰川当虏冲，择可守者。文场荐景略。丰州穷边气寒，土瘠民贫，景略以勤俭帅众。二年之后，储备完实，雄于北边。

二十年春正月，以任迪简为天德军防御使。宪宗元和三年五月，沙陀来降。以其酋长朱邪执宜，为阴山兵马使（赤心之父）。初居五原后，以地近回鹘，徙定襄、神武川之新城。四年秋九月，吐蕃寇振武、丰州。七年冬十一月，置振武、天德营田。

李绛奏："振武、天德左右良田，可万顷。请择能吏，开置营田，可以省费足食。"上从之，命度支使卢坦经度。四年之间，开田四千八百顷，收谷四十万余斛，岁省度支钱二十余万缗。八年夏六月，徙受降城于天德军。先是振武河溢，毁受降城。节度使李光进奏，请修城，兼理河防。李吉甫请徙于天德故城，以避河患。李绛、卢坦以为：受降城张仁愿所筑，当碛口，据虏要冲，美水草，守边之利地。欲避河患，退三二里可矣。天德故城僻处确瘠，烽堠不相应接，虏忽唐突，力无由中，是无故而蹙国二百里也。城使周怀义奏利害与绛、坦同。上卒用吉甫策，以受降城骑士隶天德军。（按此当为中受降城。若东受降城，则于敬宗实历元年改筑。西城，则开元十年已改筑矣，见《唐书》。）

秋九月，吐蕃作乌兰桥。初，吐蕃欲作桥，先储材于河侧。朔方常遣人潜投诸河，终不能成。虏知节度王泌贪，因厚赂之，然后并力成桥，仍筑月城守之。自是朔方御寇不暇。冬十月，回鹘击吐蕃。振武军乱，逐其节度使李进贤。进贤不恤士卒，使牙将杨遵宪，将五百骑趋东受降城，以备回鹘。士卒还攻进贤，进贤奔静边军。

文宗太和四年春三月，以柳公绰为河东节度使。公绰奏：以沙陀酋长朱邪执宜，为阴山都督，使居云、朔塞下，捍御北边。开成五年冬十月，黠戛斯攻回鹘，破之。回鹘嗢没斯款塞，求内附。回鹘可汗弟嗢没斯，及其相赤心那颉啜，各帅其众，抵天德塞下，贸谷食，且求内附。天德军使封德彝奏：回鹘溃兵侵逼西城。诏振武节度使刘沔，屯云迦关以备之。（赤心后赐姓名李国昌，即克用之父。）

武宗会昌元年冬十二月，遣使慰问回鹘乌介可汗。初，黠戛斯自谓李陵之后，与唐同姓。既破回鹘，得太和公主，遣达干十人奉以归唐。回鹘乌介可汗引兵邀击，杀达干，质公主，南渡碛，屯天德境上。公主遣使上表，为可汗求册命。乌介又使其相上表，借振武一城以居。上乃遣使慰问，赈米二万斛，赐敕书谕："以宜率部众，渐复旧疆，漂寓塞垣，殊非良计，借城未有此比，或欲但求声援，亦须且于漠南驻止。朕当许公主人觐，亲问事宜。倘须应接，必无所吝，寻遣使册命。"而乌介复屡扰边境，遂不果行。

三年春正月，刘沔大破回鹘，迎太和公主以归。乌介侵逼振武，刘沔遣石雄帅沙陀朱邪赤心三部，袭其牙帐，自以大军继之。雄至振武，登城望见毡车数十乘，从者类华人，使谍问之，曰："公主帐也，请驻军勿动。"夜出直攻可汗牙帐，可汗走，雄引兵追击，大破之于杀胡山。可汗被创遁，雄迎公主以归，降其部落二万余人。四年春，以刘蒙为巡边使，令天德、振武、河东训卒砺兵，以俟今秋。

僖宗广明元年，李可举讨李克用，大破之。李琢讨李国昌，败之。国昌、克用亡走鞑靼。

沙陀父子拒命，寇忻、代，逼晋阳，及是战败，部众皆溃，乃及宗族，北入鞑靼，居于阴山，及中和元年，募兵得三万人，皆北方杂胡，屯崞西。监军陈景思请于朝，赦其罪，召以为帅。克用至河东，称奉诏，将兵讨黄巢，累日不发，纵沙陀兵剽掠，城中大骇。寻，引兵还，陷忻、代，留居代州，后为雁门节度使。破黄巢时，年二十八，父国昌为代北节度使。

五代唐潞王清泰三年，石敬塘遣使求救于契丹，令桑维翰草表称臣，且请以父礼事之。约事捷之日，割卢龙一道，及雁门关以北诸州与之。先是，辽太祖阿保机屡寇北边，破振武、天德等军，掠吏民，以东胜州之民，皆趋河东，至石晋割地始定。五代晋高祖天福元年，割幽、蓟等十六州与契丹。（按十六州，有云、应、寰、朔，而丰州在四州之北，时疑为吐谷浑所据，亦属契丹。至天福六年，吐谷军苦契丹残虐，思归中国，率部落千余帐来奔。契丹大怒，遣使来议。晋主遣兵逐之，使还故土，当即在丰州地。）

宋太祖乾德四年，鞑靼人贡于宋。鞑靼本东北靺鞨之别种，唐元和后，徙阴山。是岁来贡。仁宗庆历元年秋八月，元昊陷丰州。先是太平兴国七年，丰州刺史王承美与契丹战。次年，追至青冢百余里，于丰州城立孔子庙。至元昊陷麟府州，进围丰州，孤城无援，遂陷。

四年，契丹以云州为西京地，仍属契丹。徽宗宣和四年春三月，金袭辽军，延禧走夹山。夏四月，金取辽东胜诸州。冬季十二月，金克辽燕京，耶律淳妻萧氏奔天德。萧德妃与萧干自古北口趋天德，妃为延禧所杀，干奔奚。五年夏四月，金袭辽延禧于青冢，获其子女族属，及从臣以归。延禧邀战败绩，走云内奔夏。金以干鲁为都统，干离不副之，使袭辽主于阴山。将至青冢，遇泥泞不能进，干离不以绳系林牙耶律大石（辽将名），使为向导，直趋辽主营。时辽主往应州，其子秦王定、许王宁及诸妃女，并从臣，皆被执。辽主自金城来，邀战于白水泺，大败，以冕纽金印伪请降于金，而西走云内，遂奔夏。

干离不趋天德，闻夏迎护辽，乃遗书于夏，使执送辽主，且许割地。六年春正月，夏称藩于金。金以边地界之，割下寨以北，阴山以南与之。秋七月，辽延禧复东胜诸州，至武州与金人战，败走山阴。七年春正月，辽延禧入党项。二月至应州，金将娄室获之以归。

辽主畏中国不可仗谋，奔西夏。会党项小斛录，遣人请辽主临其地。辽主遂趋天德，过沙漠。金兵忽至，辽主徒步出走，乘从者马得脱，途次绝粮，从者至齿冰雪以济饥。过天德，至夜，将宿民家，给曰侦骑。其家知之，乃叩首跪而大恸，潜宿其家，居数日，嘉其忠，遥授以节度使，遂趋党项，以小斛录为西南面招讨使、总知军事。二月，至应州，为金将娄室等所获，辽亡。

钦宗靖康元年，夏人陷天德、云内诸城，金人袭取之。先是粘没喝遣撒拇使夏，许割天德、云内等四军，及武州等八馆之地。夏人遂由金肃河、清渡河，取天德、云内、武州、河东八馆之地，攻镇威城，城遂陷。既而金将谷神以数万骑，阳为出猎，掩至天德，逼逐夏人，悉夺其地。

南宋宁宗嘉定四年秋八月，金西北诸州皆降蒙古。蒙古攻金西京，留守纥石烈、胡沙虎弃城遁。蒙古主遣其子三人，帅兵分取云内、东胜、武朔、丰靖等州，由是忻、代以北，皆降于蒙古。理宗淳佑十一年，蒙古主命其弟忽必烈总治漠南，开府金莲川。

元顺帝至正二十年秋九月，元孛罗帖木儿引兵攻冀宁，察罕帖木儿调兵拒战，诏遣使和解之。初，山西晋、冀之地，皆察罕帖木儿所平定，而孛罗帖木儿驻大同，因欲并据晋、冀，遂相仇隙。诏命孛罗守石岭关以北，察罕守关以南。至是，孛罗复自石岭关直抵晋、冀。察罕调兵拒战。朝廷遣使谕令讲和，遂各退守关南北。寻，有旨以冀、宁畀孛罗。察罕不奉诏，调延安军，绕曲数千里，交战于东胜州。朝廷复遣使谕令罢兵。三十三年冬十一月，元杀太傅太平。以搠思监诬奏，安置土番。寻，遣使至东胜，逼令自裁。

明太祖洪武二年夏六月，元帝奔和林。秋八月，元兵攻大同，李文忠击败之，生擒元将脱烈伯于马邑，进兵东胜州，至莽哥仓而还。三年春正月，遣徐达、李文忠，分道北伐。时元主尚在近塞，帝以徐达为大将军，文忠等副之，分二道出兵。远自潼关出西道，捣定西。文忠自居庸出东道，追元主。二月，北平守备华云龙克云州、大同，指挥金朝克东胜州，都督同知汪兴祖克武朔等州，关外悉平。

英宗正统十四年秋七月，瓦剌分道入寇，帝亲征。永乐中，成祖屡征漠北，俱由开原东路。及是也先犯边，其势甚张，塞外城堡，所至陷没。诸边守将逃匿，杀虎口以北，皆弃于外。宪宗成化元年冬十一月，鞑靼毛里孩寇延绥。天顺间，有阿罗出者，率属居河套，遂逼近西边河套古朔方地，唐张仁愿筑三受降城处也。地在黄河南，自宁夏至偏头关，延袤二千里，饶水草，外围东胜卫。东胜而外，土地平衍，敌来不能隐。明初守之，后以旷绝内徙。至是孛来与小王子、毛里孩等，先后继至，虏中国人为向导，抄掠延绥，无虚日。

鞑靼北胡也，夏、商曰獯鬻，周曰猃狁，秦汉曰匈奴，（按匈字仍獯鬻、猃狁之转音，奴者贱之称，中国人呼之，非伊自呼，与今之犬旁、口旁等字略同），唐曰突厥，宋曰契丹。汉时匈奴最强，匈奴弱，乌桓遂盛。汉末鲜卑灭乌桓。鲜卑既衰，蠕蠕强大，与魏为敌。蠕蠕灭，而突厥起，尽有西北地，唐李靖灭突厥。五代及宋契丹为盛，女真灭契丹，国号金（因契丹国号辽，取镔铁之意，故号用金胜之），其别小部落曰蒙古（北人称呼银为蒙古），曰太赤乌，曰塔塔儿，曰克列，各有分地。

蒙古并诸地，灭金及宋，国号元，入主中国。明太祖兴，元顺帝遁归沙漠，传子爱猷识里达腊，寻死。子脱古思帖木儿，立为可汗（音克寒）。明兵出塞，获其子地保奴。脱古思帖木儿为也速迭儿所弑，诸大臣立坤帖木儿为可汗，而猛哥帖木儿为瓦刺王。建文三年，坤帖木儿死，鬼力赤立为可汗，阿鲁台等佐之。马哈木者，居瓦刺，时与阿鲁台相仇杀。自顺帝至鬼力赤，凡七世，其两世不可考。（此语疑有误，按鬼力赤立于建文三年，距元亡三十四年，安得遂有七世。）鬼力赤衰，诸酋立本稚失里为可汗，杀明使臣给事中郭骥。明封瓦刺马哈木为顺宁王、大平贤义王、把秃索罗安乐王，令伺本雅失里。明兵出塞，本雅失里败走，阿鲁台降，封为和宁王。而马哈木又叛，明兵讨之，败去。阿鲁台又叛，弑本雅失里，自称可汗。马哈木屡败阿鲁台，而瓦刺强盛。瓦刺三王中，马哈木又独强。洪熙元年，马哈木欲自立为可汗，恐众不附已。乃立元裔脱脱不花为可汗，居沙漠北，马哈木仍居瓦剌。宣德九年，阿鲁台死。正统元年，马哈木子脱欢，在沙漠西北与其部酋朵儿只伯相仇杀。脱欢死，其子也先为太师，骁勇，陵脱脱不花。景泰中，遂弑之，自称田盛大可汗，已而为其平章哈剌逐死。

天顺初，孛罗杀哈剌，立小王子。小王子又为孛来瘸王子所弑，而立脱思为王。脱思者，故小王子从兄也。成化中，阿罗出结乩加思，孛罗出结毛里孩，出入河套。乩加思兰强杀阿罗出，并其众。而结满都鲁出入河套，满都鲁称可汗，而乩加思兰为太师，与毛里孩也烈忽出入塞下。乩加思兰欲杀满都鲁，而立干赤来为可汗。不克，为满都鲁所杀。满都鲁衰，而把秃猛可王。宏治初，把秃猛可死，弟伯颜猛可立为王。

当是时，瓦剌与伯颜猛可，皆遣人入贡。而火筛数人寇，火筛者，小王子部落也，与小王子相仇杀。小王子三子：长，阿尔伦台吉；次，阿着阿尔伦台吉，既被弑，有二子，长卜赤，次乜明，皆幼。阿着称小王子。阿着死，众立卜赤。卜赤死，而不及儿台吉称小王子，或曰不及儿台吉，即乜明也，或曰卜赤子也。阿着二子：曰吉囊，曰俺答，亦不剌部从吉囊，火筛部从俺答。于是小王子部落又盛。（一云鬼力赤篡立称可汗，去国号，遂称鞑靼云。）

十年夏闰四月，筑边墙，东起清水营，西抵花马池，千七百七十里，役军四万人，不三月而成。世宗嘉靖三十二年秋七月，俺答大举人寇。初，叛人赵全、邱富、李自馨等，以罪亡人虏，招集亡命，居古丰州，筑城自卫，构宫殿，开水田数千顷，接东胜州地，号曰板升。板升者，华言城，又言屋也。数诱虏入寇，教以制钩杆，攻城堡之法，俺答信用之。至是，复大举深入。蓟辽总督杨博悉力御之，乃遁。三十九年秋七月，大同总兵刘汉，袭俺答于丰州，破之。俺答于夏间，引众西掠，留千骑守老弱，徙大青山外避暑。所掳华人，及叛出者皆聚板升。刘汉与巡抚李文进密谋，部分参将王猛、夏麻禄等，率锐卒三千，乘间出剿，经二黑河，一灰河，历三百余里。汉与赵奇以重兵，分三哨营，玉林川隘为后继，孟夏等裹粮疾驱。昧爽，鼓噪直人板升，擒斩甚众。时邱富等已随虏帐他徙，赵全匿墩下遁免，焚其巢穴。虏众大至，汉分哨迭战，且战且却，翼日入边，往返凡五日。捷闻，上大悦，升赏有差。（灰河不知所在，疑即紫河。）

穆宗隆庆元年冬十月，以王崇古总制三边。四年冬十月，俺答孙把汉那吉内附，诏授指挥使，寻遣归。初，俺答第三子铁背台吉生子把汉那吉，幼孤，育于俺答妻一刻哈屯所，命仆阿力哥之妻乳之。及长，多智有口辩。俺答为之娶其婿比吉女为妇，不相能，复聘兔扯金的之女。适俺答长女哑不害，有女三娘子，美而艳，已受鄂儿都斯聘，俺答夺取为妾。鄂儿都斯恚甚，将攻俺答。俺答无辞以解，即以把汉那吉所聘兔扯金的女偿之。那吉怒谓阿力哥曰："我祖妻外孙女，又夺孙妇与人。吾不能为若孙，吾行矣。"遂与阿力哥及妻比吉女等，十人南走，叩关请降。（一说谓把汉那吉与妻不相得，复自聘鄂儿都斯女，号三娘子，即俺答外孙女也。俺答见其美，夺之，未知孰是。）

总督王崇古留之，边吏哗曰："孤竖无足重轻，宜勿留。"崇古曰："此奇货可居。俺答即急，因而为市。谕以执叛人赵全、邱富等还我，乃优遣以慰其舐犊之爱，而制其命。若其弗急，则我因而抚纳，如汉质子法，使招其故部居近塞。俺答老且死，其子黄台吉，势不能尽有其众。然后，以居耆谷蠡秩置塞外。其与黄台吉，构则两利，而俱存之；弗构，则以师助之。外以博兴灭扶危之名，而实收其利。"

奏闻，廷臣以为不可。上曰："寇慕义来降，宜加优恤。"以把汉那吉为指挥使，阿力哥为正千户，各赏大红丝衣一袭。俺答妻自失那吉，日夜尤俺答。俺答寻亦悔，遂拥十万众压境。崇古命百户鲍崇德，谕以存恤恩，而要其缚叛示信。俺答颇衔之，乃留崇德，随遣骑觇之。则那吉方蟒衣、貂帽，驰马从容。骑归报，俺答与妻感且愧，曰："汉乃肯全吾孙，吾且啮臂盟，世服属无贰。"奚有于叛人，遂定盟，通贡市马。而诸部亦贪中国财物，咸从，臾无间言。十二月，俺答执叛人赵全等九人来献，索那吉，许之。

先是山西妖人吕明镇，以白莲术谋为不轨，全与邱富等从之。事觉，明镇伏诛。富与全率其党逃归俺答，驻古丰州地，名板升。已而百户张彦文、游击家丁刘天祉、边棍马西川等二十八人，悉往从之，众至数万，尊俺答为帝。富犯边死。全等治第如王者，署其门曰“开化府”。至是诱执之，送至云石堡待命。王崇古受其献，送阙下诛之。遣使送那吉归，犹恋恋不欲行。崇古谕以朝廷恩义，许奉表通贡不绝。那吉感泣，誓不敢贰中国，乃携其妻以归。崇古以功，加少保尚书。终明之世，边境以安。

五年春三月，封俺答为顺义王。俺答得孙，遣使来谢，且乞表式请封。崇古疑俺答兄吉囊与弟老把都儿、昆都力哈，未与盟，恐有诈，未许。而兀慎摆腰、永邵卜哆罗土蛮，又多其支属。俺答于诸部为尊行，力能合之。崇古以此胁俺答，俺答以土蛮故主，力不能致为辞。崇古独自计，老把都与土蛮善，且内亲黄台吉，会黄台吉使至，乃令约老把都，以招土蛮与俺答会同请封，因可以破三卫交构之私。至是，俺答始与老把都、吉囊、永邵卜诸部，各遣使十八人请通贡、开市，以息边氓。诏下，廷臣群议，可否互异。王崇古上言朝庭，许俺答封贡，诸边有数年之安，可乘时修备。设敌背盟，吾以数年蓄养之力，从事战守，愈于终岁奔命、自救不暇者矣。上许之，遂封俺答为顺义王，妻一刻哈屯为忠顺夫人，孙把汉那吉为昭勇将军，指挥如故，及其子弟部落为都督等官。

五月，崇古复为俺答陈乞四事：一、请给王印，如先朝忠顺王例（永乐二年，封哈密安克帖木儿为忠顺王）；二、请许贡人京，比于三卫，各贡使贡马三十匹；三、请给铁锅、议广锅十斤，炼铁五斤，尚未可为器，洛锅生粗十斤，炼铁三斤，宜可给与，以敝易新；四、请抚赏部中亲属布、段、米、豆，塞上仍许不时小市。六月，俺答使哈台吉打儿汉，复执赵全余党，及妖人李梦阳等来献。上嘉其诚顺，赏白金彩币表里。六年九月，俺答贡马二百五十匹。十月，授俺答兄子永邵卜大成都督同知。十二月，遣俺答旧使火力赤奴谋赤北还。

神宗万历五年冬十月，兵部尚书王崇古罢。十五年春三月，诏扯力克袭封顺义王。四十一年春三月，诏卜失兔袭封顺义王。万历元年，颁顺义王俺答番经，并给镀金银印。自后凡有盗边叛盟者，俺答俱议罚，执献如法，贡马不失期。上加顺义王俺答次子不他失里（三娘子所生）骠骑将军，常汉我不良台吉等百户。九年，俺答死，赐祭七坛，采币十二双，布百匹。其妻三娘子，率其长子黄台吉（一名乞庆哈）上表谢，贡马。

初，俺答年老，娶二妾，弃其妻一刻哈屯，其子黄台吉怨之。妾各子一人，俺答恐有内变，予万骑自备。归款后，益老而厌兵，且信佛，听番僧言，戒杀掠，而朝廷威信亦足以服之，以故十余年终保塞，不敢南犯。而所宠三娘子，切切慕华，不时款塞。总督吴兑予金珠翠钿甚厚，结其心。俺答死，总督郑洛以封夫人，诱三娘子配黄台吉。十四年，黄台吉死，子撦力克立。郑洛复以封王，诱撦力克婚三娘子，别筑城居，赐名归化，贡市唯谨。三娘子历配三王，主兵柄，诸部畏之。帝嘉其保塞功，亦封忠顺夫人。三十五年，撦力克死。卜失兔以长孙嗣，求婚于忠顺夫人。忠顺拒之（三娘子此时，极少亦当有六十余岁）。其所部台吉，各不相下，封号久未定。至四十一年，卜失兔始婚于忠顺（计年已逾七十矣）。东西诸部长，皆具状，为请封忠顺夫人，旋卒。诏封卜失兔为顺义王（此节传闻互异）。先是把汉那吉北归俺答，命主板升，号曰大成台吉，妻曰大成比妓。那吉于十二年死，其妻归撦力克。撦力克死复归卜失兔。卜失兔袭封王，比妓亦封忠义夫人（此节疑即三娘子之讹传）。

庄烈帝崇祯七年秋七月，我大清兵入上方堡，至宣府京师戒严。先是我大清天聪六年（明崇祯五年），太宗文皇帝亲征察哈尔，驻跸归化城，降土默特部落，赐明大同、阳和、宣府各边臣书曰："朕统师至此，询知尔国，岁给插汉，至百余万，与其费此，于无用之地，曷若与我修好，自当尊尔为大国，尔等亦当视我居插汉之上。"遂与明大同巡抚沈棨等，刑白马乌牛盟，大市于张家口，斩我部蒙古兵之掠明境者。以徇，明帝闻之，逮棨治罪，于是益无人敢议款者。至天聪八年秋七月，乃复命兵四路伐明。一从尚方堡之宣府，趋应州至大同；一由龙门口入，会于宣府；一由独石口入，会于应州；一由得胜堡入，历大同趋朔州。又有沿边绕杀虎口，至朔州者，所向克捷。九月，凯旋。天聪九年春，命贝勒多尔衮、岳托、豪格等，往收插汉部落，侵掠明边，并命多铎攻明锦州，以缀其西援之师。八月，多尔衮等，既降插汉，得其传国玺，并由朔州毁宁武关，入掠代、忻、应、崞，击斩明兵六千余，俘获人口牲畜七万六千，还归化城。

按云朔以北，沙漠以南，为华夷交界，从古战征之地，见诸史策者最多，不独一州一邑，难与抗衡，即以一行省之大，亦无如此事迹之繁。纪载之富者，廿一史汗牛充栋，边事十居之其二三，历代边事又俱以西北为重。此间属中外咽喉，较别处尤关紧要，中外强弱之势，即以其间之属，南属北定之。三代以前，远难稽考。自赵主父筑长城，自代并阴山下，至高阙为塞而后，迄我朝臣服土默特蒙古以前，干戈之兴，几无虚岁。非若他志，乘兵革一门，寥寥数纸，可以尽之。《府志》旧分兵氛、款贡各名目。读者于年月先后，必参互翻撷，甫能了然。兹特仿编年之法，以通鉴纲目所大书者为纲，而以各史所载言论事实为目。凡有关于此地者必书。唯行箧只纲目数函，尚称完本。其余零金碎玉，摭拾难周。塞上鲜藏书家，又复无可印证，识略之作，亦唯以浅陋，自惭而已。假我数年，于史鉴一门，所当极为增订者。

卷三十二　宸翰

康熙四十二年，圣祖仁皇帝，御制勅赐归化城崇福寺碑记：

朕维归化城，为古丰州地，山环水互，夙称胜境。城南旧有佛刹，喇嘛拖音葺而新之，奏谓寺额，因赐名崇福寺。丙子冬，朕以征厄鲁特，师次归化城，于寺前驻跸。见其殿宇宏丽，法象庄严，悬设宝旛，并以朕所御甲胄、弓矢留置寺中。夫朕亲有事于塞外，非无故也。往者，厄鲁特与喀尔喀交恶相攻。朕悯念生民涂炭，遣使谕解，而噶尔丹追击喀尔喀，竟人掠我乌珠穆沁，爰命和硕裕亲王声讨，大败贼于乌兰布通。时噶尔丹盟誓佛前，永不入犯，乃班师而还，后噶尔丹蔑弃誓言，复掠纳木查尔拖音，于克鲁伦之地。丙子春，朕亲统六师，由中路进剿，至克鲁伦河。贼望见军容，宵遁。适朕所期会西路官兵，遇于昭木多，大败之。俘斩无算。丹木巴、哈什哈等率众归，噶尔丹跳身走。是冬，朕复驻师鄂尔多斯，剿抚并用，厄鲁特人众络绎归命，而噶尔丹仍未向顺。丁丑，率师驻狼居胥山麓，官军分道并进，噶尔丹计穷自毙，子女就获，余军悉平，方今中外恬熙，边境生灵咸得晏然安堵，喇嘛拖音请建碑垂示永久，因书此勒石，俾后之览者，知朕不惮寒暑，三临绝塞，为民除残之意。

谨按碑记勒石。崇福寺门内东西两碑，亭首国书，次唐古忒文，次蒙古文，次汉文。兹从《府志》，恭录与碑刻微异数字，未详孰是。延寿寺碑，记唯节去驻跸即留置弓矢、甲胄数语，余同，亦四体书，疑从崇福寺抄录者，臣谨识。

卷三十三　艺文（上）

一

李陵答苏武书

【汉，李陵飞将军李广之孙。天汉二年，率部卒五千人出塞，与匈奴战，力屈遂降。在虏中数与苏武见。苏武归，以书与陵，劝其归汉。陵作此书答之。】

子卿足下，勤宣令德，策名清时，荣问休畅，幸甚幸甚。远托异国，昔人所悲，望风怀想，能不依依？昔者不遗，远辱还答，慰诲勤勤，有逾骨肉，陵虽不敏，能不慨然？

自从初降，以至今日，身之穷困，独坐愁苦，终日无睹，但见异类。韦鞲毳幕，以御风雨，膻肉酪浆，以充饥渴，举目言笑，谁与为欢？胡地玄冰，边土惨裂，但闻悲风萧条之声。凉秋九月，塞外草衰。夜不能寐，侧耳远听，胡笳互动，牧马悲鸣，吟啸成群，边声四起。晨坐听之，不觉泪下。嗟乎子卿，陵独何心，能不悲哉！

与子别后，益复无聊，上念老母，临年被戮；妻子无辜，并为鲸鲵；身负国恩，为世所悲。子归受荣，我留受辱，命也如何？身出礼义之乡，而入无知之俗；违弃君亲之恩，长为蛮夷之域，伤已！令先君之嗣，更成戎狄之族，又自悲矣。功大罪小，不蒙明察，孤负陵心区区之意。每一念至，忽然忘生。陵不难刺心以自明，刎颈以见志，顾国家于我已矣，杀身无益，适足增羞，故每攘臂忍辱，辄复苟活。左右之人，见陵如此，以为不入耳之欢，来相劝勉。异方之乐，只令人悲，增忉怛耳。

嗟乎子卿，人之相知，贵相知心，前书仓卒，未尽所怀，故复略而言之。昔先帝授陵步卒五千，出征绝域。五将失道，陵独遇战，而裹万里之粮，帅徒步之师；出天汉之外，入强胡之域；以五千之众，对十万之军；策疲乏之兵，当新羁之马。然犹斩将搴旗，追奔逐北，灭迹扫尘，斩其枭帅，使三军之士，视死如归。陵也不才，希当大任，意谓此时，功难堪矣。匈奴既败，举国兴师。更练精兵，强逾十万。单于临阵，亲自合围。客主之形，既不相如；步马之势，又甚悬绝。疲兵再战，一以当千，然犹扶乘创痛，决命争首。死伤积野，余不满百，而皆扶病，不任干戈，然陵振臂一呼，创病皆起，举刃指虏，胡马奔走。兵尽矢穷，人无尺铁，犹复徒首奋呼，争为先登。当此时也，天地为陵震怒，战士为陵饮血。单于谓陵不可复得，便欲引还，而贼臣教之，遂使复战，故陵不免耳。

昔高皇帝以三十万众，困于平城。当此之时，猛将如云，谋臣如雨，然犹七日不食，仅乃得免。况当陵者，岂易为力哉？而执事者云云，苟怨陵以不死。然陵不死，罪也。子卿视陵，岂偷生之士而惜死之人哉？宁有背君亲，捐妻子而反为利者乎？然陵不死，有所为也，故欲如前书之言，报恩于国主耳，诚以虚死不如立节，灭名不如报德也。昔范蠡不殉会稽之耻，曹沫不死三败之辱，卒复勾践之仇，报鲁国之羞，区区之心，窃慕此耳。何图志未立而怨已成，计未从而骨肉受刑，此陵所以仰天椎心而泣血也。

足下又云："汉与功臣不薄。"子为汉臣，安得不云尔乎？昔萧樊囚絷，韩彭葅醢，晁错受戮，周魏见辜。其余佐命立功之士，贾谊亚夫之徒，皆信命世之才，抱将相之具，而受小人之谗，并受祸败之辱，卒使怀才受谤，能不得展。彼二子之遐举，谁不为之痛心哉？陵先将军，功略盖天地，义勇冠三军，徒失贵臣之意，刭身绝域之表。此功臣义士所以负戟而长叹者也。何谓不薄哉？且足下昔以单车之使，适万乘之虏。遭时不遇，至于伏剑不顾；流离辛苦，几死朔北之野。丁年奉使，皓首而归，老母终堂，生妻去帷。此天下所希闻，古今所未有也。蛮貊之人，尚犹嘉子之节，况为天下之主乎？陵谓足下当享茅土之荐，受千乘之赏。闻子之归，赐不过二百万，位不过典属国，无尺土之封，加子之勤。而妨功害能之臣，尽为万户侯；亲戚贪佞之类，悉为廊庙宰。子尚如此，陵复何望哉？且汉厚诛陵以不死，薄赏子以守节，欲使远听之臣望风驰命，此实难矣，所以每顾而不悔者也。陵虽孤恩，汉亦负德。昔人有言："虽忠不烈，视死如归。"陵诚能安，而主岂复能眷眷乎？男儿生以不成名，死则葬蛮夷中，谁复能屈身稽颡，还向北阙，使刀笔之吏弄其文墨邪？愿足下勿复望陵。

嗟乎子卿，夫复何言？相去万里，人绝路殊。生为别世之人，死为异域之鬼。长与足下生死辞矣。幸谢故人，勉事圣君。

足下胤子无恙，勿以为念。努力自爱，时因北风，复惠德音。李陵顿首。（少卿此文，或以为六朝人拟作。玩其风味，实与汉文有别，然文情感愤壮烈，足以惊风雨，而泣鬼神，录之，以为塞上文冠。）

王嫱上汉元帝书

【王嫱，见地部陵墓门。】

妾嫱拜别，紫气将染边尘。凡诸部都会班聊之士，关塞甲胄之戍，无不上誉圣明，以为轻色而重好也。大汉天子，播德四暨，翳兹单于，于畏威来朝，诸臣请婿。是用稽首陛下，命择美人。爰册阏氏，妾不揣薄命，振衣请行，荷沐圣顾，千万眷注。然中华之所以贵于外邦者，以其有信耳。陛下岂以一女子失信于呼韩邪哉？承命以来，驰车而至汉关矣。陛下亦銮而怜之，豪而壮之耶。今朝廷妖氛日靖，边陲日宁，上有明鉴之君，下有和衷之臣。而妾以一妇人，远嫁要荒。自当朝夕纳诲贤王，戒戢部长，敬供阙守。以无贻帝，命羞鼎鼎 ，芳心不敢委诸草莽。自古和边与利，历历不数，而我高祖皇帝，用刘敬策，嫔长公主为阏氏。陛下今日令妾武故事，妾敢不竭忠尽忱，恢封疆之宏图，舒朝廷之隐虑乎。

妾生于姊归，父母兄弟，臣与王朝。妾虽闺处，固帝恩之，遗鞶帨也。不自鄙薄漫颜色，得入掖庭，迩年以来，痴衷未咏，昭阳之扇诶，情不卖长门之赋。陛下命画工，遴笔宫人，妾自为凰得梧枝，鱼游碧府，得少伸忱，而画工遂张贪喙，兼以丹青吝笔，错点眉花，空使杨柳泣于雪岸，芙蓉瘠霜条，玉貌冰心，两相怨恨。时或琵琶诉情，仅能诉人，音响不能诉人肝肠，一旦天命遥临，妾乃酸腰而起，此正妾身奇之日也。峨眉应妒于形影丰彩，应怜余御辇。今万历行事，主持中外大局，又非宫中争姝，效娇之态矣。阙门一字，时达天听，君王已矣，家乡邈矣。父母生妾，不辰费青春于寂殿，内委香躯于苍穹。母亦妾之先，臣荷重国恩，幽明难报，故生妾以奉朝堂。异日，史策清名，固亦妾遇之不幸，而犹幸也。

近闻陛下命，搜京师画工下之金吾。此辈小人耳，即万千死罪，亦何足惜。然陛下为天下社稷主，赐一女于外国，固以贱魂屏栖于风霜，亦妾所甘心为国家办事，而何有于画工哉？恐天下闻之，必以陛下为恋妾之色，即呼韩邪知之，亦不自安。愿陛下怜妾之言，赦画工之罪，则妾虽死之日，犹生之年也。妾今别矣，妾至汉关，效月支公主婚乌桓事，一拍胡笳，一曲琵琶，音鹰苍云，腔存丹霭。上谢君王之德，下泣父母之恩，千秋万岁，传我陛下，有女臣王嫱持边庭，则妾之勋名，庶几侔霍骠、姚媲传介子，不尤痛快于帷幄，燕私金屋藏娇者哉。故妾悲而复壮，壮而又怜，敌氛腾气，淋漓纸上。异日，登燕支山，令诸妇人尽削玉颜，淡扫眉黛，奉效至尊，应不笑王嫱，有此丈夫妙用也。关门汉月以雄，妾梦生离死别，玉门无期，罔扣所陈。

又报元帝书

臣妾幸得备身禁脔，谓身依日月，死有余芳。而失意丹青，远窜异域，诚得捐躯报主，何敢自怜？独惜国家黜涉，移于贱工，南望汉关徒增怆结而。有父有弟，唯陛下幸少怜之。（此两书为后人赝作，毫无疑义。较之李陵答苏子卿书，更不可同年而语矣。唯俗本流传已久，倘竟弃尔弗录，恐无识者，尚未免抱憾遗珠，且关外青冢，巍然无恙，故实录之，亦足人当知之，正无俟过，为指摘尔。）

郑众谏疏

【节录，郑众见流寓及史鉴门。】

臣伏闻北单于所以要致汉使者，欲以离南单于之众，坚三十六国之心也。又当扬汉和亲，夸示邻敌，令西域欲归化者，局促狐疑，怀土之人，绝望中国耳。汉使既到，便偃蹇自信。若复遣之，虏必自谓得谋，其群臣驳议者不敢复言。如是，南庭动摇，乌桓有离心矣。南单于久居汉地，具知形势，万分离析，旋为边害。今幸有度辽之众扬威北垂，虽勿报答，不敢为患。（单于虽遣使入贡，而寇抄不息。帝议遣使报其使者，众上此疏。）众又上言，臣前奉使，不为匈奴拜，单于恚恨，故遣兵围臣。今复衔命，必见陵折。臣诚不忍持大汉节对毡裘独拜。如令匈奴遂能服臣，将有损大汉之强。（前疏上后，帝不从，复遣众，众因上言。）

吕温：三受降城铭

【唐】

韩侯受命，志在朔易。北方之强，制以全策。亘汉横塞，揭兹雄壁。

如三斗龙，跃出大泽。并分襟带，各闭风雷。俯视阴山，仰看昭回。

一夫登陴，万里洞开。日晏秋尽，纤尘不来。时维韩侯，方运神妙。

观衅则动，乃诛乃吊。廓乎穷荒，尽日所照。天乎未赞，不策清庙。

我圣耀德，罢扃北门。优而柔之，用息元元。曷若完守，推亡固存。

于襄于夷，永息后昆。

李文焕丰州平治甸城山谷道路碑记

【元】

丰之为郡，其来尚矣。地名九原，云朔三辅。控御沙漠，方面之据。金原世勋戚里，置天德军节度而镇守焉。风俗唯淳，民物尚朴。厥土唯瘠卤，厥田唯下中。原高且平，垦耕牧养，军民相参居止。郡南附郭，黑河青冢，古迹仍存。郡北一舍，有围绕之山，名曰祁连。中有捷径故道，甸城山谷，比之银瓮迢遥，渔阳阻险，近争一倍，抵天平七十余里。历经沿革，山水泛涨，阻妨车辆经行，寒暑迭迁，人无举覆。

粤有本州监郡杰烈奉议、知州郭承务、同知哈剌不花承务、判官伦忠勇等，典牧是州，未及数月，讲究兴除利病，遂云："方今政务宣阃之外，供需漠北以军旅粮储为重计，奈何以浮石硗确，有妨给饷之正路耶？又况岁值凶歉，辄欲修理，其可得乎？"遂有此议。申明大同总府及宪司，计禀河东维岳，与闻台省，既从其便，行会之间，伏遇镇遏德宁天山分司宣慰使马正奉、宣慰同知撒德弥实奉训、宣慰副使孙朝请，继踵弛驿，路由是谷，亦既见之，允协前论。就论相邻社，分命东甸城、尖山、李家户三村等鸠集丁役，蜂聚平治，经之营之，不日而就。以致险夷之地，遂成平坦之途。奔驿驾车，引重致远，过者无不忻怿。复值暴雨冲流，窒碍行路，累蒙使郡下令，永蠲本社三村杂泛，明谕家至户晓，常切用力，不致将来复弛前功矣。于三岔山路深重峡隘之处，设置巡兵警捕一所，盗贼畏伏，商旅通行，路不拾遗，民无病涉。

王德成等既承其命，焉敢不遵？尝闻悦以使民，民忘其苦。噫，守土之官，忧民之忧，乐民之乐者，几何人哉？封部之间，有廉君五袴之咏。虑其日月弥远，前德湮而弗彰，而失其传，乡人西三州官医前提领郭瑀、洎涨源杨礼，并本社王德成、刘通甫、李天佑、王通甫等，恳请作文记之，以刻其石。愚辞不获已，故摭其实而备叙之。（此碑现存城内旧都统署大堂东，偏字剥落不全，书法亦极粗俗，尾署延佑七年，奉议大夫丰州知州、兼诸军兴鲁劝农事张铸立，建裕斋后人李文焕撰，并书建裕斋三字，未审所指。且与《府志》所载，有数字不同，如第六句，"向"字，碑作"方面"，遂云以下方今二字。碑忽作撞头式，另行高起，遂将此意碑作，遂有此议。奉讨宣慰副使碑作，奉训宣慰副使不致将来废弛。前功下碑有"矣"字，无"又"字，"警铺"碑作"警捕"，分部碑作封部，官医下碑有前字，其余俱同。

唯李文焕究不知何许人，玩其文意，如又况岁，值凶歉及王德成等，既雅忽俗，未易阳秋，第所云：军民相参居止，以及商旅通行等句，想尔时风俗与令训领相仿云。）

杨继盛请罢马市奏疏

【明，杨继盛，字椒山，为兵部车马司员外郎。时仇鸾议开马市，上疏争之，谪狄道典史，后鸾败，召为武选郎，疏论严嵩误国，十大罪，逮诏狱。论范两疏稿，至今存于家。隆庆初，追赠太常少卿，谥号忠愍。】

奏为乞赐圣断，罢开马市。以全国威，以绝边患事。臣以南京吏部验封清吏司主事，考满到京，升臣今职。荷蒙皇上养育简用之恩，虽粉骨碎身何以克报。况臣官居兵曹，职专马政，靚此开马市之误，岂敢苟避祸患，随众隐默不言。窃唯去年，贼冦悖逆天道，大肆猖獗，犯我城阙，杀我人民，掳我妻子，焚我庐舍，惊我陵寝，其辱我中国极矣！臣在南都，传闻此报，冠髪上指，肝肠寸裂，恨不能身生两翼，飞至都下，以剿逆贼，以报国雠。兹者，恭遇皇上，赫然震怒，选将练兵，克日兴师，声罪致讨，以报百万赤子之雠，以雪城下陵辱之耻。不唯天下臣民共相庆幸，我列祖在天之灵，亦相庆幸多矣。

及臣至都下，见俺答求开马市之书，大放肆无状。窃意上触圣怒，其征讨之志已决。其问罪之师，断不可已。及廷臣会议题，奉钦依准暂开行。臣不觉仰天大呼，喟然长叹曰："国事乃至此哉，国事乃至此哉!"夫以汉之武帝、唐之太宗，不过二霸主耳，犹能威震方外，气压突厥。以皇上之英武，国家之全盛，英雄豪杰勇夫壮士之伏，于草茅下位者，又不可胜数。其蠢兹贼寇，反不能生擒酋长，剿绝苗裔，而乃为此不得已，下策之事哉。

臣请以开马市之十不可者，为皇上陈之。夫开马市者，和议之别名也。寇素宾服，尚不可言。及此去年入寇，杀掳如此之惨则。神人所共愤，不共戴天之深雠矣。今不唯不能声罪复雠，而反与之为此和议之事，何以上解列祖之怒，下舒百姓之恨乎？此忘天下之大雠，一不可也；信者人君之大宝，虽匹夫匹妇，尚不可少失信义，况于天子之尊哉？皇上北伐之命屡下，臣民所共知，四裔所共喻者也。方今各处兵马集矣，粮草器械备矣。天下日夜引领，仰望王师之兴，真若大旱之望云雨也。乃翻然而有开马市之议，则平日之所以选将练兵者为何？备粮草精器械者为何？不有以辜百姓仰望之心乎？此失天下之信义，二不可也；人君居中制外，统驭四裔，以其有国威之重，以屈服之也。今以堂堂天朝之尊，而下与贼寇为此交易之事，是天壤混淆冠履同器，将不取笑于天下后世乎？此损国家之重威，三不可也；天下豪杰，闻贼寇杀戮人民之惨，奸掳妇女之辱，其愤恨不平之气，皆欲与逆贼决一死战。虽深山穷谷之隐逸，亦愿出以复天下之雠。今马市一开，则举相谓曰："朝廷忘赤子之雠，厌兵甲之用矣，将焉用我哉？将见在林下者，不肯出在册籍者，将谋去矣。异日欲复召号，谁肯兴起？此隳豪杰效用之志，四不可也。

自去岁大变之后，天下颇讲武事。虽童子儒生，亦知习兵，此机既动兵将日强。今马市一开，则举相谓曰："中国外域已和，天下已无事矣，将焉用武哉？有边镇之责者，日弛其封守之防。无兵戎之寄者，益惰其偷安之气矣。废弛既久，一旦有急，何以整顿，此懈天下修武之心，五不可；也宣大人民怀携贰之心久矣。一向虽有交寇之事，犹畏王法之严，而不敢自肆也。今马市一开，则彼之交通者，乃王法所不禁，将来勾引之祸，可胜言乎？此开边方通贼之门，六不可也；天下人民，惮于水旱征役之苦。人人有思乱之心，特畏国家之兵威，而不敢变动也。今马市一开，则彼皆以为天下兵威已弱，蠢兹丑贼尚不能服，群起为吗，盗，又焉能制？则将来腹心之变，可胜言乎？此起百姓不靖之渐，七不可也；去岁，贼寇深入，虽未见一兵交战，然犹以为我军仓卒未备，其疑畏之心尚在也。今皇上声罪致讨，调兵半年。及至于今，止为马市之开，则彼得以窥我之虚实矣，目中又奚有乎我哉？此长贼寇轻中国之心，八不可也；贼寇之性诈，变无常，谋深计巧反出我之上。我将欲以此羁縻乎，彼殊不知彼实以此愚弄乎？我或遣重臣，载金帛至边，等候开市。彼违约不来，交易未可知也。或因交易，而即行猖獗撞关而入，未可知也；或今日交易，而明日入寇，未可知也；或遣众入寇，而驾言别部落入寇，未可知也；或以疲马而过索重价；或因市马而过讨重赏；或市马之后，而别有分外不堪之求，又未可知也。是我不能以羁縻乎彼，彼反得以愚弄乎我矣。此堕贼寇狡诈之计，九不可也；贼寇之产马有穷，中国之生财有限，大同之马市一开，宣府、延绥等处，定不可罢。以马与银数计之，每年市马约数十万匹，四五年间，须得马数百万匹，每年约用银数百万两，四五年间须费银数千万两，一旦贼寇之马已尽，中国之财告乏，将安处乎永久之计将安在乎？此中国之财贼，寇之马两难相继，十不可也。

彼倡为开马市之议，以欺诳皇上者，其谬说不过有五。有曰：外开马市，暂以为羁縻之术。内修武备，实以为战守之计耳。殊不知马市之开，乃所以羁縻乎？我非所以羁縻乎彼也？贼性无餍，请开马市之后，或别有所请。许之，再有所请，又许之，请之不已，渐至于甚不堪者。一不如意，彼即违约。则彼之入寇为有名，我之不应其所求，为失信矣。孰谓贼寇无餍之欲，可以市马之小利羁縻之乎？如曰：欲修武备，以图战守。虽不用此羁縻之术，亦可矣，此其说之谬一也。

有曰：方今急缺马用，正欲买马，一开马市，则我马渐多，彼马渐少，岂不两便然。市马非以之耕田驾车也，不过为征讨计耳。如交易果可以无事，则市马又将安用乎。不益重其寄养之扰乎？况贼以马为生，彼安肯以自乘之良马，而市于我乎？不过瘦弱不堪之物，不服水草，将不日俱毙而已，此其说之谬二也。

有曰：初许市马，暂系乎贼寇之心。将来许贡，则可为永久之计。夫谓之进贡者，岂古之所谓，咸宾来王者哉。不过我贿彼以重利，苟免目前之不来。彼贪我之重利，暂许目前之不入耳。况市马，我犹得以少偿其费。许贡则彼白手来取重利矣。是市马则获小利，而无名开贡，则虽有名而费大，市马固不可，许贡亦岂可哉？此其说之谬三也。

有曰：贼虽狡诈，最不失信，观其声言，某时抢某处，再不愆期。可验彼既许其市后不来，则断保其再不入寇。殊不知贼之种类日繁，加之以掳掠人口日增。其日用之服食器用，俱仰给于中国，市马之利，焉足以尽供其所费？彼非尽皆义士，孰肯守小信，而甘于冻馁，以至于死乎？纵使少有羁縻，不过暂保一二年无事耳。不知二三年之后，将何如处哉？此其说之谬四也。

又有曰：加兵不祥，不可轻用。与其劳师动众，征讨于千里之外，而胜负难必孰。若暂开马市，休兵息民，而急修内治，之为上乎。噫！为此说者，是损国家之兵威，养贼寇于日盛，坏天下之大事，必自此言始矣。若曰：加兵不祥，则舜之征苗，文之遏莒，汤之伐葛伯。高宗之伐鬼方，岂尽皆不祥者哉？盖春生秋杀之迭，行上天生物之道也。恩赏兵刑之并用，王者御世之权也。譬如人身四肢，俱皆痈疽毒，日内攻乃，犹专食膏粱，而惮用药石，将不至于伤其元气乎？此其说之谬五也。夫此十不可，五谬之说。明白易知，则马市之开，不利于我中国明矣，而于寇贼则甚利焉。盖数十年来，寇贼以中国之百姓为佃户。秋后则入，而收其租，虽已得计，犹有往来奔走之苦，日夜杀人之劳也。去年入寇，莫敢与敌虚实，既已觇矣。故今请开马市，则可以坐收中国之重利。况马多掳自中国者，春时草枯，则市之。秋后马肥，则入而再掳之。及至来春，又再市之以轮回之，马获青蚨之利。是昔日，彼犹为出门讨租之人，今日我则为上门纳租之户。臣言：及此其愤恨可胜言哉。夫此事利于寇贼，而不利于中国。满朝臣工，皆知其不可然，有人敢议而行之，无一人敢非而止者何哉？彼议而行之者，其意以为征讨之事，已难收拾贼，再入寇，皇上刚明，必追究夫谋国者之不忠，专征者之不勇，误事之祸，何以能免？况前日交通，已有成效，莫若委曲，致开马市犹可。二三年苟延，日后时事，未知如何，且暂免目前之祸，暂固目前之宠。贼纵背约，再为脱避之计未晚也。

然不思皇上所以宠任之专，礼遇之厚，爵位之重，锡予之隆者，盖欲其主张国是，征讨逆贼也，岂徒欲开马市而已哉？其所以不敢非而止之者，其意以为事权既不在我，时势已至，鹘突有欲，谢重担于人而无由者，吾何以冒祸担当。使有所言，而马市罢开。弛其防守，而贼再深入，则必归咎于止开马市之人，加之以误国事之罪矣。孰若隐默不言，大家因循之，为上乎。然贼寇之寇与不寇，不系于马市之开与不开。前此未尝有议，开马市而止之者。去年贼寇何以深入？此时罢开马市，贼或入寇，亦与去年同耳。止开马市之人，夫岂误天下之事者哉？臣以孤寒进士，初入仕途。父母早丧，妻子无依，非不知隐默足以自保，言事足以取祸也。窃唯皇上初时，震怒奋武，其气若此之壮，命将征讨其志，若此之勇，则知今日马市之开，乃议者之奸计，断非皇上之本心也。以皇上之英武，而臣下庸软避事不足，以副之心欲持行，而手足痿痹，良可深恨。此事系国家盛衰之机，臣敢预忧后祸，忍心隐默乎？伏乞皇上，俯察愚臣之罪言，回思欲讨之初志，念贼寇之志欲难餍，非市马小利，足以系属其心。祖宗之社稷无疆，非二三年苟安无事，可以永保。其绪收回成命，罢开马市，鋭意戎兵，决志征讨。务欲擒俺答于阙前，驱丑类于海外。使贼之畏乎，我亦犹我之防乎。彼则上而祖宗幸甚，下而臣民幸甚，谨奏。

尤侗——青冢铭

【国朝，尤侗，字悔庵，长洲人，明季诸生，顺治初，由拔贡生授永平府推官。为徐立斋元文师，世祖亟称许之，所著有《西堂杂俎》等集行世。】

有美一人，爰生三楚。家近湘君，村连婺女。云上鬟娇，山来眉妩。

瓠齿能歌，弓腰善舞。年华似月，妆晓如霞。头宜搔玉，腕称封纱。

昭阳惊艳，结绮羞花。徘徊鸾镜，踯躅羊车。红粉难逢，丹青易玷。

黛短双蛾，朱残半面。末御金环，先捐纨扇。妾人自悲，君王不见。

春风永巷，秋雨长门。珠帘书卷，银镯宵昏。泪零宫草，梦断红荪。

不妃赤帝，愿嫁乌孙。汉室和亲，匈奴请后。狗坚催妆，娅娥折柳。

拥髻升车，光射左右。天子拊髀，呼韩稽首。生辞金屋，远适玉关。

萧条紫塞，迢递青山。笳吹忽起，马鸣不前。惊沙匝地，哀雁横天。

鸭绿江边，漫罗山下。貂帽狐裘，角弓玉弝。锦伞夫人，胡服骑射。

乱点酴酡，轻飘兰麝。月高围屋，雪满拂庐。琵琶细语，垂手氍毹。

阏氏一笑，醉倒单于。左贤色动，比妓踟蹰。朔漠霜寒，帝京云杳。

凛凛北风，依依南鸟。碧颜方骄，红颜易老。旃车晚出，毳帷夜嬲。

悲来别鹤，惭去聚庆。宁甘仰药。岂忍抱裯。竟埋沙碛，敢望玉钩。

魂兮归来，归彼归州。神游故乡，形销绝域。墓草青青，三年化碧。

汉使伤心，胡儿叹息，恩怨千秋，声传玉笛。

郑祖侨——费公祠堂碑记

【郑祖侨，字惠庵，右玉人。父崇雅，为武陵丞，卒于官侨。走数千里，负骸骨归。家贫苦学中式，康熙壬午科举人，官曲沃教谕。】

曩者噶尔丹远阻声教，频年跳梁，侵扰各蒙古部落。以致九边柝起，灞上烽然。祁连以北，俱为锋镝之场矣。天子赫然震怒，推毂委大将军，驻劄归化城，凡内外满汉官兵，及各蒙古部落，咸属调遣。时甲戌季春也，大将军出镇边外，鸡犬不惊，贸易交错，兵无匮饷之怨，民鲜输挽之苦。且秉雄谋，具速略，威仪外严，风神内照，谦光下物，赤心示人，无论官民军卒，咸被仁风而遵纪律焉。

不料渠魁负固，屡犯天朝，虽逞螳臂之威，恐为尾大之衅。皇上亲统六师，深入不毛，敕命大将军会合诸路，协力剿除。三十五年五月十三日登坛誓众，指挥三军于昭木多地方，矢石并集，白刃交前，歼数年之狡寇，解生民之怨讟，积甲如山，尸封塞河，大将军复深入巢穴，收合余烬，俾遗孽途穷，衔璧军前，皆畏威仰德，共待皇恩，向之窥伺中夏，凭陵同盟者，莫不一朝底定也。

奏捷后，御驾凯旋。复以大将军，精忠性成，壮武夙具，其密谋硕书，素匡赞于宸聪者，不可枚举。但鹑奔鼠窜之党，匿形山谷，遗患将来，特命留镇边庭，以防复作，封为抚远大将军。凡满汉诸军，既蒙用命之赏，复被投醪之惠，而将军则扬旍瀚海，系马阴山，严刁斗而守烽燧，朝夕无暇逸焉。方将军之用兵也，三令五申，不拘孙吴旧书，暗合卫霍方略。是以拓境边外，慑服遐方。且器量深沉，知人善任，山薮无弃，苞苴不行。兵不敢欺，盗不敢发，于归化城驻节数载，以致商贾骈集，泉货交通，荒莱既垦，黔黎茂育，兵革之余，修成繁华之地。虽古之纪功狼胥，勒石燕然者，未若斯之盛也。

三十六年八月十一日，晋为内大臣一等公。三十七年二月初一日，皇上眷念封疆大臣，久驻塞外，特命迎归，勋第朝夕启沃。凡塞外兵民商贾，共深河内之请，同念黎阳之别。将军以皇命谆谆，不遑久滞，与故老营弁，多方劝谕，抚恤相别。凡经过之处，无论老幼，莫不攀辕迎颂，欢声四起，颂将军之德，皆戴天子之恩于无疆也。至于今塞外廛闩扑地，歌吹动天，皆将军之遗惠所垂。虽朝廷屡颁宠眷之典，而草野讵忘涓埃之报，于是营方面吉地，选山泽良材，命虞衡之匠，引恶黝之司，连造祠堂，以纪宏勋，而慰民望。祠成，凡军民商旅，仰瞻其下者，无异昔年帷幄鼓吹时也。首事人等，欲勒诸贞珉，问序于余，余仅以管窥之见，述其大概云尔。至大将军生平事业，翊赞忠盖，俟诸麟阁之纪焉。

袁枚——抚远大将军费襄壮公传

【袁枚，字子才，钱塘人。弱冠试鸿博，乾隆戊午己未乡会连捷，改庐常出宰江南。三十六岁病归，奉母居随园，年八十一以寿终，所著有《小仓山房》诗文等集。】

费公扬古，满洲正白旗人，居董鄂地方，以地为氏。年十四，袭三等伯爵，性朴直。而貌雄奇，待人以和，无疾言遽色。好在上前自言己短，人多笑之。康熙十九年，厄鲁特噶尔丹不靖，圣祖命随裕亲王征之，破贼于乌兰地方。先是厄鲁特部落与喀尔喀连界，厄鲁特之子纵猎喀尔喀地方，争兽被杀。厄鲁特酋长噶尔丹谋报仇，阴令番僧千人，诡游牧在其界内一年，而喀尔喀不知也。突于除夕，率众鼓噪直入，所伏千僧，从中接引，喀尔喀度岁，轰饮醉卧矣，变起仓卒，父子不相顾，向南狂奔。噶尔丹追逐，所杀士卒无算。

喀尔喀奔至中国，款关求救，面目如鬼，自言饥饿垂死，乞大皇帝活命。圣祖怜而纳之，仍与位号，赐牛马，拨有水草处俾居。遣人谕噶尔丹曰：汝两小国，唇齿相依，当各守瓯脱，何必互相吞噬。朕仰体天地好生之心，不喜人争斗，汝可休兵回国，无违朕命。噶尔丹奏曰：喀尔喀杀我子，我理当报仇。大皇帝要我罢兵，可将我仇人车臣汗、哲卜尊二人交出，我便回去。圣祖诏答云，人穷促来归，朕心哀之。其可以仇人界汝。汝他日穷促来归，朕亦如待车臣者待汝，不歧视也。

噶尔丹恃强不服，圣祖怒，下诏亲征。分三路出塞，命公出西路，御驾出中路，将军马思哈出东路，允遣谍者诱其来。噶尔丹疑圣祖，必不亲临，果以兵至，到克尔伦地方，离中路营四十里。其前哨探知御驾所在，精兵悍将萃焉。西路费将军兵已粮尽，噶尔丹遂避中路，直犯西军。

公下令曰："我兵深入不毛，噶尔丹探知粮尽，故直来犯我。我当先示弱以矫之，而一鼓作气以擒之。我军今日视我鸣角，然后发矢炮。我角不鸣，先发矢炮者斩。令毕，噶尔丹兵数千至矣，各列队两山冈。公先遣疲卒四百人挑战，噶尔丹张两翼，围四百人，尽殁于阵。噶尔丹大喜，直薄我师，矢石如雨，公端坐胡床，手执大角而不吹。将军孙思克跪请曰："事急矣。贼骑相离二十步，我军张弓引矢，张目待将军。若再不战，事恐不支，"公怒叱之退。又稍稍近前，公鸣角，左右俱鸣角，矢炮齐发，瞬息间烟尘蔽天，贼众披靡焉，散走山 凹。公仰天大笑，指挥众兵，取虏粮物，而穷追之。其众大溃，酋长头目，或死或降。噶尔丹仅以身免。奏上，圣祖谕云：九月十三日，卿奏已到，朕甚欣慰。现丹济勒虽降，噶尔丹降表未至。然知其破坏已极，不能支拒，倘其来降，卿可善言谕导，令至归化城候旨，当筹一地方安置之，亦是圣人柔远之意。

王师凯旋，公以军功进爵一等，仍管抚远大将军事。公退而告人曰："我兵枵腹不能耐久，故鼓其锐气，忘命一战，竟能胜之。如彼持重不斗，环围一日，则我败矣。"或有颂其功者，谢曰："我有罪无功，我恃勇深入，至于绝粮，一罪也；约会后期，致劳圣虑，二罪也；倘不仗圣主如天之福，虏不知兵，我死有余辜，尚敢言功乎。”其谦退如此。

公在军中，与士卒同甘苦，坐帐下，事无大小，皆亲决之。有求见者不待传宣，登时召人。好读《左氏春秋》，手不释卷。一日立营未久，民捉一兵至，诉其闯入渠家，调其妇。公问被污乎，曰：“未也。”公拔一刀与之曰：“今立营之初，斩之不祥，嗣后兵敢再来汝家，即将此刀斩之。”民与兵皆叩头去，后作先锋冲虏阵者，即此兵也。朔漠既平，圣祖诣箭亭观射，诸大臣皆弯弓发矢。公奏：臣臂痛不可以弓。上许之。出而告人曰：“我曾为大将军，倘一矢不中，有损国家威重，无乃为外夷所笑，故不与诸将军角技也。”人服其雅量，薨后赐谥襄壮。

魏源——国朝绥服蒙古记

【源，邵阳人，官内阁中书舍人，所著有《圣武记》行世。】

蒙古，诸游牧国之大名也。十七行省及东三省地为中国，自中国而西回部，而南卫藏，而东朝鲜，而北俄罗斯。其民亦皆土著之人，其国亦皆城郭之国。若乃不郛郭，不宫室，不播殖，穹帐寄而水草逐者，唯瀚海南北部及准部、青海诸部则然。故史传外夷皆以居国、行国为大界，而游牧行国，又以瀚海为大界画。

若汉匈奴贤王有左、右，一居东方以接秽貊，一居西方以接氐、羌，而单于庭直代、云中，攘之则还手漠北。至后汉而为南单于、北单于，再变为东胡、西胡；三变为柔然，为东、西奚；四变为东突厥、西突厥；五变为内回纥、外回纥。上下数千年，离合绝续，皆以大漠为诸部之纲维。于是乎左，于是乎右，于是乎南，于是乎朔。其扩入版图，列为郡县者，唯唐初荡平突厥之地，置定襄、云中等郡，领单于于瀚海二都护，一时称极盛，而控御不久。辽、金置上京、中京、西京诸道，仅域于东、西奚而未及河朔。

唯元起漠北，奄有函夏，于漠南置大宁、上郡、兴和、大同等路，于漠北置和林行中书省，以至西域、青海皆分建诸王、驸马，为古今戎索之一变。明之中叶，元裔由漠北入漠南，于是边防复棘，且其根柯盘固，支条蔓衍，为今蒙古各部汗王环处大漠故。高宗言："三代以后，唯元太祖裔至今不绝云。按其部类，大分有四：曰漠南内蒙古，曰漠北外蒙古，曰漠西厄鲁特蒙古，曰青海蒙古。四部中，漠南内蒙古接壤满洲，臣服最先；至康熙初，而漠北喀尔喀三部内款；及亲征准噶尔，而青海诸部来庭。于是三大部蒙古皆混为一家。唯漠西厄鲁特恃其荒远，抗衡狂突，至乾隆中，始夷其疆域，空其部落焉。漠南、漠北二部，大半由元太祖成吉思汗至今世姻。帝室其青海则元之旁支，西域则元之臣仆，至今唯通朝贡，与称外戚甥舅者殊科。因而区之，以诏戎索。

内萨克蒙古六盟：东四盟，当盛京、黑龙江及直隶边外；西二盟，当山西、陕西、甘肃边外。凡四十有八旗，二十有四部，并归化城土默特，则二十有五。东抵吉林、黑龙江界，西至贺兰山，南界长城，北距瀚海，络雍、冀、幽、并、营五州北境，袤数千里。明初悉攘诸漠北，中叶复荐食漠南，边患遂与明代相终始。我朝龙兴，首臣科尔沁，继平插汉（即察哈尔），于是诸部先后来庭，有大征伐，率师以从，世其封爵，时其朝贡。凡二十五部，为五十有一旗。其制略，与在京内八旗蒙古等。其朝觐分为三班。其会盟，则若科尔沁，若郭尔罗斯，若杜尔伯特，若扎赉特，四部为一盟，其盟所曰哲里穆，其贡道由山海关。若札鲁特，若喀尔喀左翼，若奈曼，若敖漠，若翁牛特，若阿鲁科尔沁，若巴林，若克什克腾，八部为一盟，其盟所曰召乌达，其贡道由喜峰口。（奈曼，即元史所谓乃蛮也。元太祖既乎乃蛮以封其子，故后人因以名部，盖先得漠北，后得漠南也。）若土默特，若喀喇沁，二部为一盟，其盟所曰卓索图，其贡道亦由喜峰口。若乌珠穆沁，若浩齐特，若阿巴哈纳尔，若阿巴噶，若苏尼特，五部为一盟，其盟所曰锡林郭尔，其贡道由独石口。以上为东四盟内蒙古。

若四子部落，若喀尔喀右翼，若茂明安，若乌喇特，四部为一盟，其盟所曰乌兰察布，其贡道由张家口。又鄂尔多斯一部七旗，牧河套内，自为一盟，其盟所曰伊克台，其贡道由杀虎口。以上为西二盟内蒙古。

每三载盟会之期，钦命大臣赍勅以往，设正、副盟长各一，以简军，阅边防，理讼狱，审丁册。唯归化城土默特向隶将军、都统及各厅同知，不设札萨克，故会盟集于本城，不设盟长，听简命大臣莅视。其各部每旗事权，皆掌于札萨克一人，此外皆散秩。其亲王、郡王、贝勒、贝子、镇国辅国公、台吉等，或以功晋封，或以世袭，无定员。

初，元太祖起和林，削平西北诸国，建王、驸马等世守之，为今内、外札萨克蒙古所自出。而仲弟哈萨尔以射闻，季弟勒格图以勇闻，佐命功尤大。今之阿巴噶、阿巴哈纳二部，皆勒格图后也；而科尔沁及札赉特、杜尔伯特、郭尔罗斯、四子部落、茂明安、乌喇善、青海和硕特九部，皆哈萨尔后也。又有太祖十五世孙达延车臣汗者，建庭和林，支裔繁布于漠南、北，若奈曼、巴林、敖汉、苏尼将、乌珠穆沁、鄂尔多斯、克什克腾、喀尔喀左右翼，九部皆其后也。翁牛特，则太祖弟鄂楚因之。后扎鲁特及土默特右旗，则太祖十八世孙之后。唯喀喇沁及土默特左翼，为太祖功臣济拉玛之后。余皆元子孙，皆以插汉为大宗，其归本朝也，皆以林丹汗不道之故，今不悉述，述其尤著者。

太宗文皇帝天聪九年，得传国玺于元小王子裔插汉部，于是蒙古四十九贝勒，及土默特两旗合上尊号，改元崇德，是为我大清受命之始。前此太祖天命中臣服诸国，除沈阳、辽阳得自明外，余若黑龙江五部、长白山二部、东海三部、扈伦国四部，凡河东、河西之地，使犬、使鹿之邦，明人所称南关、北关者，皆金代部属，语言相同，城郭之国，非蒙古行国也。其时已与科尔沁盟好，而与插汉构衅。

插汉部者，元之嫡裔大宗也。初，顺帝北归和林，连易五主，始去国号，称鞑靼可汗，皆在洪武之世。永乐初，本雅失里可汗为阿鲁台所立。宣德中，脱脱不花可汗为瓦剌酋长脱欢所立。景泰中，也先篡之，不久，部下仍立脱脱不花子，号小王子，自是，世以小王子称。正德中，小王子尤强，并青海及乌斯藏，控弦十余万。嘉靖中，稍厌兵，徙幕辽东边外，称土蛮，而分诸部落留西北边。其时，边防皆急，河套、青海，及俺答封，西陲奠。于是东部土蛮小王子裔数入寇，边患又中于蓟辽。故明世边寇曰：河套部、河西部、河东部。西则今青海蒙古，东则今内札萨克蒙古，套则今阿拉山及鄂尔多斯蒙古也。至西厄鲁特，则瓦剌王脱欢、也先之裔，明中叶后罕入寇。而北部喀尔喀蒙古隔于大漠，终明世不见于史云。

万历中，我大清兵起，明人思用东部插汉小王子，欲以敌大清。而要挟岁赏，终无成效。末年，林丹汗士马强盛，横行漠南，有宋康武乙之暴。天命四年来聘，书称："统领四十万众蒙古国主巴图鲁青吉斯汗，致书水滨三万众满洲国主"，且恃其虓阚，凭陵诸部。诸部先后驱归大清，请师援救。天聪八年六月，太宗统大军，尽征各部蒙古兵征察哈尔。时辽河夏涨，昼夜冒潦，出其不意，逾内兴安岭千三百里至其庭。林丹汗谋拒战，而所部解体，遂徙其人畜十余万众，由归化城渡河西奔，沿途离散十之七八，林丹汗走死于青海之大草滩。我大军至归化城，收其部落数万而还。明年，其子额哲率所部奉传国玉玺来降，封亲王，位冠四十九旗贝勒之上，其众编旗安置义州。

额哲卒，其弟袭爵，传至布尔尼。当康熙十四年吴三桂之变，征其兵不至，旋煽奈曼等部拥众同叛。诏以多罗信郡王鄂札为抚远大将军，以大学士图海副之，率不附逆各部蒙古兵进讨。四月，师次岐尔哈台，侦贼屯于逢禄，我军留辎重，以轻骑进。布尔尼设伏山谷间，列阵以待。我军先败其伏兵，进击其大队，败之。布尔尼收溃卒战，复连败，以三千骑遁，为科尔沁兵射死。凡六阅月平，空其故地，置牧厂，隶内务府太仆寺，而移其部众游牧于宣化、大同边外。其八旗分东西二翼，其旗内官地及与汉民互市讼狱，治以四旗厅及独石口、张家口、丰镇、宁远各厅，其本旗事务，辖以都统等官，而总隶于理藩院典属司。此八旗在蒙古四十九旗外，官不得世袭，事不得自专，与各札萨克君国子民者不同，其故地袤延千余里，在独石口、张家口边外。

又归化城土默特者，明顺义王俺答之后也，中为察哈尔所灭。我太宗亲征察哈尔，跸归化城，降其部众编为二旗，以其部长为左右翼都统，并还其世所守顺义王印，而遣将军贝勒岳托、副都统吴巴海驻其城，镇守之。土默特酋博硕克图之子，使喀尔喀，阴与明通，吴巴海邀斩其使。崇德元年，喀木尼漠部叶雷等叛投漠北，吴巴海率兵追之，数旬无所见。漠中射一雁，负矢飞而堕，往取之，见贼营遣火，遂蹑及于温多领。叶雷注矢引满，将拒战，有狐起于前，触叶雷弓堕，遂为我擒，始收其顺义王印。乾隆中，并裁都统，其旗务则掌之将军、副都统。唯存辅国公世爵一，不理事。并设同知、通判，理旗民赋讼之与京师内八旗蒙古相等，而与插汉小殊。故新疆各省驻防有察哈尔蒙古兵，无土默特蒙古兵。

科尔沁部在喜峰口外，从龙佐命，世为内附，与国休戚。孝端文皇后、孝庄文皇后、孝惠章皇后，皆科尔沁女。故世祖草创初，冲龄践祚，中外帖然，翳蒙古外戚扈戴之力。天命至乾隆初，额驸尚公主者八，有大征伐，则属前驱，劳在王室，非直亲懿而已。故顺治十有一年，上以诸札萨克蒙古久不见，空壅上下之情，特赐敕存问，为王屏藩百世，而土谢图亲王、达尔罕亲王、卓里克图亲王、札萨克图郡王，四爵俸币，居二十四部之上。（科尔沁部离此间较远，记内事迹，亦无此无涉因节录之。）

鄂尔多斯部在河套中，东西北三面皆距河，东西袤二千里，南北广八九百里，首尾或五六百里、三四百里，秦蒙恬所夺匈奴河南地，以阴山为塞，而汉、唐之朔方郡也。前代城堡边墙故迹棋布，而花、马二池盐，与河东盐并行，地宜马驼。有麦垛山铁可为兵，河柳可为苛，赫连、元昊屡为霸国，形胜可战可守。元太祖十六世孙巴尔苏始居之，为鄂尔多斯济农，有九子分牧而处，是为今鄂尔多斯七札萨克之祖。明末苦林丹汗之虐，纠合喀喇沁、阿巴噶诸部，败察哈尔兵四万，于土默特之赵城。天聪九年，大军追林丹汗子额哲于黄河西，未至，鄂尔多斯先邀与盟，攘其部众，而献千户于我朝。顺治初，出兵随英亲王剿流贼于陇西。康熙中，合剿叛贼王辅臣，皆有功。三十五年，上亲征噶尔丹，至所部界，诸札萨克，渡河朝御营，献马，请设驿馈，运出兵扈跸。上嘉其俗宠土沃，牲畜猎娴，周览形势，谓札萨克等。曰："明人畏河套，畏尔蒙古如榻侧卧虎，亦其时无人耳。若今日大军且逾阴山、贺兰山，出尔背后，其奈我何。"诸札萨克稽首曰："今天下一家，上奈何出此惊人之语耶。"本六旗，至乾隆中，滋息增一旗，札萨克七，自为一盟。

国朝喀尔喀相继归诚，名凡三：曰旧喀尔喀，即编入八旗之驻京蒙古也；曰外喀尔喀，即漠北外札萨克四部蒙古也；曰内喀尔喀，由喜峰口、张家口外之内札萨克左右翼蒙古也。左右翼本元太祖十五世孙达廷车臣汗之裔。此外蒙古同名者，有两科尔沁同名同族（一居嫩江为嫩江科尔沁，一为阿鲁科尔沁，俱元太祖帝哈萨尔之后）。有两杜尔伯特，同名异族（一内札萨克，一西厄鲁特）。有三土默特，其二部分左右翼，异姓同牧（左翼元臣济拉玛裔，右翼元太祖裔）。归化城土默特与右翼为近族。（绥服蒙古记，凡三篇，此篇内记内六盟蒙古，次篇记外四盟蒙古，与此地无涉，其第三篇内，唯阿拉善王部落，离此较近，且有牵涉归化城语，因摘录于后。）

贺兰山厄鲁特者，俗所称阿拉山蒙古也。阿拉山即贺兰山，亦讹阿拉善，皆语音之转。其地在河套以西，东宁夏，西甘州，南凉州，北瀚海，袤延七百余里，至京师五千里。山阳为内地，山阴为蒙古游牧。汉北地、武威、张掖三郡西北境，唐吐番，宋西夏，明为边外地。国初厄鲁特种类繁盛，分牧套西者谓之套夷，驻牧青海者谓之西海诸台吉，其驻牧天山北路者谓之北厄鲁特，各有部长，当青海盛时，并属于固始汗。其后唯北厄鲁特倔强猾夏，自取侮亡。其部众先降者，在青海则有游牧之绰罗斯特、土尔扈特各旗，在喀尔喀之西科布多之东者，则有乌兰、乌苏之厄鲁特二旗（乌兰乌苏在鄂尔昆河左右）。拜达里克河之杜尔伯特十四旗，皆北厄鲁特之裔（拜达里克河在科布多之东，推河之西）。而青海套西，二厄鲁特尤密尔内地。

初，固始汗兄子曰鄂齐图汗，游牧套西，而固始汗季子巴廷阿玉什生子十六，其四人居青海，其和罗理等十二人亦牧套西，是为二部分地之始。顺治初，鄂齐图汗遣使入贡，且请助攻喀尔喀。其后康熙十六年，准部噶尔丹娶鄂齐图女，旋以兵袭杀鄂齐图，破其部，遣使献所俘弓矢甲胄。诏却之。于是西套厄鲁特溃散，或投西藏，或被虏归伊犁。而和罗理族避居大草滩，庐帐万余，守汛吏驱之不去，并有准噶尔逃人数百从之，骚近边。诏宥其饥困窜掠之罪。和罗理等求达赖喇嘛表请甘州东北之龙头山，蒙古谓之阿拉山，即贺兰山阴者，赐其游牧，以距边六十里为界。诏许之。是为阿拉山厄鲁特游牧之始。

二十七年，噶尔丹侵喀尔喀，和罗理族人前陷准部中者，乘准夷与喀尔喀战，挈千众脱走来降。诏徙之归化城，以避准噶尔，和罗理擅留之。三十年，惧讨，分道叛遁，先后为官兵擒斩。三十一年，和罗理悔罪乞降，诏仍牧阿拉山。其族人屡为准噶尔诱唆，辄蒙恩赦宥。和罗理以所部数离叛，难约束，请视四十九旗例编佐领。廷议徙之乌喇界，上以治蒙古贵服其心，不在地之远近，其仍游牧阿拉山地，给札萨克印，编一旗，置佐领，封郡王一、镇国公二，自是永为不侵不叛之臣。三十五年，随大军败噶尔丹于昭莫多。明年，上视师宁夏，复请从戎。四十二年，复有额济内土尔扈特人来降，诏编置一旗，与阿拉山同牧。雍正二年，王师定青海。廷议以阿拉山屏蔽宁夏，和硕特旧游牧山后，近岁或徙山前，请敕札萨克郡王阿宝部众归牧山后。自后遂与青海分部。乾隆中，大军剿准、回二部，及讨兰州石峰堡送回，辄以所部为军锋。故阿拉山兵称雄，晋爵亲王。

初，河套有花马盐池，鄂尔多斯部据之，套西有吉兰盐池，阿拉山王据之，其法皆于两池置官收税，听蒙古、汉人转运，不问所之，暗符刘晏之法。而套内之盐不如套西咸洁，故甘肃民食花马小池盐者十之三，食阿拉善池盐者十之六，陕西民食亦居其三，骆驼牛骡，运负绎络。吏恐侵潞盐引地，止许运至皇甫川云。

康熙亲征准噶尔记

厄鲁特，亦蒙古也。元之亡，蒙古分为三大部：漠南蒙古、漠北喀尔喀蒙古，皆成吉思汗之裔（元太祖，国人称之曰成吉思汗。或作钦或作青，皆音之转）。唯居西域者，非元太祖后，出脱欢太师及也先瓦剌可汗之裔，是为厄鲁特四卫拉蒙古（卫拉即瓦剌之转音）。国初，唯漠南蒙古早结和亲，而喀尔喀、厄鲁特两大部皆雄长西北，间通使，间为寇。顺治中，王师方定中原，未遑远略，于是厄鲁特吞噬西北，日渐强大。

初，厄鲁特四卫拉部，曰绰罗斯，牧伊犁；曰杜尔伯特，收额尔齐斯；曰土尔扈特，牧雅尔（即塔尔巴哈台）曰和硕特，牧乌鲁木齐。和硕特固始汗于明未袭据青海，又以兵入藏，灭藏巴汗，而有其喀木之地。绰罗斯特则据伊犁，兼胁旁部，与喀尔喀邻，势俱张甚。

康熙中，绰罗特浑台吉死，子僧格立。僧格死，子素诺木阿拉布坦立，僧格弟噶尔丹杀之，自立为准噶尔汗。旋取青海和硕特车臣汗女，而袭杀车臣汗（即鄂齐图），兼有四卫拉特，复南摧回部，城郭诸国，尽下之，威令至卫藏。则又思北并喀尔喀，乃自伊犁东徙帐阿尔泰山，并使杜尔伯特部众屯田，且耕且牧，以峙其食。

会喀尔喀土谢图汗执杀札萨克图汗，而夺其妾，三部内哄。

我朝遣使偕西藏达赖之使和解三部，噶尔丹使其族人多尔济札布随而觇之，故使谩骂土谢图汗，以激其怒。土谢图汗果执杀之，噶尔丹遂藉词报复，扬言借俄罗斯兵且至。喀尔喀探之无共事，守备懈。而噶尔丹言之不已，喀尔喀益不信。噶尔丹潜遣喇嘛千人游牧其地，喀尔喀亦不以为意也。

二十七年夏，噶尔丹领劲骑三万，逾杭爱山突袭其帐，游牧喇嘛从中应之。土谢图汗仓卒溃遁，其子噶尔旦台吉拒战，大败，倾国东走。途遇我使臣张鹏翮等往俄罗斯，经其东部车臣汗地，喀尔喀遣使乞援，即扬言大国兵来救已。于是噶尔丹亦具书来，使臣具檄晓谕之。噶尔丹知我兵不为喀尔喀也，复践之，并击破其邻部右翼车臣汗、左翼札萨克图汗，又劫其大喇嘛哲卜尊丹巴胡图克图之帐。于是土谢图等三汗部落，数十万众，尽弃牲畜帐幕，分路东奔，于九月投漠南，款关乞降。

圣祖命尚书阿尔尼等发归化城独石、张家二口仓储，并赐茶布牲畜十余万以赡之，暂借科尔沁水草地使游牧。噶尔丹亦遣使入贡，上敕其率众西归，还喀尔喀侵地。噶尔丹既兼有回部、青海、漠北，则益骄蹇，不奉命，踞喀尔喀王庭，征诸属国，控弦之士数十万。二十九年，以追喀尔喀为名，选锐东犯。五月，侵及乌尔会河。尚书阿尔尼以蒙古兵击之，而令喀尔喀夺还所掠牲畜。喀尔喀贪利争取，阵遂乱，反为厄鲁特所败，乘胜东趋内札萨克蒙古地方。

是时，朝廷已平三藩，定陇蜀，收台湾，和鄂罗斯，天下无事。圣祖以噶尔丹势炽，既入犯，其志不在小，且喀尔喀不可使无故地游牧也。六月集大臣于朝，下诏亲征。命抚远大将军裕亲王福全为左翼，皇子允提副之，出古北口；安北大将军恭亲王常宁为右翼，出喜峰口。右翼兵遇贼乌朱穆秦，战复不利，收军。准噶尔遂乘胜长驱而南（乌珠穆秦亦内蒙古部落之一，在盛京西界，距古北口九百余里。秦，一作沁），深人乌兰布通，距京师七百里。乃止右翼兵，改命康亲王杰书等，屯归化城，要其归路。

八月朔，我抚远军遇贼于乌兰布通，噶尔丹遣使来言："追喀尔喀仇人，阑入中国汛界，非敢妄行。请执土谢图汗及其弟哲卜尊丹巴大喇嘛畀我，即当班师。"翌日，我军进击，大战于乌兰布通。贼骑数万阵山下，依林阻水，以万驼缚足卧地，背加箱垛，蒙以湿毽，环列如栅，士卒于垛隙发矢铳，备钩距，谓之驼城。我师隔河而阵，以火器为前列，逼攻中坚，声震天地。自晡至暮，驼毙于炮，颓且仆，阵断为二。步骑争先陷阵，左翼兵又绕山横击，遂破其垒。贼乘夜走保高险。

翌日，遣西藏喇嘛济隆来军，卑词乞和。奏闻，诏："速进兵，毋堕贼计。"而噶尔丹不俟报即拔营，由克什克腾部之什拉穆楞河裁木横渡，越大碛山宵遁。所过皆烧荒，以绝追骑。逾数日，我师轻骑追之，已不及。噶尔丹中途遣使献书："顶威灵佛，誓不犯边。"并具疏谢罪。科尔沁土谢图亲王谋羁留之，而噶尔丹逸不止，且尽失负驼，无辎重，狂奔绝漠而北，沿途饥踣死亡，得还科布多者仅数千人。时上偶不豫，自博洛河屯回銮，诸将不及奉进止，而归化城西路兵及科尔沁诸蒙古兵，以奉裕亲王讲和之令，遂不复邀击。信郡王劾裕亲王不乘胜追剿，反檄止苏尔达等进兵，致穷寇窜逸。上以功过相兼，薄其罚。有言科尔沁土谢图亲王通于噶尔丹阴纵之去者，上亦不之疑也。八月，班师回銮。

三十一年五月，噶尔丹遣使至归化城，声言入贡，男妇接踵至者几二千。将军费扬古遣兵迎诘，且遏之。诏责还其使。三十三年，约噶尔丹来会盟，不报，而遣兵侵掠喀尔喀益甚，屡书索土谢图汗及哲卜尊巴大喇嘛益急，且害我使臣（时噶尔丹兄子策忘拉布坦，为噶尔丹所迫，遣使人贡。故我遣使报之）。而阴遣使诱内蒙古各部叛归己。科尔沁土谢图亲王等以闻。

上以前此乌兰布通之役，贼几可灭，我师坐失机会，欲复致其来，一战覆之。乃密令复书，伪许内应，而预调士马刍粮以待。三十四年，噶尔丹果率骑三万入寇，沿克鲁伦河而下，侵掠至巴颜乌兰，自秋徂冬，踞之不去，亦不犯漠南。遣使往激之，贼令使者徒步归，且大言借俄罗斯鸟枪兵六万，将大举内犯。盖以前败，由火器不如中国。故佯假西洋火器以张其军。其实俄罗斯并无意助寇，且噶尔丹惩前败，亦未敢深入送死也。

明年春，上复祃牙亲征，皇太子留守京师。命将军萨布素率东三省兵出东路，遏其冲；大将军费扬古、振武将军孙思克等，率陕甘兵出宁夏西路，邀其归；上亲统禁旅，由独石口出中路，皆赴瀚海而北，约期夹攻。沙碛不宜车，乃留大炮，唯驼子母炮以行。每驻营，上亲拊士卒，相水草。军行瀚海，泉溢刍生。五月，遂由科图进逼贼境。而东路军尚未至，西路军亦奏言贼尽焚草地，我军迂道，秣马粮运阻雨，师行七十余日，士马馁困，乞上缓军以待。途次复有传俄罗斯助兵之信，大学士伊桑阿等力请銮。上怒曰："朕祭告天地宗庙出征，不见贼而返，何以对天下？且大军退，则贼尽锐注西路，西路军不其殆乎。"遂率兵疾趋克鲁伦河，手绘阵图，指示方略。从行王大臣有言，宜俟西路兵至而合击者；有言宜出其不意直前突击者；有言宜先迫使告以驾至，俟其惊扰而后乘之者。

上命诸皇子议之，定计遣使。噶尔丹尚不信，登北孟纳兰山，望见御营黄幄龙纛，环以幔城，又外为网城，军容山立，大惊，拔营宵遁。翌日，大军至河，则北岸已无一帐。克鲁伦河者，起车臣汗西界，东北近黑龙江，横亘瀚海东北二千里，乃内外蒙古之界也。上初意贼必扼河拒战，故两路出师，攻其腹背。及是知贼已丧胆，遂命领侍卫内大臣马思哈搜讨巴颜乌兰近地，上亲率前锋追之三日，至拖诺山，不及而还。命内大臣明珠，尽运中路之粮，以济西师。

贼奔驰五昼夜，中途欲拒战于拖诺山，而众奔不能止，沿途遗老弱辎重及浆浑脱无算。适我西路兵邀之于昭莫多，蒙古语"大树林"也，即明成祖破阿鲁台地，在肯特岭之南，土腊河之北，汗山之东，平旷饶水草，同望大岭，千仞如屏，为自古漠北战场。时敌军至者仅万，然皆百战之贼。我师饥疲，马僵其半，士多徒步。费扬古等议，马力不能驰击，非反客为主，以逸待劳不可。距敌三十里即止营，其地有小山，三面皆距河，林木茂苍可设伏。先遣前锋兵四百且战且却，诱贼至昭莫多。费扬古率左右翼步骑先据小山阵于东，余沿土腊河阵于西，兼备林中伏贼。遵上所授方略，各兵皆下马步战，约闻角声始上马。

将军孙思克以绿旗步兵居中，据山顶临之。贼争山顶锋甚锐，我兵据险俯击，弩铳迭发，藤牌继之，每逢辄以拒马木列前自固。（赵氏记谓，以拒马木拥于后，示必死云。按：拒马木皆列于前，所以制敌骑之冲突，即卫青刚车自环之意。先为不可胜，以待敌之可胜也。兵入敌境，不患不致死，无拥于后之理。）贼冒矢铳鏖战，至暮不退，人人如怒虎，林木皆震。扬古遥望贼阵后，人马不动，必其妇女驼畜也，乃麾沿河伏骑，一横冲入阵，一袭其后辎重，山上军奋呼夹击，贼始溃败，乘夜追北三十余里。天明收军，斩数千级；降三千，获马驼、牛羊、庐帐、器械无算，并歼其可敦阿奴。可敦者，准部称其汗之妃也，颀皙敢战，披铜甲，佩弓矢，骑异兽，似驼非驼，精锐悉隶麾下，至是亦毙于炮。噶尔丹以数十骑遁。捷奏至御营，命费扬古留防科图，护喀尔喀游牧地。上亲撰铭勒察罕拖诺山，及昭莫多之山而还。

次归化城，躬犒劳西路凯旋之师，辍膳大享士。献厄鲁特之俘，弹筝笳歌者毕集。有老胡工笳，口辩有胆气，兼能汉语，上赐之潼酒，使奏技。音调悲壮，歌曰："雪花如血扑战袍，夺取黄河为马槽。灭我名王兮虏我使歌，我欲走兮无骆驼。呜乎黄河以北奈若何？呜乎北斗以南奈若何？"遂伏地谢。上大笑，手书以告皇太子。王师之出也，分五营，上居中为御营，诸皇子分统左右翼，每翼各二营。皇四子雍亲王统左营。及班师也，皇长子统后营为殿。六月，驾至京师。

初，准噶尔自破喀尔喀后，恋漠北地久不归，其伊犁旧部落，尽为兄子策妄那布坦所并，自阿尔泰山以西皆非已有。又连年与中国战，精锐丧亡，牲畜皆尽，回部、青海、哈萨克皆隔绝叛去。至是，欲西归伊犁，则畏策妄那布坦之逼；欲南投乌斯藏，则道远不能至；欲北赴俄罗斯，而俄罗斯拒不受；闻翁金河有我师余粮，运回宁夏，（翁金河，一作瓮金河，与推河、湃达里克河皆相近，在杭爱山之西，阿尔泰山之东，我西师留储粮饷，以待回军者也。及战胜而师由东归，不经旧路，故余粮无用，焚弃而归。）乃遣兵数千，伏山谷中，突出掠之，又为我副都统祖良璧，护粮兵前后夹击所败。

欲掠喀尔喀之出边游牧者，闻有备，亦不敢犯。其遣赴藏之使，又为我青海副都统所擒。所属部落从者或仅千人，或数百人，皆老羸，自相盗羊马。上乘其穷蹙，欲降之。九月，驾再幸归化城，驻跸鄂尔多斯，谕青海诸台吉与策妄那布坦协擒噶尔丹。遣使携其党与准部诸台吉络绎来降。噶尔丹尽丧羽翼，乃遣使诣鄂尔多斯旗行在，探中国意。诏数其犯汛界之罪，又许以待喀尔喀恩例招抚之，否即进兵。方噶尔丹之遣使也，授以书，叹息曰："天下人果不相同，中国皇帝神灵奇异，闻其行军所至，泉涌于沙，草生于碛，冰泮于河，是天助彼也；今我所属之人已皆往属之，是人助彼也。尔往其所，观其侍从大臣行止若何，归日议之。"因泣下。使者至，瞻觐感服，密输情于我大臣。圣祖闻而怜之，命理藩院自独石口至宁夏设译以待。车驾旋京师，而噶尔丹倔强，卒不至。

三十六年春二月，驾复渡黄河，幸宁夏，命马思哈、费扬古两路进兵。噶尔丹使子塞卜腾巴珠征粮哈密，为回人擒献。所猎萨克呼里之地，野兽已尽。左右亲信数台吉亦面教，闻大兵将至，先后望风款附，密向导大兵深入。又策妄那布坦拥劲兵伏阿尔泰山，将擒以献功。

噶尔丹进退无地，不知所为计，每夕或数惊，所至处频逢怪异，烈风淫雨随之。自知人叛天亡，旦夕必就俘，遂仰药死。时上自宁夏循贺兰山出边，而费扬古以噶尔丹自伏天诛奏。其下丹济腊以其尸及子女来献（子授侍卫，女嫁侍卫），至阿尔泰山，为策妄那布坦夺而献诸朝，所部尽降。于是自阿尔泰山以东皆隶版图，拓喀尔喀西境千余里。四月，上复勒铭狼居胥之山而还。朔漠平，至京师御门受贺，上亲撰碑铭勒石太学。古帝王武功，或命将，或亲征，唯以告于庙社，未有告先师者，在泮献馘复古制，自我圣祖始。

臣源曰：圣祖三驾亲征，其出塞一由东路，再由中路，三由西路。东路由博洛河屯，仅在盛京西界，因准夷已内越乌穆秦而南，故未渡漠出边。中路即明成祖北征所行，由独石口宣化府出边度瀚海，（圣论言瀚海水草虽乏，然脉泉凿之甚易，一卒可得二三十井，又有郁尔草最宜马驼之食。）瀚海亦非平地，沙冈绵亘无寸土。唯插汉七老峰，长二百里，横亘瀚海之中，初出卡伦即逾此岭，圣祖勒铭其上。以后随地设驿，凡二十五日渡大漠至克鲁伦河。圣祖曰："吾闻噶尔丹练习戎行，所向无敌，今不扼克鲁伦河，知其无能为也。"遂循河穷追，至拖诺山而还，其地距河套二千余里，是为瀚海中路。又西自大同归化城渡漠北至推河，亦设三十余驿，圣祖第三次由此出宁夏，循贺兰山将出边，闻贼伏天歼，故未渡大漠。而费扬古西路凯旋之师，实由此还，故圣祖亲劳之于归化城，是为西路。

前代帝王出塞亲征者，唯明成祖。成祖三犁虏廷，皆自开平、兴和出入。（开平即元之上都，常遇春破寇设卫于此，与兴和城皆在宣府北边。）三追阿鲁合，一追瓦剌，皆饮马于胪朐河，一至土腊河而遁，一至斡难河而还（一作斡离）。胪朐河即克鲁伦河。我圣祖之所驻军，少西为土腊河，即昭莫多大军所战地，少东为斡难河，即黑龙江之源。元太祖未都和林以前所居，在克鲁伦河之北，兴安岭之麓，皆未越杭爱山而西也。是明祖车辙马迹与李文忠、邱福所军，均不过喀尔喀、车臣汗、土谢图汗境内，而西至赛因诺颜札萨克两部。明人张皇遽有，"回视北斗在南之侈矣。"（原注案：黑龙江北及乌梁海，北极出地五十度，北斗尚未正及天顶，若成祖所至克鲁伦河、鄂尔坤河，北极出地仅四十六七度，北斗安能即在南乎?）圣祖三路出师，每路不过三万，然西师已有乏粮草疲士马之患，盖绝漠度碛自古为难。而明人虚声失实，又有渡漠五十万之侈矣。至若李陵、赵破奴所至之浚稽山，距朔房、居延二千里；骠骑所封之狼居胥山，距代二千里；卫青所战之真颜山，出定襄塞千余里：准其地望，皆在今土腊河、鄂尔昆河左右，与兴安岭、杭爱山之支麓，特难定为何峰。

陈希曾重立义学碑记

【陈希曾，前任山西学政，所著有《朴谷斋稿》。】

国家诞敷文教，学校如林，自通都大邑，以迄山陬海澨，罔不蒸蒸向化。家有塾，党有庠，而国有学也。即边徼羁縻之地，为自古声教所未通者，今亦野无匿秀，人知向方。往往以义名其学，而或者限于地，绌于财，经始者未得其人，继起者未振其绪，则其学亦终不立。

此固赖存必之公，爱人之切，亹亹然全其始，要其终。而后其事以集，其功以成。归化城为三晋藩卫，视察德公莅任有年，所以通商惠工者，成效已彰彰矣。而尤以兴教劝学为先，务旧有义学，久废不举。公亟谋更建之，度地于道署之右，捐廉为属吏，倡鸠工庀材，不数月而落成，属予为文以记之。且语予曰：“地近官廨，集生徒数十人。其长者课以文艺，勉之黜华崇实，以敦品制行为大端。其幼者与之绎经义，课记诵，并出绢素毫翰，以鼓舞之。或日一至焉，或二三日一至焉，乐此不为疲也。”予闻之喜曰：“此邦人士，何幸得嘉惠儒林，教学为先，谆谆如公者哉！”知化民成俗之必由于学也，而以身先之；知逊志时，敏之厥修乃来也，而以勤董之；知入学考校，离经辨志之不可凌节而施也，而次第以及之；知观摩有自，复虞彼之，苦其难而不知其益也，而奖赏以诱之。夫岂徒高其垣，闳其宇，为寒士谋栖迟之所哉？盖欲朴被而来者，之实能相与有成也。

然则公之好学深思，其存心之公，爱人之切，亦概可知矣。予视学此邦，凡使节所至，靡不以先德行而后文艺，为士子勖。每进诸生于庭，拳拳恳恳，勉其所已能，掖其所未至。

盖奖诱而后进之思，与公实有同心焉。幸与公同事一方，乐其心之相契，而尤叹是举之德，施于无穷也。异日者化成俗美，风声所树，将见担簦负笈者，接踵而来，断断然相与弦诵服习于其中。吾知必有瑰奇特出之士，倜傥不羁之才，出而宣扬郅治，黼黻皇猷，而归本于振兴庠序，翕然称公之德于不衰。则公之培养士气，作育人才，以上副圣天子，观文成化之治者，虽边徼羁縻之地，固无殊于通都大邑也。予故乐为指书，并未肄业者勖焉。

钟秀上抚宪禀

为谨就所属情形，酌请变通各厅升调章程，开具节略，恭呈宪鉴事。

窃查道属各厅，本系土默特蒙古牧地。南接边墙，西临黄河，东界察罕尔镶蓝旗，北界大青山后乌兰察布源泉托苏图山等处，广袤千余里，三面毗连外藩。国初，扩入版图，渐置牧吏。先设正、副都统，蒙民理事同知、暨协理笔帖式七员，分理其事。

至乾隆初，新筑绥远城，徙右卫将军，并分驻防旗兵镇守其地。始设绥远城粮饷理事同知、仓库大使，裁去七协，改设各厅理事通判，添驻道员，又于各厅设管狱分防各巡检，官制由斯而定，治具由是而张。凡地方应行事宜，立法已无可议。唯是要荒僻远，终与腹地不同，约举情形，其难有四。内地州县大不过三二百里，各厅辖境数百里外，复兼管外藩，遇有命盗等案，亦归勘验。清水河、托克托城两厅，分管准噶尔一旗，各数百里。归化城则兼管四子部落、茂明安、达尔汉三部。萨拉齐则兼管乌拉特东、西、中三公、达拉特贝子、杭锦、郡王等五部，自千余里至二三千里不等。程途往返，动辄兼旬。传证缉凶，每多窜匿外藩，广于分壤，实有鞭长莫及之虞，则难于控制。

口内粮地肥瘠不同，而口外则沙漠之区，实鲜沃壤。各厅唯绥远所经营之浑津、黑河庄头地粮，尚可年清年款。其余如清、和两厅，山坡硗确，屡报逃荒。萨、托滨临黄河，时虞水患。归化粮地极多，皆远在山后，极寒之地，春末开冻，秋初陨霜，统年燠少寒多，禾稼难以长发。稻、粱、菽、麦，本非貊地所生。蒿籽、油莜亦皆视为嘉谷，劳于耕作而薄于收成。

故各厅虽有征银、征粟之殊类，皆完纳维艰，逋逃甚易，则难于催征。安民之端，莫先除暴，而口外地方廖阔，草地处处可通，贼骑便于往来，兵役难于掩捕。自归、绥两城而外，官民均系野处。街市无城郭之固，村落无堡寨可凭。虽有营汛、卡伦，势难遍及，兼以七厅错壤，九旗毗连，近接外藩，远通各省，喇嘛、蒙、回、燕、晋、秦、陇之人，无所不有。诘之不胜穷诘，追之无可追寻，故口外为盗贼之渊薮，而缉捕甚难。

唐、魏之风，素称朴厚，而口外则五方杂处，刁野成风，细微之端，即起争讼。且蒙民交涉事件，须由副都统委员会审，事权不一，办理诸形掣肘。归、萨两厅，自外藩陆续放地以来，又添数十百村至百余村不等，蒙民间杂，耕牧错居，或一地两租，而地户自相争夺，或先放后逐，而蒙汉激成事端，艰巨频仍，无从措手。则抚绥听断，在在均难。

至于口外血脉全在商人，从前南北畅行，故地方繁庶，泉布流通，穷民为人佣工力作，亦可藉资糊口。近年道途不靖，时事多艰，铺主歇业收赀，行商闻而裹足，廛市日形萧索，贫民艰于谋生，以致匪窃流行，抢劫叠出，此又地方凋敝，诸事增剧之一端，不仅有妨于关榷也。夫以边外之难治，值近日之情形，自非精明谙练、通权达变之员，鲜克有济。而各厅多由京外笔帖式简补，与各省抚民抚彝等同知，曾任州县者有别。其间岂无人材，未免短于历练，膺此盘错之任，殊难措置裕如，所以口外治理，未能日见起色者，殆由于此。

故处今日而图整顿，莫先于为地方求人材。为地方求人材，广升途，而酌优甄叙。查各厅中绥、和、清、托四厅，系中简之缺，向由内院报满，及京察记名之笔帖式铨补。归、萨两厅均系兼四要缺，向由口外各厅中升调。定例本有区别，第思记名，并报满笔帖式以之补授，中简之区，尚可胜任，似不必尽议更张。唯归、萨最关紧要，若仅选诸各厅，未免遴材途隘，得人较难，倘适遇乏材之时，亦不得不就中升调，似非所以重繁要而求循良。

查各厅员，向以补授笔帖式为始，论俸推升员外郎，部选甚速。虽有奏请暂留三年之案，而年满仍转京职。窃以内地州县，亦系论俸推升，如有出色人员，即由本省升转。归、萨二厅，紧要过于州县，如果任重有余正，可留为外用。若听其推升京职，几无异置散投闲，未免人才可惜。今欲筹议变通，除中简各厅，铨补升转，及奏请暂留，似可仍循其旧，不必更议外，其归、萨两厅，缺出拟请，仍先尽各厅选择。如无可调之人，即由内地旗员繁简州县，及简缺同、通内升调，如任事一二年后，实在得力，准由道详请保奏，将论俸推升注销，留于本省，以知府、同知、直隶州，酌量补用。如此量为变通，庶升途较广，要缺易于得人。而有此外转一途，既可久于其任，亦可藉资鼓励，似于吏治民生均有裨益。

且查口外各厅，介在内地外藩之间，而归萨两厅形势，尤居吭背。若地方静谧，风化肃然，实为三晋北面之藩蔽。故两厅之得人与否，不但有关于吏治，且有关于边防。值此多事之秋，不敢不豫为筹。及倘蒙宪台，采择而昌言焉，则疆圉之幸也。至口外专辖地方者，七厅道属五厅，大朔所属二厅，其中紧要三缺，归化、丰镇均设同知。唯萨拉齐则设通判，未免缺同衔异。查萨厅政务繁难，较之归、丰两厅，有过之无不及。且该厅接壤乌拉特等五旗，与外藩王公贝子时有会办事件，仅以通判临莅其间，似不足以资弹压所有。萨拉齐一缺，可否照丰镇之例，改为理事同知，以崇体制之处，谨为附陈，并候钧裁谨禀。（此禀因中丞升任四川制军，启节在即，未经入告，然于此间政务，颇有指陈存之，以俟采择为幸。）

附各厅查禀地方情形：

归化城

厅属南界一间房子村，距城九十余里；北界四子等旗，距城三百余里；东界速鲁图村，距城二百余里；西界察素齐村，距城百余里。其间游民居多，宵小易发。虽派役沿途巡察，而路途遥远，并无墩铺、防汛，设有失事，鞭长莫及，及不能及时戈获，此缉捕盗贼之难也。

厅属每年人命案件，总不下二三十起，尚有外藩三旗命案，亦归归化城同知验讯办理。近则数百里，远则一千余里，往返需时。各该旗蒙民人等，均系游散居，并无甲随，或租种旗地，揽放牲畜，情性刁野。遇有命案，多有狡谲，鲜有实情，此审理命案之难也。

厅属五方杂处，蒙民交处，命盗词讼本极繁多。自嘉庆十五年、道光二十二年，大青山后色拉穆楞召西，开放牧地以来，又添茂诺尔聚宝庄等数十村，地户争讼更繁。且蒙民交涉之案，由都统派委蒙员会审，并会有将军、都统、本道衙门，以别厅审解之案，情罪未协，饬委审辩者，几无虚日。如内有应质要证，必须传案质讯，而民无土著，非暂回原籍，即他出谋生，查传非易，此审鞫词讼之难也。

本厅监狱人犯，本已不少，兼有外藩齐齐尔哩克一盟，并克鲁鄂城、车臣汗、四子部落、达尔罕、茂明安各旗人犯，均解来寄禁。又有各厅招解人犯，蒙本道饬发收监，统计总在百名以上，固当严加缉查，以免逃脱，而人数太众，又复顽悍性成，稽查稍有未周，即可滋成事端，此防范监狱之难也。

编查保甲，原为弭盗安良。屡奉宪檄，饬令实力妥办。无如厅属地方情形，与内地不同。除本城及附近各村，尚能遵照宪定章程办理外，其离城窎远之处，多系无业游民，迁移靡定。并有搭盖窝铺，暂居随地，与人牧畜，或割草度日，旋往别处谋生，既无排甲之可编，又无籍贯之可考，此编查保甲之难也。

和林格尔

厅属周围，计六百余里，共村庄共二百二十八处。其蒙古村庄一百四十四处。多系口内忻、代等州，祁县、太原、太谷、阳曲、大同、左云、平鲁等县民人，租种蒙古地亩，在内居住。其民人种地村庄八十四处，并无蒙古在内。

厅属官地，共三千二百二十五顷六十二亩五分五厘七毫，额征本色米三千二百六十五石四斗九升八合四勺，银折米二千三百三十二石一升九合七勺。

厅属五旗厂地，共七百二十三顷四十八畝，额征银一千一十三两三钱七分三厘，随征耗银五十两六钱六分三厘。

厅属蒙厂地，共二百八十顷九十三亩六分四厘，额征银五百四十六两六钱七分四厘，又鳏寡孤独蒙古地六十六顷九十五亩，额征银七十七两七钱五分一厘。

和厅旧系南北街途，自咸丰四年，宁远厅新开东和路，客商利其捷径，俱由东路行走，以致此商贾稀少，而官差仍络绎不绝。旧开设典当铺二十七家，现仅十二家。旧开设粟店九家，现仅三家，其它铺户可知。

和厅征粮官地多在山坡，五旗蒙古厂地，虽在平川，而土脉瘠薄异常。原先垦种时，均赖浮面肥土，尚堪滋润，嗣后愈耕愈瘠，收成日歉。每亩种子二升，约收二斗。前种黍、稷、莜、乔等麦，近被沙土拥蚀，多种蒿子，收成益薄，催征益难，兼以口外地寒，三、四月间，青黄不接，上忙征收，不过具文。下忙追呼稍急，种地者辄合户逃走，催科之难，较他处尤甚。

和厅除物阜等里及五旗马厂，并无蒙古吃租地亩。余俱系蒙古户口地，租给内地民人耕种。相沿日久，转租者渐多，原契既不相随，新契又极草率，只载一条一段，无坐落方向，无四至两邻，无确实亩数，甚或以后种树木，指为旧有，相连地士，越畔新开，兴讼纷纷，听断者最难得实。

和厅村落，多系土墙，间有并院墙俱无者，鼠窃最易生心。赖以民户瘠苦，穿窬尚不多见。唯马上盗匪，三两同行，蒙回莫辨。遇有官人盘诘，则诡称贩马。见孤身行客，辄下马抢夺。厅属东南山路险阻，多可藏匿。西平原旷野，一鞭十里，追捕无从。虽派役往来梭巡缉捕，实未易易。

清水河

清厅村庄共三百八十六处，或五六十里始见一村，或一里数村，一村仅两三家居住，并无绅士富户，商贾亦甚寥寥。清厅四面背山，其地亩即就山坡垦种，遇有大风，则浮沙壅积。山水冲出，则土尽石露，其地最为硗瘠，不堪耕稼。原垦上中下地一万三千四百余顷，额征正耗银三万五百九十余两。嗣地户陆续潜逃，于嘉庆二十五年、道光元年，奉部豁除，至今计地八千一百五十一顷，额征银一万七千七百余两，内有逃户弃地粮银七千余两，业经详请委勘，咨司咨部，尚未覆准豁除奏销处分，俱照口内地丁计算分数，与别厅不同，催征固难，督催亦甚不易。

萨拉齐

萨厅兼管乌拉特三公、达尔特贝子、杭锦旗、郡王等五部，周围数千里。遇有命盗重案，俱归萨厅办理，往返勘验，经旬累月，鞭长莫及，未免有顾此失彼之虞。此不特内地州县所绝无，即口外各厅，未有如是之幅员辽阔者也。

厅属粮地各村，滨临黄河，每年春夏秋三季，河水涨发，辄将沿河堤坝冲决，致受水患。必须屡年兴修，工费颇巨，民力十分疲困，甚至借口堤工经费，输纳不能以时。纵遇丰年，其粮银尚多拖欠，凶岁更不待言，此催科甚难，而抚字亦正不易也。

厅属本境周围五六百里，蒙古、汉、回，五方杂处，并无土著居民，其情形与归化城相似，然三面毗连外藩，浸淫濡染，较归化城人情，更觉刁野。其蒙民交涉案件，人证最难集传。蒙古则必须咨提外藩，每多袒护。寄民则私自逃回原籍，无从缉查。纵使一一唤齐，又须详请副都统派委蒙员会审，其中棘手之处种种，骤难缕陈，此讼狱之未易听断也。

萨厅近临黄河，其上流，自甘省至外藩各旗界内及河套等处，曲折一千余里，始流入境。两岸时有贼匪潜匿，出没无常。凡有往来船筏，该匪等阻拥讹索，肆行抢夺，如马成彪、李锦各案。现虽多派干役，咨会各旗，严行缉拿，河路尚称静谧，然未敢永保无虞，此贼盗之难于捕缉也。

厅属外藩蒙古招集民人，私垦地亩，动辄聚众，乘间抢夺滋事。远则有王大均等争地械斗，近则有乌喇特西公旗枪毙人民多命等案。其余命盗重案，层见迭出，多出寻常情理之外，一时未可枚举，较别厅尤为繁剧，图治最难见效。

托克托城

查托城厅属地多沙卤，民鲜盖藏。历年粮米，每多拖欠。现今各里粮长，自立限状，按卯交纳，量予奖赏惩责，尚不至有误奏销。查民间词讼之兴，约有数事。小则钱债细故，大则户婚田产。托厅讼狱颇简，鼠牙雀角，立时可定曲直。准蒙民交涉地亩事件，往往纠葛难清。遇有此等呈词，除亲诣勘视丈量明确外，必须咨查归化城土默特户司档册，令四至界址，了如指掌。遇有命案，各案界内保甲报明，必须照例申请，委员会审详解。四至交界处，所遇有案件应行分理，不得互相推诿。如准噶尔贝子一旗，距厅一百二十里，系与和林格尔分管，各按里数画清，与别厅兼管各旗者同。

二

苏武别李陵

【苏武见流寓门】

黄鹄一远别，千里顾徘徊。胡马失其羣，思心常依依。
何况双飞龙，羽翼临当乖。幸有弦歌曲，可以喻中怀。
请为游子吟，冷冷一何悲。丝竹厉清声，慷慨有馀哀。
长歌正激烈，中心怆以摧。欲展清商曲，念子不得归。
俯仰内伤心，泪下不可挥。愿为双黄鹄，送子俱远飞。

答李陵

【前人】

童童孤生柳，寄根河水泥。连翩游客子，于冬服凉衣。
去家千余里，一身常渴饥。寒夜立清庭，仰瞻天汉湄。
寒风吹我骨，严霜切我肌。忧心常惨戚，晨风为我悲。
瑶光游何速，行愿去何迟。仰视云间星，忽若割长帷。
低头还自怜，盛年行已衰。依依恋明世，怆怆难久怀。

李陵与苏子卿

【李陵与苏子卿，见艺文上一。】

良时不再至，离别在须臾。屏营衢路侧，执手野踟蹰。
仰视浮云驰，奄忽互相逾。风波一失所，各在天一隅。
长当从此别，且复立斯须。欲因晨风发，送子以贱躯。
嘉会难再遇，三载为千秋。临河濯长缨，念子怅悠悠。
远望悲风至，对酒不能酬。行人怀往路，何以慰我愁。

独有盈觞酒，与子结绸缪。携手上河梁，游子暮何之。
徘徊蹊路侧，悢悢不能辞。行人难久留，各言长相思。
安知非日月，弦望自有时。努力崇明德，皓首以为期。

录　别

有鸟西南飞，熠熠似苍鹰。朝发天北隅，暮闻日南陵。
欲寄一言去，托之笺彩缯。因风附轻翼，以遗心蕴蒸。
鸟辞路悠长，羽翼不能胜。意欲从鸟逝，驽马不可乘。
晨风鸣北林，熠耀东南飞。愿言所相思，日暮不垂帷。
明月照高楼，想见余光辉。玄鸟夜过庭，仿佛能复飞。
褰裳路踟蹰，彷徨不能归。浮云日千里，安知我心悲。
思得琼树枝，以解长渴饥。钟子歌南音，仲尼叹归与。
戎马悲边鸣，游子恋故庐。阳鸟归飞云，蛟龙乐潜居。
人生一世间，贵与愿同俱。身无四凶罪，何为天一隅。
与其苦筋力，必欲荣薄躯。不如及清时，策名于天衢。
红尘蔽天地，白日何冥冥。微阴盛杀气，凄风从此兴。
招摇西北指，天汉东南倾。嗟尔穹庐子，独行如履冰。
短褐中无绪，带断续以绳。泻水置瓶中，焉辨淄与渑。
巢父不洗耳，后世有何称。

石崇——王明君词并序

【晋，石崇，字季伦，渤海人，苞之子也。少有智慧，年二十余，为城阳太守，伐吴有功封侯，后迁荆州刺史岭南校尉。致富不资，为赵王伦所诛族其家。王明君者，本是王昭君，以触文帝讳，故改之。匈奴盛，请婚于汉，元帝以后宫良家子明君配焉。昔公主嫁乌孙，令琵琶马上作乐，以慰其道路之思。其送明君，亦必尔也。其造新曲，哀怨之声，故叙之于纸云尔。】

我本汉家子，将适单于庭。辞决未及终，前驱已抗旌。

仆御涕流离，辕马悲且鸣。哀郁伤五内，泣泪沾朱缨。
行行日已远，遂造匈奴城。延我于穹庐，加我阏氏名。
殊类非所安，虽贵非所荣。父子见陵辱，对之惭且惊。
杀身良不易，默默以苟生。苟生亦何聊，积思常愤盈。
愿假飞鸿翼，弃之以遐征。飞鸿不我顾，伫立以屏营。
昔为匣中玉，今为粪上英。朝华不足欢，甘与秋草并。
传语后世人，远嫁难为情。（文选注：时陈汤斩郅支传首，呼韩邪单于复入朝，非荐女和亲也，强盛请婚，殊乖本事，后此作者多谬宜矣。）

陆机——饮马长城窟行

【陆机，字士卫，华亭人。弟云，字士龙，太康末，兄弟俱入洛时，人称为二俊。】

驱马陟阴山，山高马不前。往问阴山候，劲虏在燕然。
戎车无停轨，旌旆屡徂迁。仰凭积雪岩，俯涉坚冰川。
冬来秋未反，去家邈以绵。猃狁亮未夷，征人岂徒旋。
末德争先鸣，凶器无两全。师克薄赏行，军没微躯捐。
将遵甘陈迹，收功单于旃。振旅劳归士，受爵藁街传。

斛律金——敕勒歌

敕勒川，阴山下。天似穹庐，笼盖四野。天苍苍，野茫茫，风吹草低见牛羊。

庾信——昭君词

【后周，庾信，字字山，南阳人，梁元帝时为散骑常侍，聘西魏，遂留长安。孝闵时终司宪大夫。信在梁兴徐陵文，并绮丽，世号徐庾体，有《开府集》二十卷。】

拭啼辞戚里，回顾望昭阳。镜失菱花影，钗除却月梁。

围腰无一尺，垂泪有千行。绿衫承马汗，红袖拂秋霜。
别曲真多恨，哀弦须更张。（此诗疑少第四韵）

千金公主——题屏风

【公主周宗室女，嫁突厥沙钵略者。隋平陈，以叔宝屏风赐之。公主伤周之亡，心恒不平，因书以自寄。又杨妃外传，帝以虹霓屏风赐太真，上雕刻美人，长三寸，许以水晶为地，其器玩、衣服，皆众宝杂错而成云。隋炀帝所造，以赐义成公主，坠入边外。贞观初，萧后特归中国，疑此屏风也。】

盛衰等朝露，世道若浮萍。荣华实难守，池台终自平。
富贵今何在？空事写丹青。杯酒恒无乐，弦歌讵有声。
余本皇家子，漂流入虏廷。一朝睹成败，怀抱忽纵横。
古来共如此，非我独申名。唯有明君曲，偏伤远嫁情。

隋炀帝——幸北塞

【见巡幸及史鉴门】

鹿塞鸿旌驻，龙庭翠辇回。毡帐望风举，穹庐向日开。
呼韩稽颡至，屠耆接踵来。索辫擎膻肉，韦鞲献酪杯。
何如汉天子，空上单于台。

唐太宗——饮马长城窟

【见史鉴门】

塞外悲风切，交河冰已结。瀚海百重波，阴山千里雪。
迥戍危烽火，层峦引高节。悠悠卷旆旌，饮马出长城。
寒沙连骑迹，朔吹断边声。胡尘清玉塞，羌笛韵金钲。
绝漠干戈戢，车徒振原隰。都尉反龙堆，将军旋马邑。

扬麾氛雾静，纪石功名立。荒裔一戎衣，灵台凯歌入。

释子兰——饮马长城窟

游客长城下，饮马长城窟。马嘶闻水腥，为浸征人骨。
岂不是流泉，终不成潺湲。洗尽骨上土，不洗骨中冤。
骨若比流水，四海有还魂。空流呜咽声，声中疑是言。

刘沔——出塞曲

将军在重围，音信绝不通。羽书如流星，飞入甘泉宫。
倚是并州儿，少年心胆雄。一朝随召募，百战争王公。
去年桑干北，今年桑干东。死是征人死，功是将军功。
汗马牧秋月，疲卒卧霜风。仍闻左贤王，更将围云中。

常建——塞上曲

翩翩云中使，来问太原卒。百战苦不归，刀头怨明月。
塞云随阵落，寒日傍城没。城下有寡妻，哀哀哭枯骨。

昭君墓

【前人】

汉宫岂不死，异域伤独没。万里驮黄金，蛾眉为枯骨。
回车夜出塞，立马皆不发。共恨丹青人，坟上哭明月。

李白——咏苏武

【李白，字太白，母梦长庚入怀而生。杨升庵《丹铅总录》谓：杜少陵有年谱，而太白出处略不着见。因刊定李集，遂就其集中游历及小说诸家，着其梗概，今书于此。太白生于蜀之昌明县青莲乡，昌明今之彰明也，读书于县南之匡山。杜子美赠诗所谓：匡山读书处，头白好归来，指此山。今以为匡庐非也。太白非九江人，何得谓归来乎？又郑谷《送人入蜀》诗：雪下文君沽酒市，云藏李白读书山，益可证杜诗注之。误少以才名为采访，使苏许公所知疏，荐于朝曰赵蕤术数。李白文章征召，并不就开元初。自蜀入京，贺知章以谪仙呼之。未久，还蜀见乡人司马相如《夸楚七泽》，遂下荆门娶于许氏。因久寓巴陵洞庭之间，故其诗有曰：郢门一为别，巴月三成弦。可证也。再入长安，客游山东。其诗有云：顾予不及仕，学剑来山东，是也。在山东与元丹邱辈营石门幽居，携家兴居焉。其送杜子美于石门，访范山人于苍耳林，皆此际事。未几，又入长安，应制赋诗，忤贵妃，乃赋秦楼月，以寓恋阙意，乃游江南池州会稽，而留家于鲁。其诗有云，我家寄东鲁，谁种龟阴田。又送人之鲁云，我家寄在沙邱旁，三年不归空断肠，是也。遂裕卜居池州之蓝岑。又未几，去之庐山，遭永王璘乱，永王败，击浔阳，谪夜郎，遇赦归复至汜州。盖公平生游历所卜居，曰荆门，曰石门，曰嵩阳，而心独乐，于秋浦旧游，可考也。故既返初服，遂就息，马将有终，马之志而首，邱之怀不忘故其还。赵征君蕤诗云：国门遥天外，乡路远山隔。朝忆相如台，夕梦子云宅。然竟不果其愿也，竟终于采石病革，犹以诗草，讬友人。捉月之说，盖流俗变言云。又云杜子美诗，近来海内为长句，汝与东山李白好，俗本妄改作山东李白。按《乐史》叙李白集云，白客游天下，以声妓自随，效谢安石，风流自号东山，时人遂以东山李白称之。近世作《大明一统志》，遂以李白入山东人物类，而引杜诗为证，近于郢书燕说矣。按太白客游山东，子美即以山东呼之，亦无不可。唯《一统志》当入流寓，不当入人物耳。】

苏武在匈奴，十年持汉节。白雁上林飞，空传一书札。
牧羊边地苦，落日归心绝。渴饮月窟冰，饥餐天上雪。
东还沙塞远，北怆河梁别。泣把李陵衣，相看泪成血。

刘驾——古出塞

【驾，字司南，江东人，工古风。大中进士，官国子博士，与曹业友善。业登第不出京，俟驾登科同去。两人俱以古诗名，故相契如此。】

朔风不开花，四气多作雪。北人尚冻死，况我本南越。
古来犬羊地，巡狩无遗辙。九土耕不尽，武皇犹征伐。
中天有高阁，图画何时歇。坐恐塞上山，低于沙中骨。

郎士元——塞下曲

【士元，字君胄，中山人。天宝进士，官至郢州刺史。】

坐恐塞上山，低于沙中骨。宝刀塞下儿，身经百战曾百胜，壮心竟未嫖姚知。

白草山头日初没，黄沙戍下悲歌发。萧条夜静边风吹，独倚营门望秋月。

温庭筠——塞上行

【庭筠，字飞卿。太原人，才思艳丽，工于小赋，每入试押官韵，凡八义手而八韵成，时号温八义。宣皇微行，遇于逆旅，以言辞获罪。又以南华非僻书语，忤丞相令狐绹，谪方城尉，流落而死。温貌甚陋，号钟馗，着有《握兰金荃》、《汉南真蒿》诸集。】

燕弓弦劲霜封瓦，朴簌寒雕睇平野，一点黄尘起雁喧，白龙堆下千蹄马。

河源怒浊风如刀，剪断朔云天更高。晚出榆关逐征北，惊沙飞迸冲貂袍。

心许凌烟名不灭，年年锦字伤离别。彩毫一画竟何荣，空使青楼泪成血。

王维——塞上

【维，字摩诘，太原人。有别墅在辋川，地极幽胜。日以诗书啸傲，其中苏东坡谓其诗中有画，画中有诗。世所传郁轮袍之说，疑忌有才者，厚诬之。】

单车欲问边，属国过居延。征蓬出汉塞，归雁入胡天。
大漠孤烟直，长河落日圆。萧关逢侯骑，都护在燕然。

张乔——苏边事

【乔，池州人，有诗名。咸通中，与许棠、俞坦之等为十哲。京兆府解试，月中桂诗，乔独冠场。】

调角断清秋，征人倚戍楼。春风对青冢，白日落梁州。
大漠无兵阻，穷边有客游。蕃情似此水，长愿向南流。

高适——明妃曲①

【适，与王昌龄、之涣等齐名，旗亭叶酒，伶人讴其开箧，泪沾臆句。】

合殿恩中绝，交河使渐稀。肝肠辞玉辇，形影向金微。
汉地草应绿，胡庭沙正飞。愿逐三秋雁，年年一度归。

① 此诗作者应为初唐卢照邻，《昭君怨》。

送刘评事充朔方判官赋得征马嘶

【前人】[1]

征马向边州，萧萧嘶不休。思深应带别，声断为兼秋。
歧路风将远，关山月共愁。赠君从此去，何日大刀头。

朱庆余——塞下曲

【庆余，名可久，以字行。张籍择其诗二十六章，置诸怀袖而推赞之。因得重名登科，世传其《闺意》一篇，有“妆罢低声问夫婿，画眉深浅入时无”之句。】

万里去长征，连年惯野营。入群来择马，抛伴去擒生。
箭捻雕翎阔，弓盘鹊角轻。问看行近远，西过受降城。

雍陶——塞上宿野寺

【陶，字国钧，成都人。大中八年，由国子毛诗博士出刺简州。不喜宾客，有冯道明下第请谒，云与陶有旧。阍者引之进。陶曰：“与公昧平生，何云相识。”道明曰：“诗集中得相见，何隔平生也。”遂吟立当青草人，先见行傍拜。莲鱼未知之句，陶大喜，待之如曩昔友。】

塞上蕃僧老，天寒疾上关。远烟平似水，高树暗如山。
去马朝常急，行人夜始闲。更深听刁斗，时到磬声间。

许棠——五原书事

【见流寓门】

西出黄云外，东怀白浪遥。星河愁立夜，雷电独行朝。

---

① 此诗作者应为初唐高适。

碛迴人防寇，天空雁避雕。如何非战卒，弓剑不离腰。

司空图——塞上

【图，字表圣，自号知非子，河中虞乡人，登进士，为礼部侍郎王凝所知，凝坐法贬商州。图感知己，往从之，凝起拜宣歙观察使，辟之幕府，召为殿中侍御史，不忍去。台劾左迁宰相陆携嘉其节曰：“司空御史高士也。”召拜礼部员外郎。黄巢乱后，隐居中条山王官谷，自号耐辱居士。所居处寇盗不入。朱温纂位，召为礼部尚书，不食而卒，年七十二。】

万里隋城在，三边虏气衰。沙填孤障角，烧断故关碑。
马色经寒惨，雕声带晚悲。将军正闲暇，留客换歌辞。

李昌符——塞上行

【昌符，字若梦。有诗名，以婢仆诗五十首名闻公卿，间遂登第。此亦效于子昂破琴意然，风斯下矣。】

朔野烟尘起，天军又举戈。阴风向晚急，杀气入秋多。
树尽禽栖草，冰坚路在河。汾阳无继者，羌虏肯先和。

张蠙——登单于台

【见流寓门】

边兵春尽回，独上单于台。白日地中出，黄河天外来。
沙翻痕似浪，风急响疑雷。欲向阴关度，阴关晓不开。

朔方书事

【前人】①

秋尽角声苦，逢人唯荷戈。城池向陇少，岐路出关多。

---

① 此诗作者，及下首《云朔逢山友》作者都是唐代张蠙。

雁远行垂地，烽高影入河。仍闻黑山寇，又觅汉家和。

云朔逢山友

【前人】

会面却生疑，居然似梦归。塞深行客少，家远识人稀。
战马分旗牧，惊禽曳箭飞。将军虽异礼，难便脱麻衣。

张九龄——奉和圣制送尚书燕国公赴朔方

【九龄，曲江人。相唐元宗致仕，后宰执每荐公卿，上必问风度，得如张九龄否。】

宗臣事有征，庙算在休兵。天与三台座，人当万里城。
朔南方偃革，河右暂扬旌。宠锡从仙禁，光华出汉京。
山川勤远略，原隰轸皇情。为奏熏琴唱，仍题宝剑名。
闻风六郡伏，计日五戎平。山甫归应疾，留侯功复成。
歌钟旋可望，衽席岂难行。四牡何时入，吾君忆履声。

宋璟——奉和圣制送张说巡边

【璟，广平人，与姚崇同时为相。】

帝道薄存兵，王师尚有征。是关司马法，爰命总戎行。
画阃崇威信，分麾盛宠荣。聚观方结辙，出祖遂倾城。
圣酒江河润，天词象纬明。德风边草偃，胜气朔云平。
宰国推良器，为军挹壮声。至和常得体，不战即亡精。
以智泉宁竭，其徐海自清。迟还庙堂坐，赠别故人情。

白行简——李都尉重阳日得苏属国书

降虏意何如，穷荒九月初。三秋异乡节，一纸故人书。

对酒情无极，开缄思有余。感时空寂寞，怀旧几踌躇。
雁尽平沙迥，烟销大漠虚。登台南望处，掩泪对双鱼。

刘禹锡——送浑大夫赴丰州

【禹锡，字梦得，登博宏词科，为监察御史。坐王叔文党，被贬。贞元初，召还作《出游元都观》诗，出为播州刺史，易连州。又召入为主客郎，作《再出游元都观》诗。尝与白乐天唱和，号《刘白唱和集》；与裴晋公唱和，号《汝雒集》；与令狐楚唱和，号《彭阳集》，与李德裕唱，号《吴蜀集》。】

凤衔新诏降恩华，又见旌旗出浑家。
故吏来辞辛属国，精兵愿逐李轻车。
毡裘君长迎风驭，锦带酋豪踏雪衙。
其奈明年好春日，无人唤看牡丹花。

李益——饮马泉

【见流寓门】

绿杨着水草如烟，旧是胡儿饮马泉。
几处吹笳明月夜，何人倚剑白云天。
从来冻合关山路，今日分流汉使前。
莫遣行人照容鬓，恐惊憔悴入新年。

李商隐——赠别前蔚州契苾使君

【商隐，字义山。河内人。开化二年进士，与飞卿齐名，人称温李，俱以恃才诡激，为当路人所薄，官阶不进，坎坷终身。】

何年部落到阴陵，奕世勤王国史称。
夜卷牙旗千帐雪，朝飞羽骑一河冰。

蕃儿襁负来青冢，狄女壶浆出白登。
日晚䴔䴖泉畔猎，路人遥识郅都鹰。

温庭筠——苏武祠

【见前】

苏武魂销汉使前，古祠高树两茫然。
云边雁断胡天月，陇上羊归塞草烟。
回日楼台非甲帐，去时冠剑是丁年。
茂陵不见封侯印，空向秋波哭逝川。

秦韬玉——塞下曲

【韬玉，字中明。京兆人，著有《投知小录》三卷。】

到处人皆着战袍，麾旗风紧马蹄劳。
黑山霜重弓添硬，青冢沙平月更高。
大野几重开雪岭，长河无限旧云涛。
凤林关外皆唐土，何日陈兵戍不毛。

李白——咏王昭君

【见前】

昭君拂玉鞍，上马啼红颊。
今日汉宫人，明朝胡地妾。

刘长卿——平番曲

【长卿，字文房，以诗驰声。上元宝应间，人呼为五言长城。】

绝漠大军还，平沙独戍闲。

空留一片石，万古在燕山。

卢纶——和张仆射塞下曲

【纶，河中蒲人，数举进士不第，为大历十才子之一。德宗表其才，召见禁中，有所作，则使赓和，异日从浑城。在河中，帝使召之，纶已卒矣。宪宗诏中书舍人张仲素，访其遗集。文宗尤爱其诗，问宰相纶有子否。李德裕对曰："卢纶四子皆进士第，在台阁。"帝遣中人悉索家简，得诗五百篇以闻。】

林暗草惊风，将军夜引弓。
平明寻白羽，没在石棱中。
月黑雁飞高，单于夜遁逃。
欲将轻骑逐，大雪满弓刀。

王勃——赠苏绾书记①

【勃，字子安。父福时，祖通即文中子勃，少有异，才十四岁作滕王阁序，后杜子美辑退之，极推服之。】

知君书记本翩翩，为许从戎赴朔边？
红粉楼中应计日，燕支山下莫经年。

常建——塞下曲

玉帛朝回望帝乡，乌孙归去不称王。
天涯静处无征战，兵气销为日月光。
北海阴风动地来，明君祠上望龙堆。
髑髅皆是长城卒，日暮沙场飞作灰。

---

① 此诗作者应该为唐代诗人杜审言。

无名氏——胡笳曲

月明星稀霜满野，毡车夜宿阴山下。
汉家自失李将军，单于公然来牧马。

李益——夜上受降城闻笛

【见流寓门】

回乐峰前沙似雪，受降城外月如霜。
不知何处吹芦管，一夜征人尽望乡。

白居易——咏王昭君

【居易，字乐天，太原人，徙下邽。贞元中进士，官至刑部尚书。文章精切，鸡林贾售其国相篇，易一金，其伪者，相则能辨之。每作诗，必令一老妪为解。老妪曰：解，则录之。不解，则不复录。喜与元微之唱和，号元白体，又曰长庆体。】

满面胡沙满鬓风，眉销残黛脸销红。
愁苦辛勤憔悴尽，如今却似画图中。
汉使却回凭寄语，黄金何日赎蛾眉？
君王若问妾颜色，莫道不知宫里时。

杜牧——游边

【见流寓门】

黄沙连海路无尘，边草长枯不见春。
日暮拂云堆下过，马前逢着射雕人。

边上闻笳

【前人】[1]

何处吹笳薄暮天，塞垣高鸟没狼烟。
游人一听头堪白，苏武争禁十九年。

题木兰庙

【前人】

弯弓征战作男儿，梦里曾经与画眉。
几度思归还把酒，拂云堆上祝明妃。

张敬忠——边词

五原春色旧来迟，二月垂杨未挂丝。
即今河畔冰开日，正是长安花落时。

储嗣宗——过五原

【嗣宗，大中进士，爵里失，传有诗一卷。】

偶逐星车犯虏尘，故乡常恐到无因。
五原西去阳关废，日漫平沙不见人。

① 此诗作者为杜牧。

文同——谢友人寄画

【宋，同，字兴可，蜀梓州人。文潞公誉其文，由是知名。登皇佑元年进士，与指正议新法不合，以论礼夺官。知陵州有政绩，卒，称石室先生。尝自谓有四绝诗，一楚辞，二草书，三画，四兴。东坡为中表，每切规诫，东坡亦极与之善。】

客从长安来，厚纸封小轴。题云此奇画，寄赠公或蓄。
开之挂高壁，烂绢止一幅。中有两骆驼，气韵颇不俗。
大驼载半髀，正面颈愈曲。小驼方就乳，蹲身脚微局。
一马立其后，才露头与足。三犬乃子母，共卧衔脔肉。
老胡抱朱旗，状貌何狠愎。端然立高岸，势若不可触。
定是虏中酋，华旃盖鲜服。不知何所来，随从无一仆。
初谁作此画，精妙亦可录。应余右方在，次第不止独。
更愿君访来，我肯万钱赎。

（按：老可此诗，本与此无涉。唯年来出入，耳目所及为此诗、此画描写略尽，且诸诗中咏骆驼者极少，因附识之。）

王安石——明妃曲

【安石，自介甫，临川人，后居金陵，又号半山，封荆，追封舒王。】

明妃初出汉宫时，泪湿春风鬓脚垂；
低徊顾影无颜色，尚得君王不自持。
归来却怪丹青手，入眼平生几曾有；
意态由来画不成，当时枉杀毛延寿。
一去心知更不归，可怜着尽汉宫衣；
寄声欲问塞南事，只有年年鸿雁飞。
家人万里传消息，好在毡城莫相忆；
君不见咫尺长门闭阿娇，人生失意无南北。

又

明妃初嫁与胡儿，毡车百两皆胡姬。
含情欲语独无处，传与琵琶心自知。
黄金杆拨春风手，弹看飞鸿劝胡酒。
汉宫侍女暗垂泪，沙上行人却回首。
汉恩自浅胡恩深，人生乐在相知心。
可怜青冢已芜没，尚有哀弦留至今。

欧阳修和王介甫明妃曲

【修，字永叔，吉州永丰人。天圣中进士，以太子少师致仕，卒，谥号文忠。其诗如昌黎，以气格为主，而少昌黎排界之句，与其文相似。】

汉宫有佳人，天子初未识，一朝随汉使，远嫁单于国。
绝色天下无，一失难再得，虽能杀画工，于事竟何益？
耳目所及尚如此，万瑞安能制夷狄！
汉计诚已拙，女色难自夸。明妃去时泪，洒向枝上花。
狂风日暮起，飘泊落谁家。红颜胜人多薄命，莫怨东风当自嗟。

又

胡人以鞍马为家，射猎为俗。
泉甘草美无常处，鸟惊兽骇争驰逐。
谁将汉女嫁胡儿，风沙无情貌如玉。
身行不遇中国人，马上自作思归曲。
推手为琵却手琶，胡人共听亦咨嗟。
玉颜流落死天涯，琵琶却传来汉家。
汉宫争按新声谱，遗恨已深声更苦。

纤纤女手生洞房，学得琵琶不下堂。
不识黄云出塞路，岂知此声能断肠。

曾巩——明妃曲和王介甫作

【巩，字子固，世称南丰先生。】

蛾眉绝世不可寻，能使花羞在上林。
自信无由污白玉，向人不肯用黄金。
一辞椒屋风尘远，去托毡庐沙碛深。
汉姬尚自有妒色，胡女岂能无忌心。
直欲论情通汉地，独能将恨寄胡琴。
但取当时能托意，不论何代有知音。
长安美人夸富贵，未央宫殿竞光阴。
岂知泯泯沈烟雾，独有明妃传至今。

黄庭坚——塞上曲

【庭坚，字鲁直，分宁人。自号山谷老人，又号涪翁，诗荟萃百家，虽双字不轻出，后竟为书名所掩。】

十月北风燕草黄，燕人马肥弓力强。
虎皮裁鞍雕羽箭，射杀山阴双白狼。
青毡帐高雪不湿，击鼓传觞令行急。
戎王半醉拥貂裘，昭君犹抱琵琶泣。

麻革——上云内帅贾君

【见寓门】

北极长虹掣，西垣太白高。千年知运圮，四海共兵鏖。
雾黑龙蛇斗，山昏虎豹嗥。石伤填海羽，波动负山鳌。

遗介潜寒渚，惊鼯走夜牢。江山留惨黯，天地入焄蒿。
众折思枝柱，初寒倏茧缫。明良逢庆会，乡曲得名豪。
梁栋因人出，艅艎为世操。安流欣鼓枻，奔浪独能篙。
日出戈挥景，江翻弩射涛。风声连澒洞，裁鉴悉纤毫。
桃李勤封植，茅菅日薙薅。猎场游麀鹿，鱼渚动鳅魛。
井邑生春色，禾麻饫土膏。民歌乌绕屋，士喜马腾槽。
朔塞闲刁斗，天山拥节旄。岱嵩何落落，江汉自滔滔。
大宝珠仍璧，长城雉与壕。祟牙分棨戟，大壤属鞬櫜。
日月依龙德，风云挟豹韬。夹山群战骑，黑水泳轻舠。
落日观鱼浦，秋风射雉皋。化行家置塾，役简里停鼛。
歌奏投壶室，文闲治狱曹。西庵谈性理，东阁会奇髦。
森爽开璜琥，纵横列雁羔。礼容新泮宇，物性遂庄濠。
牧唱闻朝起，樵音听暮号。孤婴收坎阱，流滞起蓬蒿。
屡下陈蕃榻，谁空北海醪。却军敦礼乐，曹馆富风骚。
客望龙门聚，雏从凤穴翱。世知三窟隘，人可二天逃。
雨露承恩命，山河袭世劳。功名高卫霍，辅弼慕伊咎。
鞍马怜髀肉，簪缨视鬓毛。雅申张仲德，颂入鲁侯昭。
有客伤沦落，无阶写郁陶。太行云羃羃，代北雨骚骚。
去国心将折，怀人首独搔。身如伏枥骥，情似失林猱。
涸辙将安往，穷途况所遭。幸今逢匠石，直欲啖醨糟。
忖己诚无有，登门亦已叨。沐熏良备至，感激欲号咷。
已客冯驩舍，犹伤范叔袍。锷须开匣剑，割欲试铅刀。
杞梓容山木，包羞荐沼芼。每思休困顿，佳荫有兰皋。

王元节——《青冢》

【元节，字子元，宏州人。】

环佩魂归青冢月，琵琶声断黑山秋。
汉家多少征西将，泉下相逢也合羞。

郭允升——塞外道中

长城关外暮飞云，萧瑟秋风雁几群。
戍士牧儿频借间，只今谁是李将军。
落日平沙接大荒，萧萧衰草籍河隍。
受降城在今何处，此地空是古战场。

陈孚——李陵台

【元，孚，字刚中，号笏斋，天台人，着观光稿。】

落日悲笳鸣，阴风起千嶂。何处见长安，夜夜倚天望。
臣家羽林中，三世汉飞将。尚想甘泉宫，虎贲拥仙仗。
臣岂负朝廷，忠义素所尚。横天青茫茫，万里隔亭障。
可望不可到，血泪堕汪洋。空有台上石，至今亦西向。

（按：刚中诗意喜翻新，如博浪沙范增墓等七绝，脍炙人口。唯此诗持论颇偏，不及柳贯作远甚，或后人伪作亦不可知。）

柳贯——李陵台

平沙北流水，青山在其上。李陵思乡台，驻马一西向。
草根含余凄，峰尖入寒望。俚言虽莫稽，陈迹尚可访。
想其深入初，步卒亦材壮。手张天子威，气夺名王帐。
覆车陷囚虏，此志乃大妄。一为情爱牵，皇恤身名丧。
缕缕中郎书，挽使同跌踢。安知臣节恭，之死不易谅。
河梁执别处，出语谩惆怅。家声故烨赫，三世汉飞将。
兵法有死生，人运迭休旺。忠回在信史，岂没功罪状。
马迁当腐刑，强欲雪其谤。土思岂能无，层云塞亭障。
千年麒麟图，吾将执玄嵒。

袁桷——送苏子宁赴岭北行省

【桷，字伯长，庆元人。童子时，已著声大德。初为国史院检阅官，侍讲学士。泰定初，致仕。所著有《易说》，《春秋清容居士集》，卒，年六十一，谥文清。】

貂帽护寒沙，冰天阅岁华。断溪驼听水，密雪犬行车。
云尽难寻雁，春深未识花。昔人奇绝处，八月解乘槎。

刘秉忠——过丰州

【见流寓门】

晴空高显寺中塔，晓日平明城上楼。
车马喧阗尘不到，吟鞭斜袅过丰州。

云内道中

【前人】[1]

远水平芜间野花，寒云淡淡际寒沙。
闲禽向晚无投树，远客逢秋空念家。
万里经年走风雨，方身无计卧惆霞。
来朝又上居延遗，怀古思君改鬓华。

① 此诗作者为刘秉忠。

萨都剌——过李陵台

【萨都剌，字天锡。其先蒙古人，后居中国。折节读书，隐居不仕，以诗文自娱。与赵松学、张伯两诸君，后先辉映。其诗磊落激昂，不辍合前人一字。陆次云《选善鸣集》谓末山评前辈诗云："看似寻常，最奇崛成，如容易却艰辛。"方之天锡，不愧斯语。】

降入穹庐愧鬼才①，山头空筑望乡台。
苏郎有节毛皆落，汉主无恩使不来。
青草战场雕影没，黄沙角鼓雁声哀。
那堪携手河梁别，泪洒西风骨已灰。

王恭——塞上曲

【明，恭，字安中，闽县人，自称皆山樵者。永乐初，以儒士待诏翰林，年六十矣。兴修大典书成，授翰林典籍。投牍归老，诗文自娱，有集曰:《白雪樵唱》。】

登埤望烽火，落日烟尘紫。百战久不归，空闺泪如水。
汉兵十万余，尽没长城死。城下有精灵，啾啾月明里。

戴铣——出塞

【铣，字宝之，婺源人。弘治乙未进士，官南科给事中。以劾逆瑾受廷杖死，追赠光禄大夫。】

军行入大漠，遥见胡骑来。死战四五合，白日昏黄埃。
战败虏星奔，血洒阴山隈。高功在主将，南向班师回。
明时重文教，边功谁敢邀。迩来逐小丑，已觉战士凋。

---

① 此句应该是"降入天骄愧鬼才"。

何乔新——题苏李泣别图

【乔新，字廷秀，广昌人。景泰中中进士，官至刑部尚书，请老卒，谥文肃。著有椒邱文集，诗多援据典故。】

黄云黯欲暮，归骑惨将发。酾酒上河梁，羞与故人别。
后会不可期，请与君永诀。祁连山前箭，沙漠窖中雪。
君心与我志，各欲效忠节。老亲坐诛夷，此志遂蹉跌。
今君获生还，竹帛炳贞烈。顾我坠家声，有怀共谁说。
韩王昔降虏，茅土世不绝。念我先飞将，守边号瑰杰。
臣罪固当诛，臣族讵宜灭。嗟嗟全躯臣，谁肯为论列。
我心岂忘归，望乡心如爇。亲族靡孑遗，念之肝肠裂。
恸哭送归旌，哀哀泪成血。君归谒茂陵，毋为遂结舌。
寄语霍将军，此心宜识察。

李攀龙——明妃曲

【攀龙，字于鳞，历城人。嘉靖甲辰进士，官至河南按察使，为七子五子之一。】

我本良家子，承恩入汉宫。光彩射绮罗，语笑生春风。
君王希召幸，在远谁为通？汉宫三十六，处处种梧桐。
美女八千名，各各分当熊。黄金买颜色，丹青多益工。
宁知佳丽人，不出所图中？黄金犹粪土，丹青复何功？
颜色非可恃，粉黛故难同。因念长门赋，夙昔亦相蒙。
君王宠自误，贱妾以和戎。岂惜贱妾去，但惜长门宫。
涕泣顾长门，从此逐秋蓬。

徐良彦——塞上曲

【良彦，字季良，新建人，万历戊戌进士，官南工部侍郎，请告卒于家。少读经世之书，不事声律，信笔口占，有诗数百篇，高阳孙世师称，量朝士少所许，可于季良，独心折焉。】

胡儿为我歌，胡妇为我舞。酪酒两三行，黄尘杂桴鼓。
披甲上马鞍，旁观色如土。长城陈死人，有力皆如虎。

曾棨——龙支行

【棨，字子棨，永丰人。永乐中，廷试进士第一，饮酒数石不醉。官少詹事，卒于位。病革将绝，呼酒痛饮，自为赞曰："官詹非小，六十非夭。我以为多，人以为少。易箦盖棺，此外何求，青山白云乐哉游。"】

龙支城头暮吹角，黄云蔽天沙草薄。
虎髯使者长安来，持麾拥盖边尘开。
城门尽是胡兵守，城外老人多白首。
拜迎使者双泪流，问云天子今安否。
自言家世丰州住，少小辞家隶军戍。
吐蕃昨日犯萧关，胡骑长驱泾陇间。
将军战败鼓声绝，弃戈遗镞填丘山。
自从陷没身为虏，五十年来在边土。
依栖部落作蕃人，生长儿孙尽胡语。
朝看烽火望中原，夜听鸣笳忆故园。
颓垣败屋谁家宅，断碛荒蹊何处村。
奉使还时报天子，早遣官军复清水。
假令年老身归死，已免游魂作胡鬼。

（原注：唐穆宗时，遣大理卿刘文鼎出使吐蕃，道成纪武川以至龙支城，耆老千人拜且泣问天子安否，言："顷从军战败于此，今子孙未忘唐服，朝廷尚念之乎？兵何日来？"言已，皆呜咽。密闻之丰州之人也。）

李东阳——牧羝曲

【东阳，字宾之，茶陵人，以戍籍居京师，举神童。天顺中进士，官至文渊阁大学生，致仕。卒，谥号文正。着有怀丽堂集，罢相家居，请诗文书篆者，填塞户限颇资，以给朝夕。一日，夫人方展纸研墨，公有倦色。夫人笑曰："今日方设客，可使案无鱼莱耶？"遂忻然命笔移时而罢，其风操如此。】

嗟汝陵，咄汝律，羝可乳，节不可屈。
咄汝律，嗟汝陵，宁为我死，不作汝曹生。
生入朝，身已老，有泪犹沾茂陵草。
天遣生还入画图，不然谁识冰霜貌。

明妃怨

【前人】①

莫倚朱颜好，妍媸无定形。
莫惜黄金贵，能为身重轻。
一生不识君王面，不是丹青谁引荐。
空将艳质恼君怀，何似当时不相见。
君王幸顾苦不早，不及春风与秋草。
却羡苏郎男子身，犹能仗节长安道。
休翻胡语入汉宫，只恐伶人如画工。
画工形貌尚可改，何况依稀曲调中。

---

① 此诗作者为李东阳。

王鏊——胡人归朝歌

【鏊，字济之，吴县人。成化中进士，历官文渊阁大学生，卒，谥号文恪。】

儿胡儿，女胡女，女嫁胡儿娶胡妇。
唯有老身从汉来，椎结毡裘作胡语。
当时从驾土木间，匈奴驱我不得还。
朝看鹞儿岭，暮宿木叶山。
昔闻青冢今始睹，几过苏卿持节处。
胡风猎猎胡霜飞，听罢胡笳泪如注。
胡中洵乐汉自亲，呼韩犹作南朝宾。
款关不用通事语，三十年前我汉人。
奉天殿前拜天子，封爵归来认邻里。
南街北巷争聚观，家人见我还惊起。
男袭冠裳女绣襦，今日汉入昨日胡。
回思李陵并卫律，漠北高坟空突兀。

卢柟——送人之塞上

【柟，字少楩，一字子木。浚县人。好使酒骂座，尝以醉后获罪邑宰，以他事诬系之。狱东郡谢茂秦，携柟诗文游长安，见诸贵人，絮而泣曰：生有一卢柟视其死而不救，乃从千古哀沅而吊湘乎！吴人陆光祖为邑令，平反其狱，得免死，终以落拓嗜酒病卒。】

北风瑟瑟胡马鸣，君今弃我何远行。
阴山雪花大加掌，黄云出没单于营。
万里龙沙那可见，将军大小七十战。
捷书奏入建章宫，寄我云中一只箭。

李祯——塞下曲

【祯，字昌祺，庐陵人。永乐中进士，历官广西布政使。】

铁骑蹴交河，衔枚半夜过。雪花凝锁甲，月色冷雕戈。
黠虏俱亡命，连营尽凯歌。至今青冢骨，犹恨与通和。

蒋山卿——咏王昭君

【山卿，字子云，仪真人。正德甲戌进士，历官广西参政。】

拭泪新装束，朝来殿里辞。何堪辞诀日，却是见怜时。
汉骑临关少，胡笳出塞迟。琵琶写哀怨，凄切转添悲。

霍鹏——塞上吟

【马邑人】

昔道金河冷，今来玉塞凉。关门屯虎豹，斧钺扫豺狼。
剑拂口枪影，旗摇太白光。韬钤常在箧，持此报天王。
宦拙心偏苦，秋深雨又零。方山传采芑，瀚海任流萍。
虏市频年款，戎车镇日停。昨宵狼纛暗，唯见羽林星。
落落关山晓，萧萧朔漠秋。大军间虎队，元帅拥貂裘。
云塞寒初动，冰河咽不流。沙场雄万里，殊胜酒泉游。
北塞非五路，东郊自有桥。不堪胡马度，只怕汉兵骄。
露下千山瘦，霜飞百卉凋。兵家说方略，争颂汉骠姚。
五原人来回，传在黑山隈。雁自龙庭过，军从虎峪来。
蒙恬多将略，魏尚有边材。古昔垂芳烈，予怀亦壮哉。

沈周——从军行

【周，字启南，长洲人。十五岁试凤凰台赋，得盛名。景泰中，郡守以贤良应诏，决计隐遁。奉母九十九龄乃终。先生年八十矣，又三年而卒，诗画冠绝一时。】

马上黄沙拂面行，汉家何日不劳兵。
匈奴久自忘甥舅，仆射今谁托父兄。
云暗旌旗婆勒渡，月中刁斗受降城。
左贤早待长绳缚，莫遣论功白发生。

杨慎——出关

【慎，字用修。新都人，少师廷和之子也。正德中，廷试第一，授修撰。以议大礼，受廷杖再毙复生，谪戍永昌卫，投荒三十余年。卒年七十二，著《丹铅总录》传世。】

狼狐芒角正弯环，虎落连营又出关。
汉使征鸿何日至，胡儿牧马几时还。
千重紫塞迷青冢，九曲黄河绕黑山。
飞将殊勋犹下吏，书生乘障敢辞艰。

王世懋——华夷互市图

【世懋，字敬美。世贞，元美之弟也。嘉靖己未进士。以家难归，后除南仪制主事，历官至南太常寺少卿，移疾归，卒于家，兄弟俱以诗文名。】

大漠高空寂建牙，两军相见醉琵琶。
天闲苜蓿多羌种，胡女胭脂尽汉家。
云里射生旋入市，日中归骑不飞沙。
金钱半减犁庭费，五利应知晋史夸。

张元凯——长安逢塞上班师

【元凯，字左虞，吴县人，官指挥世爵，著有《伐檀诗集》十二卷。】

盛秋胡骑若云屯，奏捷飞书入雁门。
浪说单于刑白马，羞称公主嫁乌孙。
班师节钺归三殿，款塞旌旗过五原。
幕府献功方饮至，撰成铙曲侑金樽。

蔡宗尧——塞上秋思

【宗尧，临海人，字中父，自号东郭子。嘉靖丁酉年举于，乡官教松溪，多识古文奇字，著有《龟陵集》二十卷，诗一卷。】

断云残柳接狼烟，极目氛埃自黯然。
紫塞苍茫能立帜，黄河容易可投鞭。
须知据险人持戟，莫使冲风马避膻。
胜算终摧高阙耸，遥藩荒破犬羊天。

郑琰——挽郑都护

【琰，字翰卿，闽县人。布衣任侠词馆，诸公争延致之。高文典册多出其手，每闭关不听，出翰卿笑曰："吾具有须眉，安能作三日新妇，悒悒闷死，遂逃之。"金陵依新安，富人吴生醉，则唾骂呼为钱虏，吴氏兄弟，构讼疑翰卿泄其阴事，文致入京兆狱死。】

中兴功业更谁论，万里摧残百战身。
宠虎旧衣分爱卒，麒麟新冢哭佳人。
金羁尽蚀燕支血，宝剑从吹鹖鹈尘。
塞外长星沉碧海，五原西望泪沾巾。

附录：徐兴公榕阴诗话一则

郑翰卿工七言，且少游遣疆。检其集中多悲壮语。如：

马邑吹笳烽子急，雁门猎火健儿归。

霜色欲将关树折，河声如带戍楼奔。马行空碛闻嘶断，人度残木过语喧。

沙碛到天归马小，朔云到海远鸿低。碛上阴云连塞黑，关中落日带沙黄。

乱山独马嘶残月，远碛离鸿教曙霜。胡骑分营来汉冢，蕃河分水到秦川等句，令人读之，有封狼居胥之志。

若陈：

幼孺之雕飞塞日，翻胡影马饮流泉。咽汉声马季声之，马勒桃花衔苜蓿。笳吹芦叶乡榆林，谢在杭之风吹紫。塞草欲尽马蹴黄，河水未残亦不减郑生高韵。

于谦——塞上即景

【谦，字廷益，钱塘人，官兵部尚书。土木之难，英宗北狩，郕王即位。公以社稷为重，君为轻，力主战也。也先不能相恫吓，始归太上皇。天顺复辟，徐有贞、石亨等，诬公迎立襄王，论死，天下冤之。孝宗初，乃追谥忠肃。】

目极烟沙草带霜，天寒岁暮景苍茫。
炕头炽炭烧黄鼠，马上弯弓射白狼。
上将亲平西突厥，前军近斩左贤王。
边城无事烽尘静，坐听鸣笳送夕阳。

王恭——胡儿吹笛

雪净阴山片月孤，数声羌笛起单于。

不堪吹作《梅花》调，少多中原客在胡。

施敬——塞上曲

【字孟庄，钱塘人】

八月秋高塞草斑，将军千骑猎前山。
弯弓不射南飞雁，恐有征人附信还。

吴亮——李陵台

飞将犹传国士风，出师未捷敢论功。
得当欲报汉天子，千载知心太史公。

苏武祠

【前人】

辛苦中郎已白头，节旄零落志方酬。
可怜麟阁图名姓，不及椒房博陆侯。

王越——边行即事

【越，字世昌，浚县人。景泰中进士，廷试日，旋风掣其卷去，逾年高丽贡使，携以上进。天顺中，巡抚大同有功，封成宁伯，卒赠太傅，谥襄敏。】

二月山城雪尚飞，年年草色见春迟。
不知上国间桃李，开到东风第几枝。

徐祯卿——咏昭君

【祯卿，字昌谷，常熟人。天性颖异，家不蓄一书，而无所不通。弘治中举进士，三十三岁卒，与唐祝文，为吴中四才子。】

辛苦风沙万里鞍，春红微淡黛痕残。
单于犹解怜娇色，亲拂胡尘带笑看。

薛蕙——塞下曲

【蕙，字君彩，亳州人。正德中进士，以议礼，下寻得贳官给事中狱。】

阴山缚尽犬羊群，万里胡天散阵云。
塞外降王三十郡，来朝尽隶霍将军。
长城西北万重山，无数征人若个还。
明妃死后留青冢，定远生前隔玉关。

顾璘——塞下曲

【璘，字华玉，吴县人。隶匠籍，徙居金陵。宏治丙辰进士，历官至刑部尚书，着有《息园》、《浮湘》、《凭儿》、《归田》等集。】

千里骅骝丈八矛，男儿画地取封侯。
黄昏塞上传烽火，一夜吹笳坐戍楼。
百战摧胡未许强，马前生缚左贤王。
麟符鹊印须臾事，只博凌烟字一行。
黄河冰厚马横行，朔气棱棱古铁明。
恨杀夜来风雪紧，匈奴逃出受降城。

汪循——明妃曲

【循，字进之，休宁人。宏治丙辰进士，官顺天府通判。】

将军仗城妾和番，一样承恩出玉关。
死战生留俱为国，敢将薄命怨红颜？

罗洪先——昭君祠

【洪先，字达夫，吉水人。嘉靖己丑进士，廷试第一，官太常少卿，卒，谥文恭。尝以疏请预定东宫，忤旨罢官，杜门讲学攻苦，淡炼寒暑，以经世为己任。五十后决意仕进，默坐半年榻，不出户者三年。事能前知，人问之曰，偶然耳无疾，而殁。人以为仙去，或于燕齐海上见之。】

长秋才引到帘前，名姓谁知外国传？
记得君王回盼处，肯令相识不相怜。

尹耕——出塞曲

【耕，字子莘，号朔野，蔚州人，嘉靖庚辰进士，豪宕不羁，性嗜酒，喜谈兵，尝为州守，废免家居，长边陲通知疆事，恨武备废弛，边臣玩愒，作塞语十一篇，中明边防虏势之要害，以告当事者。作为歌词，沉雄历落，有河朔侠烈之风，分宜当国，起兵部侍郎，出知河间府，擢河南按察司佥事，为张万纪所劾，遣戍辽左，遂摒弃不复用。有秋兴八首，其三四首云：蓟门千里接云中，虏骑清宵劲爆同。合阵几窥青海月，鸣鞭争下黑山风，残冬战士衣仍薄，荒岁孤城廪欲空，南国十年输挽尽，防秋诸将漫论功。十万鸣弦报吉利囊，野心狼子是花当，联姻故自轻中国，分道频看入汉疆，推谷丈人空肉食，操戈遗孽尚萧墙。不应于羽修文日，岁岁三关有战场。俱感愤边事而言，人谓少陵秋兴，而后此其嗣响。】

鹖鹈淬剑鹊调弓，猎罢阴山落日红。
铁骑不嘶沙碛草，牙旗飞掣桔槔风。

谢榛——塞上曲

【榛，字茂秦，临清人，即挟诗卷游长安，救卢子木者，一时高其谊，争与交骧，秦晋诸藩皆延致之。与李子鳞交不终，削其名于七子、五子之列，而谢先生已名满天下。右于鳞者，虽恶之，不能穷其所往也。少一目，年八十余，方赋诗，遂投笔而逝。】

其　一

旌旗荡野塞云开，金鼓连天朔雁回。
落日半山追黠虏，弯弓直过李陵台。

其　二

飞将龙沙逐虏还，夜驱驼马入燕关。
城头残月谁横笛，吹落梅花雪满山。

胡笳曲

【前人】

砂碛茫茫黑水流，胡儿六月换羊裘。
骆驼背上吹芦管，风散龙荒作冷秋。

漠北词

【前人】

委羽山横塞北天，学飞雏雁夕阳边。
匈奴岁岁无争战，白马黄驼傍草眠。
石头敲火炙黄羊，胡女低歌劝酪浆。
醉杀群胡不知夜，遥见岭下月如霜。
晓开毡帐拥秋云，虏将挥鞭部落分。
牧马阴山莫南向，雁门今有李将军。

于慎行——题忠顺夫人画像四首

【慎行，字无垢，东阿人，隆庆戊辰进士，授翰林院编修。万历初，江陵起复，具疏请止桂林，阻之不得，上江陵卒，有诏籍，其家无后。贻书邱司寇，授言江陵母老，诸子覆巢，遗卯义之。历官礼部尚书，卒，赠太子太保，谥文定。】

其 一

燕支山色点平芜，染出春愁上画图。
一曲胡笳明月夜，边声又度小单于。

其 二

边城新舞《柘枝》辞，降得浑邪罢汉师。
不道长安春色少，甘泉宫里画阏氏。

其 三

莲花宝铗绿云鬟，不脱襜褕款汉关。
枉杀白登城下画，虏中原自有红颜。

冯琦——题三娘子画像

【琦，字用韫，临朐人。万历丁丑进士，入翰林，年十九。由编历官至礼部尚书，尝有疏极论时政，草具未上，易箦前夕，力疾删写，奏上以仿古。后暝，年四十有六，谥文敏。】

其 一

氍毹春暖锁芙蓉，争羡胡姬拜汉封。
绕膝锦畯珠勒马，当胸宝袜绣盘龙。

其 二

塞北佳人亦自饶，白题胡舞为谁娇。
青霜已尽边城草，一片梨花冷不销。

其　三

红妆一队阴山下，乱点驼酥醉朔野。
塞外争传娘子军，边头不牧乌孙马。

徐渭——边词

【渭，字文长，山阴人，为胡少保宗宪幕客，生平尚气节，不以阿曲取容，尝自言书一、诗二、文三、画四、后世当重之，以贫死。】

其　一

千金赤兔匿宛城，一只黄羊奉老营。
自古学棋嫌尽杀，大家和局免输赢。

其　二

立马单盘俯大荒，提鞭一一问戎羌。
健儿只晓黄台吉，大雪山中指帐房。

其　三

汉军争看绣裲裆，十万弯弧一女郎。
唤起木兰亲与较，看他用箭是谁长？

（以下咏三娘子。）

其　四

长缨办取锁娇娆，马上纤腰恐不牢。
好把鸳鸯靴上脑，倩谁双缚马鞍鞒。

其　五

女郎那取复枭英，此是胡王女外甥。
帐底琵琶推第一，更谁红颊倚芦笙。

其　六

胡宠向一人多，窄袖银貂茜叵罗。
递与辽东黄鹞子，侧将云鬓打天鹅。

其　七

姑姑花帽细银披，两靥胭梨洒练椎。

个个菱花不离手，时时站马上胭脂。

其　八

胡儿处处路傍逢，别有姿颜似慕容。

乞得杏仁诸妹食，射穿杨叶一翎风。

（胡人最嗜糖缠杏仁）

其　九

骆驼见柳等闲枯，虏见南醪命拚殂。

倒与鸱夷无一滴，回缰犹作卯儿姑。

（原注云：骆驼见柳，达子见酒。又胡语叩头为叩儿洁。）

崔镛——塞上曲

【诗见府志】

鼓角声喧塞日孤，黄沙白草走单于。

大荒自古无分地，指点而今入版图。

霍锳——青冢吊明妃

【锳，马邑人，诗见府志。】

其　一

琵琶弹出汉宫秋，青冢千年姓字留。

多少红颜承主幸，名随身世尽东流。

其　二

娥眉出塞万家春，不数将军做虎臣。

但愿此身能报国，何妨恩宠属他人。

卷三十四　艺文（下）

刘统勋——归化城道中晚行

【国朝，文正公，山东诸城人，见宦绩门。】

其　一

骞驴破帽独冲风，路指阴山落日红。
行客不须悲塞北，版图先已属辽东。

其　二

圣恩雨露苏边草，使节星霜滞转蓬。
几度拂云堆上望，纷纷得失悟鸡虫。

无名氏——费大将军祠题壁

【诗见府志】

遗像今何似，当年驻马时。一方民父母，千载世神研。
勒石全军胜，屯田上策奇。乾坤应不朽，留与后人思。

袁枚——明妃曲

【见艺文上一】

明驼一群角数声，汉家宫女昭君行。
六宫送别泪如雨，怨入民间小儿女。
昭君上马鞍，手取琵琶弹。
生来绝色原难画，影落黄河自爱看。
诏书殷勤选容质，传到龙庭转幽咽。
侍女浓熏甲帐香，倾城还扫天山雪。
横波满脸向名王，手拂穹庐作洞房。

生长内家风味惯，酒酣时作汉宫妆。
从今甥舅息干戈，塞上呼韩日请和。
寄言侍寝昭阳者，同报君恩若个多。

纪昀——塞上杂咏四十首

【原诗百六十首，为乌鲁木齐而作，本与此地无涉。乃西北所暨，风气略同，爰摘录四分之一，以待竹枝。后有作者，正未能出其窠田。想文达公有知，或亦不吝惜尔。昀，字晓岚，河间献县人。乾隆甲戌进士，官至礼部尚书，协办大学士，卒，谥文达。文章学问为皇帝多知，名总纂四库全书，作简明提要二百卷，精赅详备。孙树馨编其遗集付梓，共诗文三十六卷。】

山围芳草翠烟平，迢递新城接旧城。行到丛祠歌舞处，绿氍毹上看棋枰。（原注：城旧卜东山之鹿，后移以就水泉，登城北关，帝庙剧楼城市，皆俯视历历。此间呼归化为旧城，绥远为新城，每遇春夏间，营房即公主府演剧时，两城外围畦罗列，浓绿如画。）

廛肆鳞鳞两面分，门前官柳绿如云。夜深灯火人归后，几处琵琶月下闻。（原注：富商大贾聚居旧城南北，夜市既罢，吹竹弹丝，云息劳苦。）

万家烟火暖云蒸，销尽天山太古冰。腊雪清晨题牍背，红丝砚水不曾凝。（原注：向来气候极寒，数载以来，渐同内地，人气盛也。）

流云潭沱水廉织，长夏高齐坐卷帘。放眼青山三十里，已经雪压万峰尖。（原注：城中夏日颇炎，燠山中则气候常寒。每城中雨过，遥见层峦叠嶂，雪皓然。此间距大青山里数略同。）

白道飞流似建瓴，陡陀不碍浪花鸣。游人未到萧关外，谁心山泉解倒行。（原注谓：水流迅急，越阪数重。此间自杀虎口外水多北行，俗亦谓之倒行。）

南北封疆画界匀，云根两面翠嶙峋。中间岩壑无人迹，合付山灵作守臣。（原注：山北属乌鲁木齐，山南属回部。此间大青山为中外界。）

城南风穴近山坳，一片涛声万木梢。相约春来牢盖屋，夜深时卷数重茅。（原注：闻城外林木声如波涛，不半日即风至矣。动则发屋，春月尤甚。此间立春，必多大风。）

金碧觚棱映翠岚，崔嵬紫殿望东南。时时一曲升平乐，膜拜闻呼万岁三。（原注：万寿宫在城东南隅，遇圣节朝贺，张乐坐班，亦如内地。其军民商贾往往在宫前演剧，谢恩。边氓芹曝之忱，例所不禁。此间绥远城东街，万寿宫亦然。）

户籍题名五种分，虽然同住不同群。就中多赖乡三老，雀鼠时时与解纷。（原注：户头乡约事权颇重，官衙有事，亦多就问。此间，十二行有四乡耆，十二总领统之，事权略同。）

雕镂窗槅彩画椽，覆檐却道土泥坚。春冰片片陶家瓦，不是刘青碧玉砖。（原注：唯神祠以瓦为之，余皆覆以土。岁一圬至云，砖瓦皆杂沙砾，易于碎裂。此间矣少瓦房，不解何故。）

婚嫁无凭但论赀，雄蜂雌蝶两参差，春风多少罗郎怨，阿母钱多总不知。（原注：娶妇论财多，以逾壮之男，而娶鬒龄之女，土俗类然。关外每多此风，此间尤甚。）

巴亚翻翻数寸零，桔槔到手不曾停。论园仿佛如朱荔，三月商家已买青。（原注：二三月间，田禾方长，商家以钱给农户。俟熟收粮，谓之买青。此间村庄籍此渔利者多。）

万里携家出塞行，男婚女嫁总边城。多年无复还乡梦，官府犹题旧里名。（此间，学校未立，居民无籍可入。有数世未还家者，遇有官事，仍曰某处人。）

界画棋枰绿几层，一年一度换新塍。风流都似林和靖，担粪从来谢不能。（原注：塞外之田，更番换种，以息地力，从无粪田之说。此间牛马粪颇贵，俱以代薪碳用，无入地者。）

丽谯未用夜谁何，寒犬霜牙利似磨。只怪深夜齐吠影，不容好梦到南柯。（原注：人喜畜犬，家家有之，至暮多升屋而蹲。一犬吠则众犬和，满城响答，狺狺然，彻夜不休，颇聒人睡。此间，营路生意，皆恃犬以防贼。冬月回城，犬声尤重，故俗语有狗镇城之说。）

酒果新年对客陈，鹅黄寒具荐烧春。近来渐解中原味，浮盏牢丸一色均。（原注：新年客至，必陈馓饵回器，佐以烧酒。近亦以糯米作元夕粉团。其它糕饼，亦略同京师之制。此间点心近仿京式。）

半带深青半带黄，园蔬已老始登床。可怜除却官厨宴，谁识春盘嫩甲香。（原注：鬻菜者谓之菜床，瓜菜必极老之后，乃采以鬻。否则，人嫌其嫩而不食。此间亦无尝鲜之说，瓜菜显时，园丁不肯摘鬻，纵多与之钱，亦不愿也。）

花信阑珊欲禁烟，晴云骀宕暮春天。儿童新解中州戏，也趁东方放纸鸢。（原注：塞外旧无风鸢之戏，近有兵士能作之，遂习以为俗。此间风筝之戏，亦不数年。）

烧残绛蜡门枭卢，尽出龙眠贤已图。老去杜陵犹博塞，陶公莫怪牧猪奴。（原注：土俗嗜博比户皆然。此间妇女甚。）

五月花蚊子利似锥，村村拟筑露筋祠。城中相去无三里，夜卷疏帘不下帷。（原注：田中蚊虫最毒，城内则无。此间近城亦少蚊。）

息鸡草长绿离离，织荐裁帘事事宜。騣裹经过浑不顾，可怜班固未全知。（原注：芨芨草生沙滩中，一丛数百茎。茎长数尺，即《汉书》中息鸡草也。班固谓马食一本，即绝然马殊不食。此间，丛生极多，土人每以之缚带，呼音近及鸡二字。）

姹紫嫣红廿四畦，香魂仿佛认虞兮。刘郎倘是修花谱，芍药丛中定误题。（原注：虞美人花，巨如芍药，五色皆备。此间多罂粟，田畦数里，锦縩夺目。按虞美人亦罂粟之类。）

朱橘黄柑荐翠盘，关山万里到来难。官曹春宴分珍果，谁怯轻冰沁齿寒。（原注：柑橘皆有，唯价过昂耳。）

旋绕黄芽叶叶齐，登盘春莱脆玻璃。北人只自夸安肃，不见三台绿满畦。（原注：黄芽菜不减安肃，莱菔亦甘脆如梨。此间白菜以萨拉齐所产为最佳。）

千瓣玲珑绿叶疏，花头无力窠人扶。因循错唤江西蜡，持较东篱恐未输。（原注：江西腊花，茎二寸、千瓣、五色，望之如菊。此间名七月菊。）

春鸿秋燕候无差，寒暖分明纪岁华。何处飞来何处出，难将踪迹问天涯。（原注：燕鸿来去之，候与中土同。）

御耳金铃个个檐，牙屋角影翩翩春。春云淡宕春风软，正是城中放鸽天。（原注：土与鸽宜最易繁衍，风和日暖，空中千百为群，铃声浪浪，颇消岑寂。此间不能如实之多，然铃声亦堪悦耳，录诗至此，铃声又漾空而遇矣。）

菽乳芳腴细细研，截肪切玉满街前。只怜常逐春归去，不到柳红蓼紫天。（原注：豆腐颇佳，冬春以为常餐。夏秋则无鬻者。此间近来有南豆腐，惜春秋间亦不易得也。）

槐榆处处绿参天，行尽青山未到边。只有垂杨太娇稚，纤腰长似小婵娟。（原注：柳最难长，罕见高丈余者。此间不至，是唯署前新栽柳，亦数年尚未长成。）

剪剪西风院落深，月凉是处有虫音。促织不解人间意，一任糖山彻晓吟。（原注：地多促织，无促门之戏。）

新榨胡麻潋滟光，可怜北客不能尝。初时误认天台女，曾对桃花饭阮郎。（原注：胡麻即脂麻。东坡集言之甚晰，而西人以大麻为胡麻。其油气味甚恶，非土人不能食也。此间麻油亦不可食。）

腊雪深深坼地寒，经冬宿麦换苗难。农家都是春初种，一样黄云被垅看。（原注：雪深地冻，宿麦。至春多不生，所种皆春麦也。）

八寸葵花色似金，短垣老屋几丛深。此间颇去长安远，珍重时看向日心。（原注：葵心向日，与内地同。）

地近山南估客多，偷来番曲演鸯歌。谁将红豆传新拍，记取摩诃兜勒歌。（原注：吐鲁番呼歌妓为鸯哥，春社扮番女，唱番曲，亦靡靡可听。鸯哥字未详所出。此间谓之秧歌，或去插秧歌之意。雁关南北即有是称。）

玉笛银筝夜不休，城南城北酒家楼。春明门外梨园部，风景依稀依旧游。（原注：酒楼数处，日日演剧，数钱买坐，略似京师。）

桃花马上舞惊鸾，赵女身轻万目看。不惜黄金抛作埒，风流且喜见邯郸。（原注：塞外丰盈，游民鬻技者，麈至畿南焉。鲜妇女亦闻风而来。此间近闻有至者。）

樊桥月满四弦高，小部交弹凤尾槽。白草黄沙行万里，红颜未损郑樱桃。（此间菊部诸人亦多，自都中来。）

赤绳随意往来牵，顷刻能开并蒂莲。管领春风无限事，莫嫌多剩卖花钱。（此间五方杂处，娶妇极易。）

白草飕飕接冷云，关山疆界是谁分。幽魂来往随官牒，原鬼昌黎竟未问。（原注：己丑冬，城西林中，时闻鬼啸，或为民祟父老云。客死之魂不得官牒，不能过关，焚碟给之，是夜，寂然。此间，城隍祠亦给客死者路票，每票索钱数百，内有沿途关隘，验放云云，甚属可笑，商民多敬信之。）

吴颉鸿——送哲省庵成额之绥远司马任

【见流寓门】

其　一

遄征正是岁阑时，仙吏行装最便宜。

收拾江山归宦橐，半肩书画一囊诗。

其　二

边尘黯黯塞云飞，草短山遥雪四围。

此去定从青冢过，一尊为我酹明妃。

其　三

策马楼烦云晓暾，五辛盘列酒盈尊。

遥知竹马欢迎后，带得春光度雁门。

其　四

数声风笛送花辕，千里相思月一弯。

料得归来持赠我，倪家云树米家山。

（时以素绢素省，庵画山水）

自杀虎口至和林格尔

【同前】

车轴响眈眈，程无十步乎。风声都少韵。山色总无情。

路迴荒坑隔。梁危独木撑。迷途欲问讯。绝塞少人行。

中秋月夜登清水河署楼望诸山积雪

【同前】

屏山八月朔风烈，吹出千山万山雪。
我来踏月纵双眸，九塞分明银一色。
是时玉宇浮云空，沙碛净扫无尘容。
琉璃世界现本相，冰轮正挂天当中。
前宵滕六肆威怒，如掌雪花飞万树。
牛心山没七墩平，平尽人间不平处。
北望石碌南雁门，二十六口飞姻屯。
忽逢兔魄明秋霁，一日不觉天黄昏。
风来尚卷梨花朵，百尺楼高宜着我。
剧忆闺中儿女欢，正拜姮娥设瓜果。
讵知绝塞民生难，稻粱半熟逢严寒。
场圃筑成盖藏少，坐对佳节空一叹。
我昔看月金山顶，万道金蛇荡波影。
又曾看月崦山巅，九点速失齐州熘。
今朝于役来塞北，顿使书生眼界阔。
黛海青山一览收，置身如在玻璃国。
水调歌翻白云篇，不知今昔是何年。
愿将塞外清寒景，补人豳图达九天。

张棣——明妃曲

【棣，字萼楼，崞县人。道光丙申进士，官直隶吴桥，静海知县。少以诗赋为周石芳学使所知，拔贡生，西巡召试，赐绮一端。为县令十七年，多惠政，着《甓斋村草》。】

雪满天山草不春，琵琶幽咽怨和亲。
纵然不为丹青误，也是长门失意人。

塞下曲

阴山飞雪冷征袍，古戍寒霜涩佩刀。
飒飒西风连夜急，受降城外月轮高。

彦德青冢诗

【彦德，字亦庵，满洲正黄旗人。乾隆癸卯举人，袭世职，官至汉军都统，定边左副将车。】

闺阁堪垂世，明妃冠汉宫。一身归朔漠，数代靖兵戎。
若以功名论，几与卫霍同。人皆悲远嫁，我独羡遭逢。
纵使承恩宠，焉能保始终。至今青冢在，绝胜赋秋风。

（此诗现勒石冢侧，旁有二碑，一为故相耆英作五古，人诗俱不足存；一为前将军升寅直公作七古，主不从胡俗饮药而死，立论固见昭君身分。唯以苏子卿娶胡妇比之，文姬失节，法虽尊题，不无太过，鄙见如此，未审是否。）

升寅——青冢行

【寅，满洲人，前任绥远城将军，历官至都察院左都御史。】

乾坤毓秀无遐迩，半出簪缨半床笫。
才貌岂足定闺贤，总观大节知臧否。
呼韩入觐诏六宫，愿嫁乌孙挺身起。
一枝秾艳别椒闱，三千粉黛皆委靡。
画师伏罪天子瞋，昭君遂志单于喜。
御沟红叶水潋滟，团扇秋风处处同。
回忆簪花众姊妹，可怜自首甘泉宫。
琵琶醉酪日歌舞，宠擅关氏塞北空。
外无胡马饮江水，内无野鸡与女戎。

宁为鸡口不牛后，谁识女子真英雄。
大青山下黑河址，旁有孤坟如壁垒。
空余牧竖任樵苏，自昔流传青冢是。
当年夫殁请还朝，诏令从俗乱人理。
守志贤妃从一终，君王忍不谅人只。
视彼文姬返漠阅，失节屡嫁中朝士。
典属老人吞雪忠，牧羊又娶胡儿婢。
名臣才女从千秋，贞操应令昭君鄙。
闻道黄河两岸边，亦有明妃旧芳址。
吁噫嘻，一杯黄土易销沉，青冢传疑胜青史。

卷三十五　风俗

定襄、云中、五原，本戎狄地，颇有赵、齐、卫、楚之徙。其民鄙朴少礼文，好骑猎。（《汉书·地理志》云：此风迄今二千余年，鄙朴犹是少礼文，犹唯射猎，则不知好矣，奈何，奈何！）俗尚武艺（见《一统志》）民勤耕作，士鲜奔竞。（见《搢绅全书》：以上两则，系指朔平一府而言，此间既无土著之民，亦无玄诵之士也。）

按古者天子巡狩，命太史陈诗，以观民风。以治民之道，必因其俗，而化导之。示俭示礼，各随其宜，风俗所关，最为切要。此间，自我朝开国伊始，首先内附。其向化之速，被化之久，较内地且早数年，及今涵濡圣泽二百余年，视南疆、西域声教所讫，感召宜深。乃以学校未开，民无定籍，居其地者十九，以商贾为生，间有一二士子，糊口遐方，非粗识之无，即意存渔利，诗书礼乐荡如蔑如。即以商贾而言，若辈与外藩互市日久，谋利较他处，独精人情，十分狡黠，而权其子母所得，十无一焉。奢靡之习，游荡之行，比比皆是。农之惰，工之拙，所不知也。至于冠婚丧祭，各纵其欲。无搢绅以先之，无名教以来束之，无老成以劝戒之。虽宣讲圣谕朔望，仅存其文。《会典》

《通礼》，衙署内藏其书。民俗之弊，颓然莫挽，有心者，当何所移易耶！识略及此，不禁感慨系之。

卷三十六　土默特

喇嘛扎布，土默特人，姓博尔济吉特，元太祖十六世孙，阿尔坦裔阿尔坦号格根汗，初由河套徙丰州滩，筑城架屋居之，曰拜牲，《明史》讹为板升者也。与明通好，封顺义王，以“归化”名所居城，至今仍之。

阿尔坦子九，长僧格号杜陵汗，子噶尔图，以避察哈尔，东徙，邻喀喇沁为土默特东路，即今驻牧巴颜和硕之土默特右翼札萨克。其居西路者，自格根汗凡四传，至博硕克图汗，仍居归化城。察哈尔强役属，博硕克图汗不从，偕喀喇沁部布颜台吉等，败察哈尔兵四万于土默特之赵城，又败其赴张家口请明赏兵三千，与察哈尔林丹汗交恶。博硕克图汗卒，林丹汗袭之，有其众。

我朝天聪六年，大军征察哈尔，以林丹汗西奔唐古特，移师趋归化城。博硕克图汗子俄木布，及其部头目古禄格、杭高、托博克等，集众降，诏安堵如故。八年，以林丹汗窜死大草滩，遣使取道归化城，往谕唐古特，命所部人护送之。

九年，睿亲王多尔衮，帅师收林丹汗子额哲，于黄河西托里图地，贝勒岳托留驻归化城。所部人告变，俄木布乳母之夫毛罕，潜通明沙河堡守将，以归化城叛，伪称俄木布为西土格根汗，且导明使约喀尔喀兵马外应。岳托遣谍往喀尔喀兵在途追袭之，无脱者，执俄木布以归。谕古禄格、杭高、托博克，分守归化城，辖土默特部众。

崇德元年，诏编所属三千三百余丁为二旗，以古禄格为左翼都统，杭高为右翼都统领之。托博克寻代杭高子巴桑掌右翼。嗣是，博硕克图汗裔分隶左右翼，称台吉。喇嘛扎布，祖素尔巴勒济图、父达木巴，世居归化城，隶左翼。乾隆二十年，诏征归化城土默特兵千，随北路大军剿达瓦齐于伊犁。喇嘛扎布献马三百匹，叙功授一等台吉，命乾清门行走。二十一年，命随承恩公明瑞赴巴里坤，徙厄鲁特达什达瓦部众于阿勒台，并以其女妻和托辉特郡王青衮咱卜。会青衮咱卜叛，诏随左副将军喀尔喀亲王成衮札布，由乌里雅苏台进剿，侦青衮咱卜欲逃往俄罗斯，复随参赞大臣纳穆札尔等轻骑尾之，抵杭哈将噶斯，青衮咱卜就擒。捷闻，诏增设土默特一旗，封喇嘛扎布为辅国公，授札萨克，隶乌兰察布盟。敕曰："朕仰荷天庥，抚绥区宇，中外臣工，凡有效力宣猷劳绩茂著者，罔弗优封爵秩，用奖忠勤。尔土默特一等台吉喇嘛札布，追擒叛逃，奋勇有功，朕甚佳之。尔其副朕豢养之隆恩，归抚尔旗人众，恪守典常，靖供尔职，勿蹈愆尤，败乃成业，国有常刑，勖哉无斁。"

二十五年，以不入觐，及违例妄行罪，议削爵。谕曰："喇嘛札布自优封公爵以来，不思感激朕恩，奉公守法，乃耽逸乐，姿意妄为，本应照议削爵，但念公爵究系从前勤劳所得，着加恩免削，其札萨克及乾清门行走之处，着并革退，饬令回旗效力。"三十一年，喇嘛札布卒，次子索诺木旺札勒袭。四十九年，诏世袭罔替。

古禄格，土默特人，姓纳喇。其先本姓土默特，因灭扈伦国之纳喇部，遂以为姓。世居叶赫部，叶赫部亡，依土默特博硕克图汗于归化城，号楚琥尔博硕克图汗，卒。察哈尔林丹汗攻灭土默特役属之。天聪六年，大军征察哈尔，古禄格侦林丹汗由归化城西遁，惧掠，匿山砦乃免，乃旋请内附。九年，来朝，优赉之。崇德元年，授左翼都统，与右翼都统杭高，并驻守归化城。三年春，以喀尔喀札萨克图汗拥众逼归化城，驰疏闻。上统大军征之，札萨克图汗遁，师旋。谕古禄格及杭高曰："尔等所守，城小濠狭，势难御敌，宜于城外，建筑层垣，以资捍卫。垣如城高一丈五尺，阔称之，俾可屯兵其上。垣四面置四门，门各置瓮城，四隅各建望楼，垣外环以深濠。工竣之日，内城、外垣严加防守，敌自不敢窥伺。尔等其善为之。”

夏，率参领韬瑚等，九十六人来朝。遣官迎宴，诏授一等男爵，赐弓矢、冠服。冬，遣乌巴什等贡朝珠、文绮。四年，献所获明岁给币。五年，授其子乌克苏穆佐领职，协守归化城。六年正月，古禄格遣第巴图等，贡驼马。三月，复遣纳穆习礼等，解送来降蒙古，奖赐白金有差。顺治元年，遗使献方物。赐雕鞍、弓矢、皮币。二年，晋爵三等子。特颁珠顶、貂帽、朝衣、玉带、甲胄、弓矢等物，以殊异之。六年，睿亲王多尔衮征喀尔喀。古禄格以兵来会，侦喀尔喀遁，乃归。康熙五年，卒。长子乌巴什泰袭三等子，召赴京，隶蒙古正白旗。四子锡喇布，留归化城，袭都统。九年，卒。子古睦德袭。

二十二年，内大臣奇塔特等，奉使厄鲁特，察获所掠归化城人巴朗，归之古睦德。二十五年，古睦德来朝，以厄鲁特巴图尔、额尔克济农和罗哩携众降附，将由归化城入觐，命速归护降众。未几，以废职，罢都统。召赴京授佐领，隶蒙古正白旗，以其叔父阿喇纳袭。阿喇纳者，古禄格之第五子也，由佐领袭都统。二十七年，偕副统阿迪等，选兵侦御噶尔丹。三十年，命护视附近归化城游牧之喀尔喀众，无致失所。三十五年，偕阿迪等，随大将军费扬古，击噶尔丹于昭莫多。师还，运炮七十九，置归化城。三十六年正月，助军驼。三月，驾由归化城视归宁夏，以土默特士众委靡，弓马不娴，皆由左翼都统阿喇纳，及右翼都统阿弼达等，军律废弛所致。诏削职，停右翼都统世袭，改用京员。以阿喇纳兄子古睦德，重袭左翼都统，四十三年卒，子丹津袭。先是，乌巴什泰袭三等子，卒，阿玉什袭，阿玉什卒，子多尔济袭。五十九年，多尔济以罪革三等子，命丹津兼袭。

雍正元年，疏请建文庙于归化城，左、右翼各设满学教官一。归化城增设理事同知一，允之。复以训所部弁兵，娴弓马，谕右翼都统如世袭旧制，以阿弼达子根敦补授。其副都统职听丹津察举。九年，大军议剿噶尔丹策凌，命丹津与副都统五十六，酌办归化城驻兵事宜。寻因移驻洪果尔鄂隆，诏察给兵骑。十二年，以乌喇特部被灾损牧畜，遵旨察阅户口，发归化城帑赈之。十三年九月，奏归化城每年解额尔德尼召，粮米四万八百石，向用内札萨克等牛车，及喀尔喀官驼，请自来年始，募商驼挽运，停喀尔喀官驼，令善牧备军用。又应运米，向由山西巡抚拨解，道行不无竭蹶可省，请以商人所纳仓米十万石，就近解送，庶经费，动用亦便，上从其请。

十二月，命大臣赴归化城，视形胜地，筑城屯田。以丹津及根敦协理之。乾隆元年，设马厂于归化城北，诏丹津董牧务。二年卒，先是丹津子达奈居京，由世袭佐领历官散秩大臣，卒，无子，以丹津族子札什泰袭佐领。至是丹津妻，请即以札什泰为丹津嗣。诏停袭左翼都统，仍袭三等子兼授三等侍卫。二十四年，谕曰："左翼古禄格所遗都统职，前因丹津无嗣停袭。着加恩照右翼例，改授三等男爵，令三等子札什泰兼袭。"三十年，卒。子福保袭三等子兼三等男。

托博克，土默特人，姓把拉格特，世居归化城，隶土默特博硕克图汗部。因察哈尔林丹汗灭土默待，遂为所属。天聪六年，大军征察哈尔，托博克侦林丹汗西遁，吁请内附。九年，来朝，优赉之。崇德元年，授三等参领，隶右翼，与都统抗高协守归化城。三年，率子瓦騳来朝，授一等轻率都尉，世袭。瓦騳以佐领，授骑都尉。五年，诏晋托博克一等参领，赉弓矢、冠服诸物。六年，赐贡使图们博奇等宴，及甲胄冠服。顺治元年，献驼马、貂皮。三年，随豫亲王多铎，击喀尔喀、土谢图汗及车臣汗兵，于札济布喇克。四年，叙功，诏授右翼都统。时杭高子巴桑，以军务获罪削职，以托博克代。六年，复随英亲王阿济格，讨叛镇姜瓖于大同，屡败贼众。康熙九年，卒，赐谥果壮。

长子瓦騳，以骑都尉兼袭一等轻车都尉，诏加为三等男爵，卒。弟古噜袭都统职。十三年，诏选兵人边，会剿陕西叛镇王辅臣。十四年正月，偕副都统席第等，率土默特兵七百，至榆林听调，谕奖其赴命之速。三月，由榆林迎提督陈福军于兴武营，会鄂尔多斯部贝勒索诺木亦帅兵至。五月，合围花马池。叛贼朱龙，纠众来援，大军迎击之。朱龙遁，城守贼出降，花马池平。六月，随大军复砖井、安边、诸砦。七月，进围定边，抚定下马关，师还驻榆林。八月，由西安搜剿固原。十五年正月，宁夏兵变，诏古噜等防御灵州、定边等处，旋请屯黄河岸扼寇冲，允之。三月，败贼众于灵州。六月，关陇平。叙军功，以兄瓦騳已卒，兼袭三等男。二十年，卒。子拉察布袭。二十一年，拉察布卒，以其子什第，袭三等男。以其叔父乌巴什袭都统。什第卒，子达什色棱袭。达什色棱卒，子纳木札布袭。纳木扎布卒，子甘保袭。

乌巴什者，托博克第三子。康熙二十一年，由佐领袭都统。二十八年，备兵防噶尔丹。二十九年，运杀虎口仓米，济都统额赫纳军。三十五年，副都统多尔济等，随西路大将军费扬古进击噶尔丹。命安郡王玛尔浑，统土默特兵防归化城。噶尔丹既败遁，玛尔浑移驻爱毕哈锡喇穆棱界，留兵所部，以乌巴什子副都统阿弼达领之。是年，乌巴什卒，阿弼达以副都统袭都统。三十六年，以不训练士卒罪，削职、停袭，改用京员札喇克图、俄赫楚忠相继代任。

雍正元年，谕曰："归化城土默特两旗，原在四十九札萨克内。其都统、副都统等官，皆系本部初附功臣子孙世职。前因废弛军务，革退都统，另选京员管辖，今旧习渐改，训练兵弁行伍整齐，凡行围出征等事，与内地兵弁一体效力，不负圣祖仁皇帝教育生成之意，宜复旧制。阿弼达之子副都统根敦，袭补右翼都统。其副都统缺，仍令丹津将两旗内应补人员与原任都统、副都统世家子孙内，保送擢用，钦此。"

根敦系阿弼达长子，初授副都统。康熙五十九年，授参赞大臣，随振武将军博尔丹，由阿勒台进剿策旺阿喇布坦至格尔额尔格，擒宰桑贝坤等百余人，复焚其粮于乌兰呼济尔，上优赍之。雍正元年，袭都统职。二年，诏率满洲兵二千，赴巴里坤，防御青海叛贼罗卜藏丹津，寻分兵千驻土鲁番，师旋入觐，赐孔雀翎，及御书福字、白金等物。

九年三月，大军议剿噶尔丹策凌，根敦帅土默特兵千，赴凉州听调。七月，会西路军于巴里坤，侦噶尔丹策凌遣兵由伊犁犯北路军，于和通呼尔哈诺尔。根敦随西路大将军岳钟琪为捣巢计，袭击乌鲁木齐，大败之，追至额尔穆克河不及而还。十月，蒙上谕，以土默特将弁兵丁连岁从征，甚属勤劳，已命颁帑赏赍。至都统根敦，向在阿勒台军营效力十有余年，今复至巴里坤懋着劳绩，朕甚嘉之，特赏御用冠服、银二百两，以示奖励。十年，随副将军常赍等，率兵三千余赴哈密援剿。十三年，撤兵，由塔勒纳沁入嘉峪关，还军归化城。

是年，诏偕丹津协理屯田事。乾隆元年，叙功，赍币。四年，入朝。七年，卒。子班达尔什袭，入觐赐孔雀翎，随扈五台山，以校射获优赍。十九年，卒（谕赐祭文，立墓侧），诏停袭右翼都统，改三等男，以子赛音弼里克图袭。二十年，谕曰："归化城右翼都统，原系国初土默特杭高所遗世职，后改授托博克。嗣因子孙不胜其任，由京员补授四次。复念有可用之人，是以令根敦及子班达尔什袭授是职。朕思都统有整饬军伍之责，非闲散世职可比。班达尔什之子赛音弼里克图系前锋职，今若骤授都统，不唯恐弗胜任，且旗内台吉大员甚多，亦恐未必服其调度，著将班达尔什所遗都统职，另简京员补授。其本支内加恩，改授三等男爵，令赛音弼里克图袭，钦此。"是年，入觐，授左翼副都统。二十五年，以病罢。二十六年，卒，无嗣，以从弟赛音岳苏图，袭三等男爵。

按以上三传，由《钦定蒙古王公表传》抄录。表传成于乾隆中年，以后承袭世次，尚俟确查补入。传中所言太宗文皇帝征察哈尔年月，与魏氏记微异。且魏氏记无阿尔坦，此传无俺答，似阿尔坦即俺答之转音。蒙古语本无定字，正不必以拜牲为是，以板升为非耳矣。其以土默特为姓，与满洲八旗以地为姓者适同，乃询之土默特八旗转不知有姓。土默特之说，其左翼、右翼，亦第分古禄格与托博克等所统两旗而言，与魏氏记左翼为济拉玛裔，右翼为元裔者不同。彼两翼在归化城土默特外，此两翼则专指土默特之在归化城者也。字书冒顿两字，冒音顿音，似与土默特字音相近，然各书从无此说，未便臆断。今各世职距城辽远，参领、佐领各家谱谍之藏，一时未能周悉略识颠末，其增绩，仍俟他日尔后。①

卷三十七　呼图克图

呼图克图者，喇嘛之学道，能转世，分掌教化，犹华言再来人。《明史》所谓尚师实理事之大僧官也。其秩有国师、禅师及札萨克、达喇嘛等号，分驻各蒙古部落，而皆遥领于西藏达赖、班禅。其来归化城之始，在明隆庆、万历间，（《钦定蒙古源流》以归化城立庙为隆庆间事。唯曰岁次癸酉，考癸酉为万历元年。）元太祖十八世孙阿尔坦汗，即俺答年六十八岁，既与明通和好，又收复阿木多、喀木等部落，于是阿里克喇嘛，为唪诵大有利益、分别取舍等经，解脱三恶缘及来世罪孽。汗遂专志经典，始念六字心咒。其侄鄂尔多斯部博硕克图济农来见叔曰："前世失陷城池，因与中国之人结仇，以致出亡失绝。今汗寿已高，渐至于老，事之有益。今生及来世者，唯在经教。今闻西方纯雪地方，大慈大悲观世音菩萨出现，祈遣使请来，依从前神祖忽必烈汗与帕克喇巴喇嘛，设立道教岂非盛事乎？"阿尔坦汗然之，遂与右翼三万

---

① 《归绥识略》卷三十三，载："此后古禄格一派，只袭子男之爵，归入京旗。其在土默特旗者，在左翼三甲辖下。其托博克一派，自乌巴什后，又袭七次，曰察勒布，乌巴什子也，传阿达及根栋，及板达拉什，及阿尔宾，及瓦瓦，及舒，皆嫡传至舒。明则第赏给骁骑校当差，候升而右翼都亦裁。"

众和好。（右翼三万众为巴尔斯博罗特长子衮必里克墨尔诏所领。俺答为次子，领左翼三万众，据十二土默特，而居于诸部中尤强盛。）

遣使圣识一切之索落木札木苏呼图克图。使未至，其圣识喇嘛静坐微笑曰："阿尔坦汗前世已经善缘，我今必往。"于是左翼蒙古三万人，议于青海之察卜齐勒雅地方，修造庙宇。初遣八百人往迎，次遣千人往迎，再遣三千人往迎，四次汗自领万人迎于察布哈勒庙。每次献币、帛、珠宝、驼马无算。喇嘛为各言其前世，三生善缘。于是诸台吉奏言："前世青吉斯汗之孙库腾汗，与忽必烈汗以道教使天下太平。今值屡世争战之余，但值圣喇嘛与大力汗二人相遇。伏愿自今将涌血之大江，变为溢乳之净海，普遍大众无有穷极。"

是时，汉、番、土伯特、蒙古等十万余人，无不赞叹希有。从前蒙古人死后，多宰驼、马殉葬为行粮，自此改按八节持戒诵经，每日治斋，三日禁杀牲、渔、猎，创立十善福政。尊以圣识一切瓦齐尔达赖喇嘛之号，喇嘛亦赠汗台吉等，以经教护法之号。

阿尔坦许于归化城立庙，以八宝庄严佛像。博硕克图汗许将一百八函甘珠尔经，用宝石金银装修。达赖喇嘛亦许于尼济木搭拉地造弥勒佛像，使其徒呼图克图先往庙中，入为明王定土神，献珍宝物助工，既而喇嘛亲至，天散花雨，又收服雷击喇嘛之术士，引入菩提。此呼图克图始来归化城及土默特地方，始立佛庙。而我朝因之，遂藉以绥服蒙古者也，事详《钦定蒙古源流》八卷，魏氏源所作《国朝抚绥西藏记》，后尝附录之。而于喇嘛历代谱系事迹记中，言之尤详，读之可以略知其梗概。

其上篇云，西藏古吐番，元、明为乌斯藏。其人则谓之唐古特，亦曰土伯特。其地分三部：曰康，即四川打箭炉外巴塘察木多之地，为前藏（亦曰喀木）；曰卫，即布达拉及大召寺，本吐番建牙之所，今达赖居之，为中藏（布达拉华言普陀宗乘也）；曰藏，即扎什伦布，本拉藏所治，今班禅居之，为后藏（扎什伦布华言吉祥山也）；又并极西之阿里，则称四部云。北界河源，南界大金沙江，西距雪岭，东西六千余里，南北五千余里，距京师万有四千余里。由川、陕、滇入藏，有三路，皆先至前藏，而后西至中藏，又西至后藏，又最西至阿里。在五天竺之东，非古佛国也，而距天竺较近，故经教至多持陀罗尼尤验，多僧，无城郭。僧居土台者，皆持戒律。不持戒者，居土台外。

自唐太宗以文成公主下嫁吐番赞普，好佛，立寺庙，西藏始通于中国。元世祖封西番高僧八思巴为帝师大宝法王，以领其地。后嗣世袭其号，而西藏始为佛教宗主。（《元史·释老传》，八思巴者，土番人，生七岁诵经典数十万言，能通大义，国人称曰神童。年十有五，谒世祖潜邸。即位，尊为国师，命制蒙古新字，字谨千余，凡四十一母，颁行天下。今后藏萨迦有喇嘛，即元帝师后人，为红教之宗，其教先娶妻生子有后，则不入室，始登法座。）明洪武初，太祖以西番地犷人悍，欲杀其势，而分其力。故凡元代法王、国师后人来朝贡者，辄因其故俗，许其世袭，以化犷俗，尊中国。永乐初，成祖则兼崇其教，闻西僧哈立麻有道术，国人称曰尚师，遣使迎至京师，为高帝后荐福于灵国寺，有卿云、甘露、青鸟、白象之祥，封大宝法王西天大善自在佛。其徒三人皆封国师，其后又封大乘大慈二法王，礼之亚于大宝。于是其徒争来朝贡，辐辏京师，所封有阐化、阐教、辅教、护教、替善五王，又授西天佛子者二，灌顶大国师者九，灌顶国师者十有八。法王等死，其徒辄自相承袭，岁一朝贡，略与土司等，嗜茶贪贡市，冀保世职，故终明世无西番患，然皆红教，非黄教。

其黄教宗祖则创于宗喀巴（一名罗卜藏札克）。以永乐十五年，生于西宁卫，得道于西藏之甘丹寺。成化十四年，示寂。初，明代诸法王皆赐红绮禅衣，本印度袈裟旧式也。其后红教专持密咒，流弊至以吞刀吐火炫俗，无异师巫，尽失戒定慧宗旨。宗喀巴初习红教，既深观时数，当改立教，即会众自黄其衣冠，遗嘱二大弟子，世世以呼毕勒罕转生，演大乘教。呼毕勒罕者，华言化身也。二弟子，一曰达赖喇嘛；一曰班禅喇嘛。喇嘛者，华言曰无上也。（今俗加口旁曰喇嘛，班禅又称曰额尔德尼，相传达赖为观音分体之光，班禅为金刚化身，在印度已转生数十世，其说不可得详。）皆死而不失其通，自知所往生，其弟子辄迎而立之，常在轮回，本性不昧。故达赖、班禅易世，互相为师。其教皆重见性度生，斥声闻小乘及幻术下乘。当明中叶已远出红教上，未尝受封于中国，中国亦莫之知也。

达赖一世曰敦根珠巴者，即赞普之裔，世为番王，至是舍位出家，亦名罗伦嘉木错，嗣宗喀巴法传衣钵，始以法王兼藏王事。其二世曰根敦嘉木错，自置弟巴等，代理兵刑、赋税。其弟子称呼图克图，则分掌教化。当明正德时，始以活佛闻于中国，（武宗遣中使迎之，不至。武宗崩，世宗立，尽斥遣番人。益谓达赖之不至，有前知焉。）三世曰锁南嘉穆错，《明史》所称锁南坚错也，名益着。青海、河套、诸蒙古，罔不响服。顺义王俺答躬入藏，迎至青海建仰华寺奉之，大会诸部饮长生水。锁南戒其好杀，劝令东还，而俺答亦劝其通中国，乃自甘州遗明大学士张居正书，自称释迦牟尼比邱，中国始知有活佛。而红教中大宝、大乘诸法王，亦皆俯首称弟子，改从黄教，化行诸部。东西数万里熬茶膜拜，视若天神，诸番王徒拥虚位，不复能施其号令。传至第四世，曰云丹嘉穆错，生蒙古图古隆汗族。十四岁入藏坐床，二十八岁示寂，故事迹不着。然河套、青海蒙古守其戒，不敢抄掠，西边安枕者五十余年。

第五世曰罗卜藏嘉穆错，当我太宗文皇帝崇德二年，喀尔喀三汗奏请发帑，使延达赖喇嘛。四年，因厄鲁特使贻达赖书。于是达赖、班禅及藏巴汗、青海固始汗，闻我朝兴东土，各报使绕塞外数万里，以崇德七年至盛京，奉书及方物，约共行善事，并献卦验，知必当一统。明年遣使，存问达赖、班禅，称为金刚大士，是为我朝通西藏之始。

顺治初，天下混一。达赖、班禅及固始汗，复各遣使，献金佛、念珠，表颂功德，诏赍甲胄、弓矢、皮币，并遣使迎达赖。

九年冬，至京师，宾之于太和殿，建西黄寺居之。及行，饯之南苑德寿寺，授金册印，封西天大善自在佛、领天下释教、普通鄂济达赖喇嘛。命和硕亲王，以八旗兵送之。康熙二十五年，第五世达赖死，有第巴曰桑结者，欲专国事，秘不发丧，伪言达赖入定，居高阁不见人。凡事传达赖命行之，自是益横，既袒准噶尔以残喀尔喀蒙古，复唆准噶尔以斗中国，又外构策妄，内阋拉藏汗，遂招准兵寇藏之祸。西北扰攘数十年，皆第巴桑结一人所致。

噶尔丹者，亦四厄鲁特之一，曾入藏为喇嘛，与第巴昵。归篡其汗，自言受达赖封为准噶尔博硕克图汗。又喀尔喀自国初时已入藏，隔于厄鲁特。乃自奉宗喀巴第三弟子哲卜尊丹巴之后身，为大呼图克图，位与班禅相亚，凡数十年矣。至是喀部车臣汗与土谢图汗交恶构兵，圣祖遣使约达赖和解之，第巴奏使噶尔丹西勒图往。蒙古谓喇嘛坐床者为西勒图，盖达赖大弟子也。而喀部哲卜尊丹巴亦奉诏莅盟坛，与西勒图并坐。噶尔丹使其族人随之观觉，因责喀部待达赖使无加礼，诟责之。为土谢图汗所杀，噶尔丹遂以报仇为名，袭侵其部。喀尔喀东走，圣祖申命达赖遣使罢兵。第巴使济隆呼图克图往，反阴嗾之。二十九年，遂入寇漠南，为我兵所败，噶尔丹托济隆代乞和，顶佛立誓而遁。

第巴内惭，乃托达赖意，合青海蒙古及厄鲁特各台吉上尊号，圣祖不受。屡遣京师喇嘛入藏探之，归言第巴桑结，使已遥望礼拜，有喇嘛立高楼上，绛纱之中香烟缭绕，观不分明。三十三年，达赖遣使人贡，言已年迈，国事皆决于第巴，请与封爵。诏封第巴桑结为土伯特国王。三十五年，圣祖亲征噶尔丹至克鲁伦河，闻噶尔丹败窜时，慰其部下曰："此行非我意，乃达赖喇嘛使言，南征大吉，是以深入也。"上谓达赖存，必无是事。乃遣使，赐第巴桑结书，责其唆袒准夷之罪，且言达赖存塞外无事者六十余年，顷询诸降番，知其脱缁已久，何至今犹匿不奏？闻如达赖果存，此番使往，必令相见。第巴桑结恐，次年密奏，言为众生不幸，第五世达赖于壬戌年元寂，转生静体，今十五岁矣。前恐唐古特民人生变，故未发丧，今当以丑年十月二十五日出定坐床，求大皇帝勿宣泄。（西藏不纪天干，唯以地支所属纪年，亦以十二月为一岁，以寅为正月，亦有闰月，但与中国闰不同，如雍正十年闰五月，其地则闰正月。十三年己卯闰四月，其地则舆寅年闰七月，且无小建而有闰日。如是月当闰初二日，则于初一日后，即初三日矣。每月必有初一、十五、三十，而闰日但于中间摘去一二日耳。）并封进达赖临终床箦盐拌像。

上许为秘之，俟十月宣示内外。第巴使者归，途遇策妄那布坦会擒噶尔丹之兵，复宣言达赖已厌世，尔部落兵毋得妄行，策妄哭而归。上以第巴始终反复持两端，乃追还其使，传集各蒙古，宣示密封则像首已堕，第巴使惊仆于地。四十四年，第巴谋毒拉藏汗，不遂，欲以兵逐之。拉藏汗集众讨诛第巴。拉藏汗者，青海固始汗之孙也，自三十六年嗣爵后，因议立新达赖喇嘛，故与第巴交恶。至是奏废第巴所立之假达赖，诏执献京师，行至青海病死。（即方略所云策妄那布坦，遣使争迎之，而拉藏不遣者也。）而藏中所立博克达山之伊西嘉穆错为第六世达赖者，青海诸蒙古复不信之。而别奉里塘之噶尔藏嘉穆错为真达赖，以康熙二十二年转生，二岁着灵异，至是二十岁矣。诸蒙古迎至青海坐床，请赐册印，与藏中所奏互相是非。上恐其构衅，诏暂居西宁红山寺，旋移塔儿寺。

塔儿寺者，西宁卫城西南四十里之塔山。宗喀巴，瘗胞衣地，黄教祖寺也。青海周数百里，十三峰环绕之，海中有二岛，人迹不至（即唐时龙驹岛）。番僧习禅定者，于冰合时，裹一岁粮休焉，往往出异僧，故青海佛法与西藏相亚，两部争议未决。五十六年七月，策妄遣台吉大策零敦多布领兵入藏，执杀拉藏汗，搜各庙重器送伊犁，禁新达赖喇嘛于札克布里庙。五十七年，西藏诸土伯特合嗣，请奉青海呼毕勒罕拥置禅榻，而以藏中所旧立者为赝，诏许给册、印。于五十九年春，诸蒙古汗、贝勒、台吉扈从达赖喇嘛人藏，诏加封宏法觉众第六世达赖喇嘛，于九月登座，取拉藏所立之博克达喇嘛归京师。盖自第五世达赖卒后，三十余年两立假喇嘛，西陲俶扰，至是始定。论者谓达摩创法震旦，有一花五叶之谶。至六世，果以衣钵启争，故六祖不复传衣钵与宗喀巴。至第六世达赖之事，若出一辙，物盛难继，始必有终，天数所极，佛法且不能连，而况人事与。（内节去大兵平定厄鲁特数语，因与篇目无关紧要，只取达赖喇嘛世系录之。）

其下篇云，初，雍正元年，哲卜尊丹巴呼图克图，自喀部来朝，卒于京师，年九十矣。上亲临，奠赐名号册印，如达赖、班禅之例。遣使护其丧归库伦。其后五年，喀尔喀奏呼图克图呼毕勒罕转生于库伦，诏赐金十万造寺，以绥喀尔喀之众。又为驻京之章嘉呼图克图后身，造寺于多伦泊，以绥内蒙古之众。章嘉者，上在雍邸时，所从咨佛法者也。方是时世宗宪皇帝天纵神悟，夙觉大乘，优礼高僧，方将以君师宏法，教普利群生。而二年，即有青海喇嘛助罗卜藏丹津之叛。其青海诸寺喇嘛众，各数千群起骚动，甚至以察罕诺门罕大喇嘛亦党贼拒战，王师讨平之。

上谓玷辱宗门，莫斯为甚，乃收各寺明国师、禅师印，并定制庙舍无逾二百楹，众无逾三百人。冬，命大臣正副二人，分驻前后藏，镇抚之。移达赖喇嘛于西理塘之惠远庙，以避准噶尔。八年，迁于泰宁，护以兵千。十二年，诏果亲王偕章嘉呼图克图赴川，送达赖由泰宁归藏。其哲卜尊丹巴于九年移多伦泊，以避准噶尔者，至是亦返库伦。乾隆二十二年，诏加封为教安众大喇嘛。四十五年，高宗七旬万寿。第六世班禅来朝祝厘，诏仿后藏扎什伦布式，建须弥福寺之庙于热河。班禅自崇德中，同达赖通贡。（其第一世曰凯珠布格埒克巴勒冬，二三世无考。）顺治初，以年老未随达赖入觐者，皆其第四世罗卜藏垂吉嘉穆错也。第五世曰罗卜藏伊什，于乾隆二年示寂。

第六世曰罗卜藏巴丹伊什，于乾隆六年登坐，至是年四十有二矣。七月，班禅至。接见于避暑山庄之澹泊诚敬殿。初，上习蒙古语，及平回部金川即习回语、西番语。兹因班禅来觐，复习唐古特语，故重译朝见告语，如一家。旧以达赖、班禅有高行人觐，唯跽不拜，至是班禅固请拜。上嘉其悃诚，从之。至京接见于南苑德寿寺，仍居西黄寺讲经、放参，皆世祖礼达赖处也。京师西山僧某，往论佛法，责其宜居西番，清净式众，不宜入中国，过受崇奉，班禅谢之。十一月，以痘终京师。诏即其地建清净化域。明年春，舍利金龛西归，驾幸西黄寺，拈香送之。而留其高弟子罗卜藏敦珠布者，领班弟二十人，住持扎什伦布庙，传授后藏经律，选内地喇嘛百八十人习焉。是年，册封第七世达赖喇嘛，时年二十二岁，尚未受封，至是班禅卒，乃封达赖，以绥唐古特之众。

初，达赖喇嘛之呼毕勒罕一世、二世出后藏，三世出前藏，四世出蒙古，五世出前藏，六世出理塘，皆非一地一族，班禅及大呼图克图亦然。至乾隆末，而各大喇嘛类多兄弟、叔侄，且多出蒙古汗、王、贝勒子弟，甚至哲卜尊丹巴示寂，适土谢图汗之福晋有妊，众即指为呼毕勒罕。及弥月竟生一女，尤贻口实，损蒙古之敬信。盖宗喀巴经言，达赖六世，班禅七世后，不复再来，故登坐者，无复真观密谛，只凭垂仲降神指示。垂仲者，犹内地之师巫也。又达赖、班禅亲族，多营为大呼图克图，以专财利，致有仲巴兄弟诲盗之祸。（仲巴呼图克图，班禅喇嘛之兄，尽有班禅入觐所得锡赉布施财物。其弟舍玛尔巴垂涎，不遂，愤唆廓尔喀入寇。）

上久悉其弊，欲革之，而未有会也，乘用兵之后（五十六年，廓尔喀深入，福康安康、兰察、大举讨平之），特运神断，创颁金奔巴瓶。一供于中藏之大召寺，遇有呼毕勒汗出世，互报差异者，纳签瓶中诵经降神。驻藏大臣会同达赖、班禅于宗喀巴前掣之。而各札萨克蒙古，所奉之呼图克图，其呼毕勒罕将出世，亦报名理藩院，与驻京之章嘉呼图克图掣之，瓶供雍和宫，尤元明以来所未有。章嘉呼图克图者，其先于康熙中，自藏来朝，乃第五世达赖之大弟子也。圣祖优礼之，命住持蒙古多伦泊之汇宗寺。章嘉通宗乘，为世宗藩邸时所敬。逮其第二世呼毕勒罕转生于多伦泊，诏造善因寺居之。高宗朝奉诏来京师，翻定大藏经咒。又佐庄亲王修同文韵统。晚年病目，能以手扪经卷而辨其字，于四十一年趺逝京师。是谓黄教第四支，与哲卜尊丹巴一支皆住持蒙古，亚于达赖、班禅二支。

而藏中之红帽十三支，黑帽数小支，则不暇详述云。综计，喇嘛之能出呼毕勒罕入理藩院册者，西藏号呼图克图者十有八，号沙布隆者十有五，漠北蒙古十有九，漠南五十有七，青海番地三十有五，四川察木多番地五，又驻京呼图克图十有四，共呼毕勒罕百有六十。唯青海诺门罕一支，久同世袭，许以亲族入签。又嘉庆十三年，第八世达赖之呼毕勒罕，灵征众著，由驻藏大臣奏闻，请旨不复瓶掣，是二者为破格。

然康熙中，有丹巴呼图克图出世时，能自述前生事，受封清修禅师，住持五台山，竟以酒色不检黜退。是能知夙命之真呼毕勒罕，隔世尚或迷其本性云。凡喇嘛朝贡，除达赖、班禅、哲卜尊丹巴三人，岁遣贡使，不列年班外，其余大喇嘛，驻漠南北蒙古各部者，班六，每岁一至。岷州喇嘛班四，三年一至。凡西藏喇嘛，皆袈裟僧衣。唯将入朝贡，始易内地衣冠。其驻京喇嘛，或在京掌教，或赴藏办事，或分驻盛京、热河、多伦泊、五台山，或派往伊犁及四川之懋功寺，分阐黄教，三岁而更代。

臣源曰："西藏诚非古佛国，而自元明以来，佛藏则卫教为盛。其始不过内受册封，师弟相嗣。至宗喀巴崛起，不藉中朝封号，而复出诸大法王上，西北诸行国，常视为相悖背。中国常用为衔勒，亦佛法因缘，有时会兴废，非人力兴夫。大雄涅盘不闻转世，即宗喀巴经，亦言达赖、班禅转生止六、七世，自后不复再来。今之黄教非昔之黄教，尤非古之释教，宜若可以已焉。然自葱岭以东，唯回部诸城郭国，自为教外，使无世世转生之呼毕勒罕，以镇服僧俗，则数百万众，必互相雄长，狼性野心，且决骤而不可制。盖边方好杀，而佛戒杀，且神异能降服其心，此非尧、舜、周、孔之教，所能驯也。高宗神圣，百族禀命，诏达赖、班禅两汗僧，当世世永坐西土，维持教化。盖自金奔巴瓶之颁，而大圣人神道，设教变通宜民者，如山如海，高深莫测矣。天章丁宁申谕，比于吏部之为谶部，视元代尊奉帝师干纪妨政者，曷可复道里计哉（此篇节录十之五六）。

其后记云：达赖所辖寺庙三千百有五十余所，喇嘛三十万二千五百有奇，百姓十有二万千四百八十一户。班禅所辖寺庙三百二十七所，喇嘛万有三千七百有奇，百姓六千七百五十二户。（乾隆二年，理藩院造册。）其喇嘛称呼图克图者，不可胜数，皆同土司各辖番民，不设官吏。僧多于民，君并于师，介出家在家之间。

释典言：普陀有三，一在天竺南海中；一在中国浙江定海；一在西藏，平地连矗二峰高百余丈，其一达赖居之，其一为高行喇嘛静修之所。其达赖所居，因山势逦迤叠甃而成，楼十有三重，高三十六丈七尺有八寸。上有金殿三，金塔五，僧舍万余间，金玉银铜佛像无数，历代宝器充牣耀目，皆创建于唐时赞普，而历世达赖与藏巴汗重葺之。西殿则宗喀巴遗迹存焉，有手足印在黄酥油上，久而不渝，为番民所顶礼。山之东五里，为大、小召寺，皆唐公主所建。西番谓庙曰召，犹言大寺、小寺。大召高楼四重，殿宇栏杆，皆铜鎏金。左廊有赞普及公主暨白布国王女塑像，供神佛万计，釭酥为灯。小召规制亚之大召，供释迦牟尼佛，乃唐公主铸自中国请往者。小召所供珠吉多佛，其座额书，寂默能仁，则亦释迦像也，世俗妄传大召寺像，乃白布国王女成佛，小召寺像即公主侍女成佛，直委巷之谈耳。

甘丹寺距山八十里，则宗喀巴成道之所，有遗塔及所坐禅榻，以十月二十五日为成道之期。是夕，万户燃灯，光明如昼。遇节期，则达赖升座，讲甘珠尔经、丹珠尔经二经，乃西藏大乘经之最尊重者。

阛听膜拜千计，达赖所坐，叠氍毹数十重，番民得其一摩顶、一击拂者，如不世之遇。班禅所居札什伦布寺次之，相距七百余里，远近瞻礼受法传戒相等，有呼图克图分掌教化，其兵、刑、赋税，则第巴、噶布隆、戴俸、堪布等，分理之。有番律四十一条，甚酷。番民病故后，所有之财，半供达赖喇嘛，半施各寺讽经追荐，故国中布施多于赋税。此外，有西南布鲁克二部，世传红教寺庙百有二十，喇嘛二万五千余，南近天竺界，唯番僧往来，汉民罕至者（此篇节录十之二三）。

松湘圃相国《绥服纪略》则云：红教喇嘛最尊者为萨迦呼图克图，即元帝师帕斯巴喇嘛之后也，在札什伦布之西。宗喀巴初年亦学经于萨迦庙，本出一源，及学成，乃自立宗。余巡边见萨迦呼图克图，询其经典，悉同黄教。其僧亦无眷属，唯萨迦有妻室，朔望相见，余时不往来，只为生子袭衣钵计。蒙古番众，凡崇信黄教者，亦皆敬礼萨迦，如达赖、班禅，盖红、黄二教本同，其邪术惑人，乃红教之末失，非萨迦庙之本宗也。其与黄教异者：一则衣冠异色，二则咒语稍别，三则传子与转生不同，如斯而已。归化城大、小喇嘛，唯礼服、升坐、说法、袈裟、袍褂，俱用黄色，余皆红、黄并用，几莫辨其何宗。且袍褂、冠履除红、黄包而外，与军民官吏无别。

常熟钱氏《出塞纪略》言：归化城喇嘛庙，有僧被黄衣、坦右肩、南面坐，号呼图克图，自言能忆前生数世，貌庄气静，类有道者。此适遇其升坐时尔，近则升坐亦无此服饰，岂以有品级大喇嘛，于年班入觐，必易顶戴、袍褂，故平日亦概从其制耶。

余庆远《维西见闻记》谓：维西黄教喇嘛，夏戴平顶竹笠，冬戴平顶方毡帽。此间小喇嘛出寺行走，夏笠必用黄纱绢，缝里表里制极精细。毡帽上，用黄毛盖顶，长尺许，纷纷四垂，如披发状，春秋间方戴之。冬则概用貂狐帽沿，无用毡者。又记：称红教喇嘛十三种，维西系格马一种，其长五人轮回生番地，掌教名曰“五宝”。乾隆八年，红教谟勒孤喇嘛转生于维西民家，名曰达机，年七岁，其弟子辈占卜，寻至。连机先一日即告知父母，及期拣珠认钵，及所书心经，笑摩众顶，历言前生事不爽，远近争皈，顶礼迎去。乾隆乙卯，有善知识喇嘛，亦格马四宝之高弟子，转生于维西通事王善家。丁亥年，四宝命喇嘛数人，以金银马骡夹迎入藏。每程未至，山川皆预知之。则是红教亦有呼毕勒罕转生，不独黄教矣。

喇嘛家谱曰经簿，其布达剌经簿，详载历代源流，时有续修。各处喇嘛皆有之，惜外人未易见耳。经簿言第一世达赖，生于明洪武二十四年辛未，二十受大戒，寿八十六岁。第二世生于成化十二年丙申，第三世生于嘉靖二十二年癸卯，名索诺木嘉木磋，即魏氏记之锁南嘉穆错。亲赴各蒙古地方，布行黄教，蒙古王等，咸称为“达赖喇嘛班禅额尔达拉”。万历间封为大国师。第四世生于万历十七年己丑，十五岁至藏（魏记十四岁）。万历间，封为沙布达多尔济桑结，能驱邪逐祟，曾于石上踏留足印。第五世生于万历四十五年，其生之日与释迦牟尼佛同。崇德七年，同班禅喇嘛差乌巴什台吉达盛京进贡，约行善事（余与魏记同）。

第六世名罗卜藏林沁仓洋嘉木磋，康熙二十二年生于蒙巴拉沃松地方。（按《通志》：康熙四十四年，拉藏汗请以阿王伊西为达赖喇嘛，而青海诸蒙古所别奉之噶尔藏嘉木错，亦以康熙二十二年生，此疑即阿王伊西也。）第七世名罗卜藏噶勅桑嘉木磋，康熙四十七年，生于理塘地方（此疑即青海蒙古所别奉者，唯生年与魏氏记大相悬远，且以同时奏立，互相是非之人，而分为六世、七世，其经簿恐不足据）。第八世名罗藏丹碑旺楚克江巴尔嘉木磋，以乾隆二十三年戊寅年，生于后藏托结地方（即魏氏记所云：嘉庆十三年，驻藏大臣奏闻，加封不经瓶掣者）。此下尚未续修。

今达赖为第十一世，其第九世未详，第十世于道光十六年圆寂。又闻今达赖于道光十五年，生理塘泰宁民家，其祖父本陕人，以业窑至泰宁，母番女也。前藏中乱时，达赖尝移床泰宁，故亦为胜地。生三岁，藏中踪迹得之。自其家移大寺中，有五色云覆顶，谢都阃曾亲见之，其说最确。魏氏谓达赖出微贱，一旦置身青云，始在孩提，即为天子所隆礼，二万里王公、僧俗、男妇，无不诚心敬奉，非福德殊异，何以臻此。昔汉高祖，所在其上常有云气。韩魏公廷唱第一，太史奏五色云见，皆本体精气所发，非山川之云，所见良是。唯其生时年岁，在第十世未示寂之先，不无可疑。

经簿又言班禅第一世，名刻珠尼玛绰尔济伽勒布格尔，生于明正统十年乙丑，与魏氏记异。二世名珠拜旺曲索诺木绰尔济朗布，生年缺。三世名结珠拜旺曲罗布藏敦玉珠巴，生于弘治十八年乙丑。魏氏记未之及。四世名班禅罗卜藏绰尔济嘉勒参，生隆庆元年丁卯。崇德七年，遣使进贡。我太宗文皇帝，诏令班禅、达赖二人，年少者拜年长者为师，学习经典，寿九十六岁。五世名班禅罗布藏伊喜，生于康熙二年癸卯。五十二年，赐金册印，注明札什伦布各庙宇地方，属班禅管理。六世名班禅哲布尊巴勒丹伊喜，生于乾隆三年戊午。三十年，赐金册。四十五年人觐，赐四体字玉册、玉印。以上三世亦与魏氏记小异。第七世生于乾隆四十七年壬寅，以下亦未续修。

达赖有金印、玉宝。金印文曰：敕封西天大善自在佛、统领天下释教、普通瓦赤拉呾、喇达赖喇嘛之印。玉印文同，唯不称印而称宝。又有金册玉册，玉册长六寸余，宽约四寸，页厚二分，边刻龙文，面书敕封达赖喇嘛。玉册其字四体，前汉文，次唐古特文，次蒙古文，最后国书。其实国书右行，先国书，次蒙古文，次唐古特文，最后乃汉文也（凡书籍碑刻四体文准此）。册十五页，不联。金册大小如之，亦十五页，而联其脑，如展书式，皆用紫檀座盛。班禅额尔德尼有金册印，无玉册印。

达赖下有二呼图克图，一为济隆，一为第穆，俱以所辖地名称之。济隆在后藏之南，第穆在工布。又有二那门罕或作诺门罕，一为荣增那门罕，荣增者梵语师傅，为达赖授经之师。一为噶勒丹锡呼图萨玛第巴克什那门汗，其人名阿旺札布巴勒楚勒齐木，洮州人。先时在京师，以前辈达赖圆寂至藏为那门汗，代理赏噶勒丹锡十二字名号。道光二十四年，驻藏大臣奏革之。向例达赖圆寂，以班禅或两呼图克图及那门汗代理，赏噶勒丹锡十二字名号。呼图克图较尊，那门汗次之。阿旺札布巴勒楚勒齐木前后代理达赖事二十余年，跋扈不法。第十世达赖之死，藏人汹汹言其谋毒。堪布及众喇嘛诉于大臣，事无左验，莫能究也。有不服者，更以抵罪。阿旺札布巴益骄，党羽日众，厚结大臣以自固。至是败，窜黑龙江。藏中管理寺院，讲习经典之僧官，皆名堪布，最大者曰总堪布，次曰通巴堪布，达尔罕堪布，品级大小有差。札萨克三人，济隆、第穆两呼图克图及那门汗理事之大僧官也。岁琫者达赖起居之内侍也，其次曰森琫，又次曰曲琫，职司经卷，又次曰孜仲，职司熬茶。岁琫以下，皆堪布之有职事者。卓尼尔达赖之传事者也。

达赖喇嘛山上储金、银、缎匹、珠宝之内库，曰商上。主库之僧官曰商卓特巴，曰仔琫，皆四品。商卓特巴本即仓储也，以诸处皆有，故特异其名。其主征收者曰业尔仓巴，五品。主刑名词讼者曰噶厦，曰协尔帮，五品。主文书者曰大中译，六品，曰小中译，七品。通传译语者曰罗藏娃，主马厂者日达琫，六品。分管地方者曰希约第巴，曰郎仔辖第巴，皆五品。掌户口册者曰密琫，五品。主兵者曰戴琫，次曰嘉琫，次曰甲琫，次曰定琫，代达赖理事者曰第巴。统理兵马刑名者，曰噶布伦，又作噶隆，三品。噶布伦凡四人，又曰格隆戒僧也。格隆之熟经典者，曰格喜。修行未深，初转二一世者，曰沙布伦，通称喇嘛弟子，曰托音。

俗官初入籍者，曰东科尔。又有边缺大营官、小营官，皆主地方及兵事。仔琫、商卓特巴、噶布伦有缺，驻藏大臣会同达赖喇嘛选拟正陪二人，请旨补用，余皆会同拣放。极小职事，则听达赖自用之。达赖圆寂后，大臣行文，各路民间有呈报生子灵异者，或有征验，藏内则遣大堪布噶布伦，持达赖生前爱用之物数事，杂以他物试之。其儿指取不爽，或见堪布出一二语，乃临寂时事。则令其父母携至德庆（距前藏一站地名）。如此者，或一二人，或三四人，大臣复验后，择日以金瓶掣签。前七日，各大寺喇嘛虔诚诵经，帮办大臣至大召行礼，用牙签书各小儿名，人各一签，弥封盖瓶内。驻藏大臣行礼，启盖掣取其一，对众拆封，既知为某名，则率众至德庆，迎入大召。堪布尔日夕守护，具奏入呼毕勒罕册。上命章嘉呼图克图，至藏照料坐床。六岁学经，七岁受小戒，即学禅坐，不令处公事，皆班禅或呼图克图代决。十六岁乃自理事，此俱乾隆中定制，至此间所奉呼图克图，由雍和宫瓶掣，已见魏氏记下篇。其各寺职寺名号，亦仿藏内制。

唯跳神之说，各书俱未言及。此间于正月十四日夜半，各寺俱登楼吹角，角以铜锡镶骸骨为之。传集喇嘛僧众妆束，黎明时齐集五塔寺前，如天魔舞，有青狮、白象，以纸粘木马之，四足有轮牵走如生。日出后，各归寺闭门扮演。其札萨克喇嘛或达喇嘛，在殿上南面据高坐，坐褥用黄缎著极厚，褥数层，高数尺，对面寺门前，张黄伞盖。一喇嘛戴寿星面具，北向，坐前列小儿，高二尺余，戴小沙弥面具者五，合掌侍东西廊，突出戴假面具，衣灰白色，紧袄裤，憔悴作枯骨形者数十，皆以三尺许小儿为之。殿阶西南侧，坐喇嘛十人，作两行列，列各五，戴毡帽，高二尺，前钩后坡，脊起如折扇形，衣紫布衫，袒右肩，左肩前后以紫布蒙之。卷叠约长数丈，左执有柄鼓，圆径二尺，柄拄于地，以右手击之。寺门内，寿星稍北，数喇嘛围案吹角，声呜呜，与鼓声上下应。

如枯骨者数十人，聚阶下作大周转，每角一声，辄翘一足，作商羊舞，进退以鼓角为度，约炊许，轰然仍东西散，殿上出一老人，亦假面具、白须眉、衣锦袄韡裤，俱黄色，有织绣纹，下阶徐徐作龙钟态，笑容可掬。数小童扶掖以行，亦作大周转，依寿星立殿上。又出一人，妆束如女子，头插雉羽六，徐舞作东西顾盼行，下阶向大周转处，以手中拂上下指，拂柄作骷髅形，衣锦衣，云肩下垂，飘带数十百条，如戏班中所谓宫衣，前后围亦小髑髅形，高寸余，约七八枚。舞数刻，殿上又出八人，继又出八人，两次下妆束如前，女子头插雉羽四，皆执拂左右舞。殿上又出数队，或二人，或四人对舞，而下约二十余众，有牛首者、有龙首、鹿首者，皆假面具，以漆髹之，状貌狰狞，如蛇神牛鬼，袍五色，与前十六子穿花舞，以一牛首者与插雉羽六者居中，所舞似无多式样，唯前后旋转，及以衣袖与拂左右翔顾耳。舞毕东西列，老人者仍作前态，上至正坐前，以首至地，袖出一物，如金帛献之，名曰递哈达，正坐者摩顶受。其寿星者亦扶五沙弥上，如大葫芦旁生数小葫芦。黄伞盖随至阶，寿星诣正坐前献哈达，如老人而退。正坐者起立，音乐导送入别院，前舞者复对对如商羊，而退入殿内，寿星老人皆入。外鼓角大作，数人舁一纸塔，上有百千骷髅形，至庙外焚之。

是日，观者如堵，山后男女番众，亦结伴来城，巷衢为之满塞。男女由寺门出入，有一喇嘛手青绢巾，拂其额辄喜。有抱儿跪求者，有自以额就之者，掷钱数文，或数十百文不等，喧笑而散云。看跳神毕矣，商民则呼曰跳鬼，当亦古人大傩以驱疫疠之意，特番俗不同耳。问其所妆演各人，则俱以小喇嘛为之。岁岁元宵节，各寺必有是举。六月间，崇福寺晾甲后，亦如是。闻岁除亦间有作者，未之悉也。晾甲之典，即取圣祖仁皇帝所留甲胄晾之。哈达如白绢上织佛像，商民贩鬻，专以待蒙古部落。《康輶纪行》谓："番俗合古者数事，番众相见，必以哈达，即古之束帛。礼失而求诸野，此其一端也。"

按此间各召，亦多活佛之称，或书佛为白，或即呼为佛爷余意。所谓活佛，即呼图克图在百六十呼毕勒罕之内。询土人则又非是，谓：归化城活佛已有数人，统天下而言，岂仅百六十耶。且俗传各召活佛，俱有原身在寺内，或蛇、或鹿、或蛤蟆，则游出，喇嘛辈习见之，不为怪。隆寿寺蛇粗围尺数存，居殿前，石洞中见者尤众。然此或别为灵异，若谓即活佛原身，是又与呼毕勒罕出世之说殊相左矣。此间，每迎活佛来寺，亦先请降神，如魏氏所言，垂仲唯皆以常人为之，必到寺更换衣服，始有神附，如师巫然，其事荒诞，喇嘛蒙古极敬信之。

物 部

卷三十八 书籍

《御纂周易折中》《御纂诗义折中》《御纂春秋直解》《钦定三礼义疏》《上谕清汉文》《御制文初集》《大清律》《大清律纂修例·纂修条例·续纂修例》《钦定清语册》《大清通礼》《吏部处分则例》《户部则例》《户部军需则例》《续纂则例》《工部工程则例》《保固则例》《续增修例》《督捕则例》《军卫道里表》《五军道里表》《三流道里表》《清汉蒙古律例》《理藩院蒙古则例》《钦定训饬州县规条》《圣谕广训》。

按古丰学校未立，颁发书籍较他处独少。又以廨宇卑湿，年久霉烂，毁弃无存。现检查库中所余，列其名目如右。此外，藏书寥寥，瓻借无从。书贾偶射利而来，所载亦仅稗官小说，五车四库与塞上无缘。即此识略一书，不免贻讥浅漏者，亦半由典籍无征之故，欲求如日本存《尚书古文》，高丽进《别叙孝经》，广南国有《五经广注》《春秋后语》《三史加注》《张孟押韵集》，圣历诸书，杳不可得，文教之兴，当自何日噫嘻。

卷三十九 土产

谷 属

谷为禾稼之总名，五谷、六谷、八谷、九谷，皆谷也。至于百谷，又不止言禾稼矣。晋省以出粟米者为谷，有黏不黏之分。黏者则曰软谷，其米曰小黄米，盖别乎黏黍。所出之黄米也，别乎黏黍之黄米也。谷米曰小米，别乎稻之大米而言。其实所谓谷者，乃古人所谓稷耳，以稷为谷，以棠为果同。

梁，古有以粟米为梁之说，今则专指高粱。土人呼为茭子，有红黄白三色，有黏不黏两种，或呼为秫，以之酿酒极佳。故山右言酒美而性烈，必曰高粱烧，别有一种曰玉秫，土人呼为玉茭子。

菽，即豆也，也有大豆、小豆、黄豆、黑豆、绿豆、豇豆、扁豆各种，皆以秋熟。唯豌豆，春种夏熟。其余如云豆、刀豆、连豆，皆以供蔬菜之用，然俱以豆名，未便列诸蔬属。豆之为用不一，或以磨面，或以制粉。至于豆腐、豆芽，几于每馔不废。宋牧仲《筠廊随笔》载：康熙中，圣祖南巡至苏州，以内制豆腐赐巡抚宋荦。且命厨人亲至抚署，传授制法，以为该抚后半世受用。惜当时不将制法附载书中。袁简斋《随园诗话》亦云：蒋戟门观察招饮，珍馐罗列，忽问客："曾吃我手制豆腐否?"曰："未也。"公即着犊鼻裙，亲赴厨下，良久擎出，果一切盘飧尽废。因求烹饪之法，公命向上三揖，如其言，始口授。方归家试作，宾客咸以为美，惜亦不传制法。近代梁苣林中丞亦精此味，谓最忌者两事，用铜、铁刀切，及合锅盖煮耳。豆腐之名，菽乳为汉淮南王刘安所做，人人知之。豆芽之一名，苜蓿间有未之知者。唐人诗："盘中何所有，苜蓿长兰干。"注即指此非马食易肥之苜蓿草也。

麦，有大小二种。大麦俗名草麦，较小麦，微早熟。小麦即春麦也。大麦多制曲用，小麦以供面食。其秋种夏熟，备四时之气者，曰：宿麦极能养人。外有荞麦，一种初伏乃种，霜早则尽萎。土人喜作河漏。食传青主谓：河漏鸡汤第一，羊汤次之。新秋荞麦初下，最宜河漏鸡羊浓煮，杂以姜椒，隔数日一顿，颇利老脾。又谓高齐时，促律忽塔想亦用荞麦为之，或以为河漏之名，土人呼漏音近"落"，即古曳落河之遗北边所常食也。又油麦一种，性耐寒，不畏霜，关外种者极多，俗书为莜麦。按字书，莜田吊切无油字音，或云即燕麦也。杨升庵《丹铅总录》谓：漠南沾益一路皆有之，土人以为朝夕常食。今雁门一带，亦有燕麦之名，与油麦同。昔人谓：兔葵、燕麦，解者以为燕麦、穬麦也，对真麦而言，其形极似。又荞麦之属，有苦荞油麦之属，有青稞一名，青油麦，皆以饲马，间有食者，亦等诸荑稗而已。

黍，有黏不黏两种。李时珍曰："稷黍一类二种。黏者为黍，不黏者为稷。"其说似是而非。今通呼曰："黍，亦曰糜子。"其不粘者，则曰硬黍子，亦曰硬糜子。土人多炒食之，曰炒米。每食，用茶送下。远行以代里粮极便。黏者，有黄、白、红、黑诸色，其米色皆黄，做糕食及造酒用，呼之曰黄米。

稷，辨者不一，纷纷聚讼。至有见诸策问条目者，迄今亦无定论。唯吾乡以俗呼为谷者，当之似较理总之。黍为常间有不粘者，以性不粘为常，间有粘者，未可以一说拘也。

麻，有脂麻、胡麻、大麻、萆麻，各种以之制油，多不可食，或此间水土所致。本草谓：胡麻即脂麻，一名巨胜，子种出大宛，故曰胡麻。又谓可以辟谷，但滑肠耳，与白木并用为胜。皮肉俱黑者，良粟色者，名鳖虱胡麻更佳。九蒸九曝，食之益寿延年。天台仙女饭刘阮者，即此。陶宏景曰："八谷之中，唯此味良。"若云自大宛来，则非八谷之麻明矣。《月令仲秋》之曰：天子乃以大尝麻，则麻当在八谷之中。大宛之说，何以称为？岂白者，产中国。黑者，产大宛乎。大麻绩，其皮为织布，及绹绞绳索，用其干醮硫磺，引火极易。草麻油味，尤恶以猪浮盛之晾风日中，数年白净如水晶，用调印色最妙。

蔬属

白菜，一名菘。有夏秋两种，秋熟者佳，故云秋末晚菘。晋省以忻州所出为最，以其叶厚而肥心，卷而实，耐烹煮，便腌藏耳。此间萨拉齐所产微小而少筋，似在忻州今之上，其美当不减安肃也，诸书谓黄芽菜即此，特南北异名耳。

蘑菇，晋省言蘑菇之美者，必曰口蘑，曰营盘蘑，与台蘑并重，如参之言党参也。蘑菇本菌属，热气湿蒸而生。台产之较胜于他处者。每岁春夏间，蒙古僧俗，携男女，驱牛、羊、驼、马，诣五台山拜菩萨。依水草为庐帐，每食必肉，骨弃于地，残羹剩汁亦不时倾泼。去后不数月，日暄雨润，蒸而成菌，味特肥美，此间更可知矣，口蘑较台蘑味，尤厚微浊。

芥菜，种类颇多，其苗与子皆可食。雁门关南一带，多取以造油。每秋冬间，辄来城收买菜子，较米粟价尤贵，各乡皆种之。

莱菔，土名萝卜，即尔雅芦葩也，有红黄白三色。红黄色者，谓之胡萝卜。别有水萝卜，甘脆如梨，色多白，有外红如胭脂，而内仍白者。

蔓菁，一名芜菁，一名诸葛菜。

擘蓝，一名苛蓝，一名玉蔓菁，皆土人俗称，其名未见诸书。唯尔雅释草葴马兰。郭注今大叶冬兰是也，疑即此种苗。与根皆可食，以根为重，与萝卜、蔓菁同，唯二种根在土中，必掘取乃可食。此则根出土上，结实更大，而圆尤脆美，无熟食者。

芫荽，名胡荽，俗谓之香菜，宜羊肉。

苋，有红、白、紫三种，又马齿苋，忌鳖肉。

莴苣，采其茎，去皮食，曰莴笋，叶宜生食。

芹，一名胡芹。

葱，初生者曰小葱。移栽者，曰钩子葱。秋栽冬萎，春秋间重发者，曰羊角葱，皆取其形似。本草谓之菜伯须，与白俱入药，忌同蜜食。

韭，春初早出者佳，又有黄芽韭，此间唯冬日有之。

蒜，苗嫩时，食与葱、韭同，微老则不可食。其茎谓之胎，与韭胎同，以根为重，独头者尤良。一名胡蒜，又野生而根小者，曰小蒜薤，属皆五荤之一，释氏忌之。

菠菜，种出颇陵园，后讹为菠菠。唐西域传，婆罗献菠薐，亦此种，又呼为红根菜。见《姑苏志》，根有红白两种，此间贵红者。

茼蒿，花如野菊，黄色，茎叶俱可食。和林格尔山坡间，喜种之。其子性极黏，荞麦面过夏后，宜参和用之。

黄花菜，一名金针菜，以其未开时言。

地栗，本草乌芋，又名荸脐，一名地栗，群芳谱慈姑一名地栗。此间地栗与两种绝异，形微长而小，累累如贯珠，脆似荸脐，而味极淡，盐渍食之，以当小菜。至于荸脐，则关外罕见。慈姑即茨菰，以根生，十二子有慈姑之义，关外偶有之，亦不易觏也。地栗又名地梨，呼音近滴溜。

地皮菜，似木耳，而小微薄，野生，牧羊地多有之。

蕨，俗名扫帚菜。

藜，俗名灰菜，有红心者。

甜苦苣，根叶皆可食。

瓜　属

《五代史》郃阳令胡峤，于回纥得归瓜种，结实大如斗，味甘，名曰西瓜，此西瓜入中国之始。易以杞包瓜诗：七月食瓜，礼为天子。削瓜春秋，传瓜期而。往皆不指西瓜言，故本草瓜类不载此种。此间入市极迟，署月中绝不可得，中秋前仅始食之，巾绨绤者，将衣毳裘矣。十月间，蒙古部落贸迁者，回城辄则呵冻大嚼。盖漠北地极寒冷，到此转绝热也。

王瓜，俗名黄瓜，此间味多苦，亦水土之异。

甜瓜，种类极多，有名香瓜者，有子红色者。

苦瓜，俗名癞葡萄。

丝瓜，倭瓜，南瓜，冬瓜，瓠子

壶芦，俗作葫芦，亦数种，有名西葫芦者，食与倭瓜同。有名瓢壶芦者，晒干劈作瓢用。有名鸭壶芦者，或取东坡诗，蒸壶似蒸鸭之义，有长柄，壶芦俱可食，或镂为丝，晾干食之。又有小圆壶芦，俟干开口去子，雕刻花鸟文，为儿童养蚂蚱用，俱瓠类也。

茄子，别志多入蔬属，其结实与瓜同。虽非蔓生，亦入瓜属为是。

葡萄，种亦极多，《通志》于归化城土产，载有琐琐葡萄，实小而甘，而仍从西域来归化，亦偶见之耳。葡萄或作蒲桃入果属，今以其蔓生也，亦附瓜属。

果 属

桃、李、杏、梨、枣，此间市上所鬻，多自关南来。乡村间有之，不多得也。近城唯董氏园中多果树，春夏间花开如锦，为游人娱目地，园在西龙王庙侧。

棠，种类极多，古既有棠梨、杜犁之分，俗更有沙果、槟果之异，有以色名者，有以时令名者，总之皆棠类，而今则概呼为果子。举棠杜之名，有不知为何物者矣。唯林檎海棠果二种，实尤小，此地颇多。

柰，即苹婆果。李笠翁谓："可荔枝媲美者。"

松子、括子，括子似松子而小，山后多有之，任人采摘，不计值。

郁李，似樱桃而小，董氏园中有之，土人呼为樱桃。

羊枣，俗呼为黑枣。

胡桃，即核挑也。

榛、栗、酸枣、石榴、山楂（俗名山里红）。

酸刺子，此间多连枝鬻者，小儿辈喜食之，呼为酸溜溜。

红姑娘，野果也，外垂绛囊，中空有子，如红珠酸而甜，可采食。徐一夔元《故宫记》有之。

木瓜，小而无香，别志多入瓜属，以其名也，木本结实，仍附果属为是。

花属

牡丹、芍药、荷，寺院中有之，荷唯盆种，不数见也。

菊种类颇多，秋菊与他处同。《府志》有七月菊，昔人《咏五月菊》云：“却嫌陶令醉，来傍屈原醒。”吾乡呼六月菊，此云七月亦可，知节令之早暮矣。曰洋菊、曰江西蜡、曰金丝菊，皆早菊之别名。

葵、蜀葵，葵心向日，与中土同。蜀葵花，有大小二种，一名一丈红，俗呼为淑气花。

萱，土人呼为穿草花，即宜男花也，亦有鹿葱之说误。

石竹，一名十姊妹。

山丹、百合，百合开花俗名卷丹，山丹亦似之。

玫瑰，土人呼为刺梅，有红黄二色。

鸡冠、凤仙、玉簪、荷包牡丹、蔷薇、月季、迎春、腊梅、金盏、粉团、仙人掌、夜合花，塞上花虽少，而不知名者颇众，即眼前易识者识之，勿谓，燕支山真无颜色也。

蓼，俗名水红花。李长吉诗：“江图书水荭。”皇甫嵩词：“水荭花发秋江碧。”是从荭，亦非俗名，与游龙俱可入诗。

丁香，有紫白二种。

碧桃，一名榆梅，取其叶似耳，诗词罕用者。

海棠、秋海棠，海棠之种极多，秋海棠草本无实，

罂粟，种者极多，农民颇贪其利，为害不可言状。若以花而言，则盈畦遍野，五色纷纶，塞上田亩中一巨观也，有千瓣者尤佳。唯园中有之种者，嫌其少获。

雁来红、五色云，雁来红一名老少年。五色云唯此间有之，

与雁来红相似。叶备五色，望之如锦绣。其实皆草属，雁来红入花属已久，用附诸末。

木　属

松、柏、榆、杨、柳、槐、椿、樗（俗名臭椿）。杉、桦、桑、楸、棘、花椒，余见果属。

草　属

龙须、马兰（一作马蔺）、芦、蒲、蒿、艾、茅、莎、蓬、苜蓿、莠，不知名者极多。菱、芡，二种俱有，不能结实。

胭脂、蓝芋，二种俱染色用，芋即淡巴菰之类。

扫帚草，即尔雅王彗是。

芨芨草，土人呼近芨鸡，即汉书息鸡草也。一丛数百，茎茎长数尺，以之缚帚，极佳。班孟坚谓："马食一本，即饱。"然马殊不食，见纪文达公诗。又有作席箕者，见艺文中。

药　属

黄芪、鹿茸，为此间两大宗药材，商客来贩卖，较他客尤豪奢，以其利厚，锱铢不足计也。苦参、沙参、黄芩、麻黄、柴胡、防风、知母、荆芥、车前子、甘草、益母草、细辛、远志、桔梗、苍术、牵牛（黑白丑二种）、葳灵仙、枸杞、紫苏，薄荷、天仙子、王不留行、蒲公英、金樱子、茵陈、夏枯草、草乌、地骨皮、地榆、秦艽、苦丁草、牛旁子、大戟、土龙骨、蛇休子、管仲、三棱、茑蔚、葶苈子、地黄、石膏、猪苓、五味子、马兜铃、赤白芍、黄精、款冬花，药石不及备载。

大黄，此间水土于大黄最宜。小儿遇药肆，辄买数钱食之。

每有疾病，医家喜用此药，分量亦极重，客居者最宜慎之。

鸟 属

鸡、鹅、鸭、雉、鸽、燕、鹊、雀、乌鸦、鸠、鹰、雕、雁、鹞尔、鹌鹑、啄木、画眉、石鸡、半翅、布谷、红蓝点头(二种)，不及备载。

百灵，一作白翎。札布言于汪罕曰：“我于君是白翎雀，他人是鸿雁耳。”言鸿雁或往南方就暖地也，是白翎原生塞北之证，第未识即白灵否。

沙鷚，此间，以冬月沙鸡多寡，卜来岁田禾丰歉。俗谚曰：“沙鸡多，卖老婆。”揣其意不过喜冬雪大耳，数年亦不甚验。

兽 属

牛、驴、羸、羊、豖、猫、鼠、狐、虎、狼、獐、狍、兔、獾、黄羊，常见者仅此数种，余不悉载。

犬，畜者极多，亦极大，蒙古语谓之脑亥。漠北贸易各商，所蓄以看账房者，每家以千百计。冬日回城，狺狺彻夜，故归化有犬镇城之说。

马，明马市之开，盈廷聚讼。今则中外一家，无分畛域矣。唯古人贵牡马，今则喜用骟马。骟，五代史作扇。郭祟韬深嫉宦官，谓魏王继岌云：“王登极后，当尽去宦官，至于扇马亦不可用。”周南平王则谓：“良马不可遇，但要坐下稳，唯扇庶几语。”见《北梦琐言》，亦作骒，见周官注。

驼，塞上运载，莫便于驼。一驼负米一石五斗，饮水不多，食草不择。其恤驼之法，莫详于张鹏翮之西使记，软屉以护其肉峰，扁鞍以护其背，慎牵以护其鼻，山路拖皮鞋以护其足，扶整驼具以防其倾侧，放牧无睡以防其攘窃惊逸，必先得牧人之力，而后驼马不苦于水旱。故康熙中，漠北之役，西路唯归化城兵不恤驼马，以致中途馁匮，驼之关系重矣。《府志》兽属不载，何也？

鹿，角初生长二三寸分歧，如鞍红、如玛瑙，破之如朽木者，谓之茸。猎人絷取之，然后毙鹿，血未散也。或曰云：太嫩者，血气未足，用之无力。此间鬻者，皆长数尺。沈存中《笔谈》云（即沈括《梦溪笔谈》）：凡含血之物血易长，筋次之，骨最难长。麋鹿角，无两月，长至二十余斤，角骨属，凡骨之长，无速于此，草木亦不能及，头为诸阳之会，钟于茸角，岂与凡血比哉。唯麋、鹿茸角，未易分别，麋补阴，鹿补阳。麋居泽，鹿居山。此间所获乃真鹿茸。朱氏注，孟子麋鹿后多辨其误。《夜谈随录》载：塞外有兽似鹿，而大名曰："堪达尔汉"，蒙古语疑即前昂后低，多力毛粗而长，为裘暖，角扁而厚，为决坚。人以其皮可裘，而角可决也。骡马弯弓逐而歼之，获厚利。其唇方大而厚，多膏味极美，八珍中有猩唇即此物。以角试水，有毒则角绿色。又有扫雪大于貂，绒白、毫长、光逊之，以其似貂也，亦制为冠服两种，颇不常见，仅附于后。

鱼　属

鲤、鲫、鲇、鳅，萨拉齐、托克托城等处黄河有之。鲤肥而美，味不减于石华，春夏间不易得也。

虫　属

阜螽、蟋蟀、蚂蚱（虫之以翼鸣者，与蝗异。）

蜂、蝶、蚊、蝇、蛙、蝼蛄、蚯蚓、壁虎、蜻蜓、蜗牛、蛇、蚤、蚰蜒、虾（织细不可食）、蜘蛛、蟢子、蚁、螳螂，余不胜记，俱与别处同。唯自雁关以北，无蝎子耳，或戏至关内携出，亦不螫人，枳橘之化，地气使然，信夫。

巧媳妇，此名未见诸书。他处亦从无言之者。归化城妇女，每日落，即不闻砧杵声。有犯者，邻里辄戒之曰：恐惊出巧媳妇来。有见之者云：长三寸许，首翘黑髻，作妇人形，遍体皮肉赤色无毛，两手有小肉锥，如持杵状，敲物有声，如捣衣服。其家出此辄不吉，亦异闻也。

货　属

煤炭、木炭，归化城煤炭极贵，东距城二百里方有之。西则自萨拉齐东，亦只有煤耳，炭则自黄河西来，近和林格尔有试开煤窑者，未知能成功否也。凡煤炭所出，亦地不爱宝之一端，其利与开矿同。咸丰七年有奏称，此间喇嘛洞、黄草崖及清水河一带山中，矿苗出现者，经委员逐处查勘，炉民出具并无矿苗甘结，复行停止。

顷阅梁茝林中丞《浪迹丛谈》，有开矿议一则，谓今人无不言开矿有害，大都鉴于前明之用宦官收矿税耳，不知委用宦官，则凡事有害，何独开矿。我朝康熙五十二年，大学士九卿议禁开矿。蒙上谕曰："天地自然之利，当与民共之，不当以无用弃之。要在地方官处置得宜，不致生事耳。"又乾隆四年两广总督奏请封闭英德县洪祭矿。蒙上谕曰："银亦天地间自然之利，可以便民，何必封禁？"煌煌圣谕，仁义并行，固不欲兴利以扰民，亦未尝闭地而塞利。嘉庆年间，英煦斋师亦尝抗疏云："中国银有日减，无日增，安得不短绌？则莫如取诸矿厂，或官为经理，或任富商经理，即使官吏难保侵渔，富商或饱囊橐，总系取弃置之物，以济生民之用。且可养赡穷民，虽聚集多人，而多人即藉以谋生，未始无益。"皆通达政体之言，非迂儒所能识。斯固筹国用者，所宜体察而施行也。其说极为有理，无论金、银、铜、锡、铁矿皆然。今此间矿物未成，岂塞外土风淳朴，山川仍自安，未凿之天耶，抑显晦固有时耶！因煤窑之开而忆及之，其效或见诸异日。

羊皮、皮帽、皮鞾、皮箱、皮绳，各色皮张数种，因近外藩，故作坊极多。

皮硝、碱两种，俱起地之卤土，而熬成者，与煮盐同。

黄油、乳皮、乳饼、酪、酪干数种，山前所制，较山后洁净。

油、酒、烟、酱，油有脂麻、胡麻之分。酒有烧酒、黄酒之异。前取烟草叶制烟，近则种类益繁矣。三种于乾隆中，始与皮张同税。黄酒谓之代酒。酱曰口酱。

砖茶，土人收买烹过茶叶，加色香味重制成饼，其形如砖，以鬻诸蒙古部落。余如武彝等茶，俱自南来非土产也。咸丰九、十两年，采办贴补俄罗斯茶三千箱，购运均极费力。

按王者，不贵异物，而五土之物，周官大司徒办之。《管子·地员篇》，五蘟五态，了如指掌。土产一门，志乘所必备也。此篇仅识大略，以待参稽谷食而外，深山穷谷，一草一木，一飞一走，以及织鳞寸介，虽老于渔樵者，亦难尽悉。而文人好博，必欲琐琐考辨，即使夸多门，靡克过茂，先亦于实用。奚稗至丝、枲、布、帛，皆来自远方，非其土之所产，未便才列，简陋之诮，乌能免诸。

卷四十　税课

煤炭窑税，乾隆三十三年由将军富梁等奏定：大青山哈穆尔阿利莫图、清水河、喀喇乌克尔图等，四处煤炭窑口，每年派土默特参领一员总管。每处派佐领、骁骑校、前锋等，各一员驻扎收税，税额二千余两。内除三成，作官兵盘费，七成交库收存。此外，如另有呈请开挖之处，据呈委员验明有无妨碍，立限发给印票，准其开挖。俟果开有煤炭，再行发给印票，准其出卖。饬令附近管窑口各官照常收税，如开挖之后，竟无煤炭，准其将票交回委员，封闭窑口。

牲畜税，初有土默特人员记档之例，专为稽查盗卖马匹而设，每价银一两，抽制钱八文。所收记档钱文，交储土默特旗库，以资公费，按年造报理藩院核销。乾隆二十六年，因内地商贾将茶、布等项贩运出口，换回驼、马、牛、羊四项牲畜，例应进口纳税，恐其到归化城记档后，辄从小径贩往他省，易致偷漏，即准杀虎口监督期成额奏，将土默特派员抽收记档钱文，作为正额统归杀虎口兼收。其土默特岁给公费，即由监督给发足用，报部查销。三十一年十月，准副督统吉福条奏，蒙古各札萨克，赶牲畜来城，杀虎口差人记档收税。伊等不通蒙古言语，只登记牲畜钱文数目，并未及其姓名、旗分、佐领，遇有盗贼事件，无从稽查。因派理藩院章京一员，驻归化城管理牲畜记档税务，并将归化城芋、油、酒、皮张落地税，亦令新派章京兼管。此归化城抽收牲畜税之始也。

烟、油、酒、杂货税，起于乾隆二十六年。前此并无归化城收税之例，嗣因杀虎口监督期成额奏称：蒙古地方现种烟叶、杂粮，制造油、酒、烟等项，在归化城一带售卖，渐成行市，即为口外土产，应行起课。经户部议覆，将此烟、油、酒三项，准与皮张杂货均附于落地本税，纳则抽纳。

二十七年，监督满斗到任。因归化城烟、油、酒三项，并皮张杂货落地等税抽收伊始，尚未立定章程。因酌量口外情形，请将从口内贩来茶、布、杂货等项，由杀虎口纳过税银，运至归化城进栅入铺，零星货卖者，免其重复征收。唯由归化城打成驼驮，转往各省，及后山蒙古地方贩卖出栅之货，按则抽收，经户部据咨照复。

三十三年，新设监督法福礼到任，管理牲畜税务，兼管杂税。因归化城与杀虎口既分两关，心欲将杀虎口纳税货物到城入栅时，重复征收。经巡抚彰宝奏，称设关输税，原因商贾云集，诸货流通，以物价之低昂，定税则之轻重，必须权衡至当，庶能裕课便民，以垂久远。如杀虎口为内地边城重汇，自南出口，自北进口，一切货物俱有应征税课。至归化城地方，向止抽纳牲畜记档钱，近年增设油、酒、烟及皮张等项，均指口外土产而言，故附于落地本税并征，其内地各色货物已从杀虎口纳税，在归化城人铺零星货卖者，例不重征，所以通商贾而惠市廛，义本明晰。

其所设四处栅栏，南栅系杀虎口孔道，北栅通山后部落、喀尔喀各札萨克等处，东栅通察哈尔蒙古八旗，西栅通乌拉特、鄂尔多斯地方。是以归化城货物有贩往他处售卖者，应于出栅时征收。因其车载驮运，远处流通，则不论土产及外来货物，又当按则输税，应请嗣后归化城烟、油、酒、皮张等项，及关东等处发来商货，从草地行走，未经杀虎口征税者，俱为口外土产，应令归化城按则抽税。其内地一切杂货贩运出口，经由杀虎口纳过税银，到归化城人铺零星贩卖者，仍不再征。若货物运抵归化城以后，商贩车载驮运，又贩往他处售卖，则无论土产与外来货物，均于出栅时征收，则于杀虎口原定成规，即属相符，内地货物可免重征之累，口外土产亦无漏征之虞。

再查则例内，价贱之货，以成驮成篓成担成箱起税。价贵之货，以每匹、每条、每斤、每件起税，自数钱至数分数厘不等。其银数在五分以上者，虽物仅一件，重止一斤，亦当输税。若每项银数不过分厘者，似应于则例内积算成总，至五分以上之数，定则抽纳。庶乡民零星日用等物，不至纷扰，如一二匹布、两三包烟，胥役人等无从借端需索矣。

至杀虎口与归化城，两处监督所征税课，有无短少浮多，应令按月造报，巡抚查核。其管栅家人书役，或仍藉端需索，及口外商民包揽偷漏，不遵则例输纳等弊，俱责成巡抚互相稽察，查拿惩治，以肃关政。仰恳敕部议覆，并将则例逐一厘定，颁发刊布，俾各通晓遵循，以垂法守等因，奉朱批该部议奏，钦此。

嗣蒙户部核覆所奏，与节次议准例案，均属相符，即行令该处税员分别遵照，仍将征收则例刊刻木榜，树立税局，并各栅口，俾商民通晓遵行。唯查各关则例，凡商贩货物抽收税课，应统计各项银数，汇总核算，积少成多，若如所奏，请将各项应征税银积算，至五分以上，始行输纳。其五分以下，概免抽收。既与原定税则多有纷更，且恐奸商、地棍，串同家人、书役，从中舞弊，将例应积算，至五分以上货物，分作散数，希图偷漏侵蚀，致于课税有碍，应仍循照旧例办理。但其中有实系民间零星日用物件，如布止一二疋，烟止两三包，原不在一概抽收之列，应令该监督、严察家人胥吏，毋得藉端需索，致滋苛扰。其按月知会巡抚之处，系为慎重榷政起见，亦应准行，奉旨依议，钦此。

铁器税亦起于乾隆二十六年，户部议准，杀虎口监督期成额奏称：铁器一条，到口收课，把守员弁人等，以久干禁例，不准出口。查《中枢政考》内称，沿边守口，遇有废铁，铁料潜出边境售卖者，立即拿究。其铁锅、农器，准其前往乌喇等处贸易等语。又《关税全书》内，铁、杓、锄、犁等项，俱经列有科则，是有关于农器日用之物，并未禁不出口，唯废铁铁料等物，有碍打造军器，始行严禁，该监督于商贩到口时，应详细查明。除废铁铁料仍行禁止外，如只系农器及民间日用器物，即行按则征税，将名色件数注于票内，令该商持票赴口验明放出。到城后如有贩往他处售卖者，亦于出栅时，按则抽税，与油、酒、烟杂税同。

油、酒二项，除按铺征收课银，分别上、中户，五两及二两五钱外，无论就地货卖及贩运他处，俱照杀虎口例，按驮征收。其数不及驮者，亦照该口则例。烧酒、胡麻油，每驮收税八分。芝麻油每驮收税一钱二分，每驴一头可载油、酒一百二十斤之数，酌斤折收。此归化城抽收油、酒、烟杂货税之章程也。

归化城税课，正额银一万五千两，钱九千串，盈余银一千五百四十八两七钱九分，钱一百三十七千六百一十文。其油、酒课银，每年按照增除征解，无庸定额，并将经费各册送部查核，实存银两，解部查收。此例定于乾隆三十五年，前此三十四年，户部议准归化城税务改归山西巡抚兼管，选派道府贤员，按年更替。本年即奏委河东道桂林兼收，自四月十三日起，至次年四月十二日止，一年期内，共收过杂税银一万六千五百四十八两七钱九分，牲畜税钱九千一百三十七千六百一十文，油、酒、铺面课银一百七十七两五钱。

经巡抚鄂奏明户部议准，分别正额盈余于杂税项下，支给书役饭食、心红纸张、房租等项银，一千二百四十六两五钱。牲畜税钱项下，支给饭食、房租钱一百九十二千八百文，余剩钱八千九百四十四千八百一十文，易银解部。三十五年，奏委归绥道富躬监收。三十六年，奏委雁平道锦格监收。三十七年，仍奏委归绥道富躬监收。

三十八年三月，署理山西巡抚印务，陕西巡抚觉罗巴延三奏称：窃照归化城税务，前抚臣鄂宝奏准，派委道府征收，一年期满，另行更换。兹查归绥道富躬经调任，抚臣三宝奏明于乾隆三十七年三月十三日接管起，扣至本年三月十二日，一年期满，除该道收过税银数目，俟扣满日期，核明实数，另行奏报外，所有更换之员，例应先期奏派。臣于各道员中，悉心筹派。冀宁道驻扎省城，距归化城一千二百里。该道管理通省邮政，兼辖太原等七府州，事务甚繁，碍难派往。雁平道驻扎代州，距该城八百余里。河东道驻扎蒲州，更距二千余里，均有所属审转、核转，及巡历、秋审等事，若将本任事务，经年委员代办，亦非政体。

其余各该知府，更有专管地方一切刑、钱、案件，承上接下之责，并无就近可派之员。唯归绥道即驻该处，经理较便，该道富躬两经派管税务，于一切稽察事宜，较为熟谙，应请再管一年，臣仍不时留心访察，不敢稍懈，致滋弊窦。抑臣更有请者。归化城税务，既有归绥道驻扎该处，自宜即令该道就近征收。只因立法之初，试收未定，恐一人常川经管，或致日久生弊，是以议于道府内，拣员派往，逐年更换。今经节年比较，正余各数，业有章程。且该处贸易蒙古居多，非汉员所能经理，所有历年奏派，俱系旗员。而知府从未派委，名为按年更换，实不过各道中一二旗员递相轮替，设遇冀、宁等三道，俱系汉员，更难遴换，唯归绥道系属满缺，又即驻扎该处，耳目易周，呼应亦灵，稽察更为切实。臣愚以为，该道如果征收无弊，似应循照扬关等处道员监督例，即令该道常川经管，按年核实奏报，毋庸递年更换。倘有征多报少，或办理不善，致启家人、胥役中饱等弊，一经察出，即随时据实奏参，亦无待扣满一年，始行查办。所有按年更换之例，应请停止等。

因蒙户部议复，经理税务，唯在该管官员，实力稽征，妥协办理，不使少有滋弊，原所以严考核而慎榷务。今归化城税务，既据该抚奏请，令该道接管，正宜严饬实力经征。按年据实奏报，仍不时查察。如果该道征收有法，于一切稽察事宜，俱能实心经理，则报满时，自可仍行奏请接管。倘有办理未能尽善，或将来更易新任之员，于税务未能谙练，即当选派贤员管理，以昭慎重，不必定为归绥道应管之例，似于榷务更为有益，奉旨依议，钦此。此归化城税务酌定正余额数，及归绥道连年接管之原由也。

归化城征收落地杂税，设有总局一所，东、西、南、北栅栏四处。征收牲畜税，设有归化城、绥远城、西包头、萨拉齐、托克托城、和林格尔、昆都仑、八十家子等八处。乾隆四十年，经巡抚巴奏请，于和林格尔、东白塔儿两处，稽察漏税。如有奸商绕道漏越，立即拿送道署，照漏税例惩办。绥远城添开面铺，亦照归化城例，按则输税。

咸丰四年七月，经巡抚恒春奏称：归化城口岸，西包头镇、萨拉齐、托克托城三处，皆滨临黄河，商民贩运杂货，由河路行走，程途较近，且和林格尔亦有歧路可通。各处商贩，每多不赴归化城纳税，分拨即由四外绕越偷漏。若不设法变通，不特稽查难周，且税课有亏，所关非轻。查西包头镇等三处，均设有归化关牲畜税厅，一切杂货既图捷径行走，若仍令迂道由归化城完税后，再行分拨各处销售，未免行旅跋涉，似非体恤商民之道。应请嗣后从口内贩来一切杂货，并从口外贩入土产等货，即就近在西包头等处税厅，照例输纳，并即设立鬃印税票。其有运赴归化城售卖者，人栅时，验明放行，毋许再征等，因蒙部议，准行。

六年，钟道任内，经巡抚王委员拟定章程十二条，如西包头镇应设立税厅一所，以收该镇税务；又宁夏货物西包头镇收税已久，仍照旧办理，无庸另议更张；又各项南货由杀虎口、河堡营，并绕越歧路而来者，到西包头镇，按则纳税。其在本镇零星买卖，及载往他处售卖者，无论多寡，均免重纳；又南货及关东京货，已在归化城纳税，有鬃印税票者，到镇验明放入，于出镇时，无论商民多寡概免输纳；又口外土产，及后山各部落所出一切货物，无论乡民及客商交易收买而来者，入镇免其纳税，其在本镇售卖者亦免。

唯再由本镇运往他处，捆载成驮、成车、成担，出镇时，均按则征税。倘至归化城售卖，或由城经过，俱验明印票放行，无许再征。如运至归化后，又复贩往他处，仍照旧章办理；又乡民在包镇买回日用土产各物，出镇时，每样计税不过五分者，免其输税，再有多余，按则收纳；又商人赴后山各部收帐，并外藩牧放牲畜种地人民，程途较远，后山路上无买食面、油、酒、烟之处，应准酌带以示体恤，但须予以限制，方免弊混，如面止二百斤，油、酒各止五十斤，烟止二十斤，概行免税，再多仍按则收纳；

又南货由河堡营而来，有托克托城、萨拉齐两处歧路，可以绕越归化城、西包头镇，即分往各处售卖，应于托、萨两处，向有之牲畜税厅派役稽查，以免偷漏，如情愿就近输税，准其在各该处按则交纳，以免跋涉之苦；又后套、河西暨萨属各村镇，装载船筏土产各货，及由托城下河水运前项货物，内有并不经由包、萨，而必须经过托城之河口者，自应准其即在托城旧设畜税厅纳税。如在包、萨上游装载货物，情愿就近在包、萨完税者，亦听从商便；又萨属包镇各乡村土产烟叶，除在本村镇零星售卖，免其纳税外，如商人收买成驮，或做成烟包，发往他处者，照则准其在包、萨各处纳税，盖印放行，到归化城免其重纳；又包镇土产微物，如西瓜、瓠丝、箕帚、鸡子、面筋、笊篱、笸箩、葱、蒜、布鞋、袜补、衬布、梳子、兔皮、骡皮、汲水柳斗、镶铁木斗、升饭碗，出入概免纳税。如查获偷漏之人，禀官照例究治。其管税家丁、书役，不准擅自释罚。如违，准被害人呈告。以上各条，俱奉批准行，刊刻木榜晓示。此归化等处税口，历次添设之始末也。

客商匿税，不纳课程者，笞五十，货物一半入官。客商舶船到岸，即将货物尽实报官抽分，若停塌沿港土商、牙侩之家不报者，杖一百。虽供报而不尽实，罪亦如之，货物并入官，停藏之人同罪。凡周岁额办茶、盐、商税诸色课程，年终不纳齐足者，计不足之数，以十分为率，一分笞四十，每分加一等，追课纳官，此归化关监督历来尊行之条例也。